本书为贵州大学哲学院“三全育人”阶段性成果

本书获“贵州大学国慧人文学科发展基金”资助

智慧与哲思

贵州大学哲学院学生优秀学术论文集

周乐成　陈艳波　主编

贵州大學出版社
Guizhou University Press

图书在版编目（CIP）数据

智慧与哲思：贵州大学哲学院学生优秀学术论文集 / 周乐成，陈艳波主编. -- 贵阳：贵州大学出版社，2022.3

ISBN 978-7-5691-0531-5

Ⅰ.①智… Ⅱ.①周… ②陈… Ⅲ.①社会科学－文集 Ⅳ.①C53

中国版本图书馆CIP数据核字(2022)第005243号

智慧与哲思——贵州大学哲学院学生优秀学术论文集

ZHIHUI YU ZHESI GUIZHOU DAXUE ZHEXUEYUAN XUESHENG YOUXIU XUESHU LUNWENJI

主　　编：周乐成　陈艳波

出 版 人：闵　军
责任编辑：钟昭会　杨臻圆
校　　对：江　琼
装帧设计：陈　丽　申　云

出版发行：贵州大学出版社有限责任公司
地址：贵阳市花溪区贵州大学北校区出版大楼
邮编：550025　电话：0851-88291180
印　　刷：贵州思捷华彩印刷有限公司
开　　本：710毫米×1000毫米　1/16
印　　张：15
字　　数：230千字
版　　次：2022年3月第1版
印　　次：2022年3月第1次印刷

书　　号：ISBN 978-7-5691-0531-5
定　　价：68.00元

序

在任何一所综合性大学的人文精神教育、大学精神建构和学科体系建设中，哲学专业都具有举足轻重的意义。培养高素质的哲学专业人才，是哲学教育和哲学专业建设的出发点和落脚点。

贵州大学的哲学教育始于1972年创办的哲学系。半个世纪以来，经几代学人的不懈努力，贵州大学于筚路蓝缕之中赓续光大了源自500年前王阳明于贵州悟道弘道之学脉，建立了拥有哲学本科专业、哲学一级学科硕士学位和博士学位授权点的人才培养体系。哲学学科独立建院以来，师资队伍不断优化，学生规模不断扩展，现有在读学生400余人，其中本科生220余人，硕士研究生和博士研究生180余人，已成为西南地区哲学人才培养的重镇之一。

哲学教育以培养学生的通用智力为主要目标，而学术写作正是这种能力培养最为基础和重要的途径。就一般规律而言，专业的哲学训练首先是进行哲学史和哲学基础理论的学习，进而深入、系统地进行艰苦的原典研读，最后要尝试借助哲学的思维方式和理论知识去把握哲学问题，由此进行批判性反思。哲学是一项以"思想思想"为目标的事业，对思想的"思想"则不得不借助语言来表达，而专业化的思想表达也就是学术论文写作。

所以，我们严格遵循哲学教育的基本规律，在本科和硕士研究生中特别重视对学生学术写作能力的培养，《智慧与哲思——贵州大学哲学院学生优秀学术论文集》正是坚持这种专业教育规律的一个小小的成果。我们收集了2019—2020学年度的本科生和硕士生的优秀习作，通过外审评比，择优辑录成集出版。一方面，这是对学生们的一种激励，希望帮助他们树立坚持理性反思的信念；另一方面，这也是一种鞭策，希望他们在获得鼓励之外，还能得到客观和真诚的批评、指点。虽然我们每个本科生的成长导师、每个硕士生的论文指导老师都对学生的作品进行了指导，但为了保持学生学术能力的真实状况，我们并未故意拔高或文饰，因而摆在各位读者面前的这本学生优秀论文集，还有着稚嫩、不成熟、粗浅等特征，甚至在某种意义上还无法真正被冠以“优秀论文”的赞誉。但我们的初心不是为了“滥竽充数”，而是为了更好地育人、树人，将学生的作品出版无疑是让他们及其作品得到更好的自我成长的机会。为此，我们诚挚地希望各位同道、读者给我们的年轻学生提意见，以让他们可以在后续的学习和工作中得到持续提升。

该书的出版还有两个非常重要的机缘。一是我院获批贵州大学首批“三全育人试点单位”，这让我们更加清晰地认识到，只有坚持三全育人，把“为国育人、为党育才”贯穿在我们教书育人的各个环节，才能培养出符合时代需要的哲学人才。这本论文集也是我们三全育人的一个阶段性成果。二是我们的杰出校友——贵州大学哲学系 1978 级的赵国权先生以拳拳之心回馈学院，捐资成立了“贵州大学‘国慧’人文学科发展基金”，全力支持我院的哲学学科发展和人才培养。本书的出版得到了该项基金的资助。

每一项工作从最初的想法到最后的落实，都是诸多同仁共同努力的结果。非常感谢百忙之中为我们进行论文评审的专家们，他们是武汉大学哲学院的杨云飞教授、云南大学学报编辑部的张瑞臣博士！感谢为本书的出版付出了努力的各位老师、各位同学，特别是邓国宏老师为本书的统稿等做出的艰辛努力！感谢贵州大学出版社领导对我们长期以来的支持，感谢编辑老师的辛勤劳动！

哲学的反思和自我的提高永远在路上。以明辨慎思之质，做崇德厚道之人，是贵大哲学人的志业。在人才培养和科学研究的路上，我们必将如琢如磨，不辜负这个时代，也不负关心、帮助我们的领导与社会各界的朋友。

陈艳波
2021 年 12 月

目　录

论孟子的身体观

作者：李昱洁* 指导老师：方英敏教授

（贵州大学哲学与社会发展学院　贵州　贵阳　550025）

摘要：在孟子的身体观中，身体被分为“大体”和“小体”。在孟子思想的传统研究中，人们常高举“大体”而低估“小体”，这种趋势使孟子思想中“身”的地位并未得到足够的重视，“身体”藏匿于孟子思想较为隐秘的地方。问题也由此产生，造成“身体”在孟子思想中并未得到重视的原因是什么？孟子认为，人们在认识自我、超越自我时，需要克服两者的分化以达到身心的统一，从而获得完美人格。其中，“大体”和“小体”在孟子的身体观中扮演怎样的角色？“大体”与“小体”的分化的原因是什么？要实现理想人格，实现二者的统一，“大体”与“小体”之间的交流中介又是什么？这些都是本文重点讨论的问题。

关键词：孟子；身体观；“大体”；“小体”；践形

* 李昱洁，女，1998年5月生，2016级本科生，研究方向：美学。

绪　　论

（一）研究背景与意义

如今，随着经济全球化时代的到来，中国的现代化进程不断加快。其中，西方的一些思维方式、学术方式等在不经意间已经渗透到我们的日常生活中，西方传统思想中对“身心”和“精神”的不同理解，也不断地挑战我们对传统文化中“身心关系”的理解。直到今日，“身体”仍被多数人等同于“肉体”。面对不可逆转的全球化趋势，我们的收获颇为丰富，如资本的进入带来了实用技术和管理经验，更有助于解决中国剩余劳动力就业问题等。但我们也面临着许多挑战，其中，在文化方面尤为突出，如意识形态的不断渗透。进入21世纪以来，快餐文化、娱乐、互联网等产业的迅速发展，使人们更加注重身体的外在形式，更多地追求感官的刺激和欲望的满足，美图秀秀等图片处理App得到蓬勃发展，进一步加剧了身体与心灵的分化。正如我们在生活中更习惯于参加学校的生物课程和运动医疗课程，如今的“身体”似乎只是外表形式上的“身体”，是通过X光片便能理解的血肉之躯。因此，我们不得不去深究——我们身体中的“心”在何处？促使肉体和心灵在生活中共同作用的中介又是什么？而孟子的身体观则为这一探究提供了可能。

（二）国内外研究现状

近些年，国内外出现了许多视野独特、思想丰富的关于中国传统思想中身体观的研究。有关身体观的研究多涉及西方思想中的身心关系问题，很少涉及对具体的身体观思想的研究。

在《儒家身体观》一书中，台湾学者杨儒宾梳理了儒家身体观从春秋以来的演变，由此可见，儒家身体观最早的雏形可以追溯到先秦时期。杨儒宾在该书中讨论了孟子思想中的“身体”的发用、体现和修养的功夫，由此总结出孟子形—气—心的身体结构。他认为，在孟子的身体观中，心和形主要通过气进行流通交融，正因为有了气，身体才能使身体和心志在一个躯体中共存，然后通过不断地修行，使“良知神气之流行—体气之充分转化—形体之彻底精神化”的“践行”过程得到实现。[1]这部著作提出了儒家“形—气—心”的基本身体结构，对儒家身体观的研究具有“里程碑性的意义”[2]。

而黄俊杰则认为，虽然孟子的道德与身心关系以及修养功夫论在《儒家身体观》一书中得到了深入研究，但其还有很大的发展空间。在《中国思想史中“身体观”研究的新视野》中，黄俊杰提出，儒家传统思想中的“身体”主要分为四类：第一类是政治权利展示场所；第二类是社会规范展示场所；第三类是精神展示场所；第四类是作为隐喻的身体。而孟子思想中的“身体”主要是精神展示的场所。

在《身体：思想与修行——以中国经典为中心的跨文化关照》一书中，周与沉整理了中国传统思想中的身心关系的论断及修养实践，并在中西方思想的对比下，突出了中国传统思想中身体观的主要特征，阐述并反思中国传统下身与心之间的关系。

在《教养的本源——哲学突破期的儒家心性论》一书中，李景林以孟子“即情显性”“即身显性”的心性论及身心关系论为核心，从整体、全局的角度去阐释孟子的身心关系，其基本论点是：心、性、情、身相“即”，符合孟子身心关系的特点。

在中国传统身心关系的研究中，也有西方学者的身影。美国汉学家安乐哲撰有《中国古典哲学中身体的意义》一文，从各个方面较为完整地讨论了中国古代的身体观，着重体现中国古代中身体的社会性和政治性。中国学者吴光明把身体看作思维方式的一种，这样独特的视角为中国传统身体观的研究开辟了一条新的道路。

受西方思潮的影响，日本学者关注中国传统思想中身体观的时间较早，主要偏向从东西方文化对比的角度去梳理中国传统思想中身体观的独特性，其中也有多篇研究涉及孟子身体观中的身心关系论和修养功夫论。日本学者汤浅泰雄所著的《灵肉探微——神秘的东方身心观》(中国友谊出版社，1990

年版）早在1977年便已问世。此书为后来的东方身体观研究提供了一个基本构架。在东西方的比较中，汤浅泰雄将西方的身体观视为“身心二元论”，而东方身体观最突出的特点是“身心一如”[3]。除汤浅泰雄外，石田秀实、池田知久等日本学者也曾对中国身体思想进行过深入探讨。

综观以往的学术研究成果，大多学者都偏向由身心彼此相互渗透的角度去梳理孟子的身心观，而从“身体”方面去讨论孟子身心观的却少之又少。或许从身体的角度出发能为孟子身心观的研究带来不一样的发现，这也是本文主要的写作思路。

一、孟子“身体观”的提出

在中国传统思想中，“身体”一词不仅指血肉之躯，也指心灵，在孟子思想中尤为凸显。在《孟子》中，“身”“体”很少连用，常将“身”“体”分而论之，“身”比“体”的含义更为丰富。“身”不单指传统意义上的血肉之躯，更包含生命与自我。《孟子》一书中多次提到修身、安身、成身、反身，其中“身”不仅指形躯，更强调心的道德含义，在53次被提到的语句中，“身”主要有以下含义：首先，指人的躯干，如“空乏其身”；其次，包含人的身体与心灵，如“人之于身也兼所爱”；再次，从道德价值层面上涵括身心之身，如“不得志修身见于世”；最后，不仅指生理意义上的躯体，还包括人的生命活动，如“君子有终身之忧”。孟子在其思想中提出“践形”，“形”可等同于“修身”的“身”。孟子认为，“形”和“身”不仅指感性上的“小体”，同样包含道德和精神上的“大体”，“修身”与“践形”是为了从生理上升到精神上的身体，实现小体升华为大体。因此，“践形”的过程不只是单一的修身（形体）过程，也包含修心的过程。通过修身与修心两条路径，身体会实现精神性转化，并走向更高层次的合二为一，最终达到“四体不言而喻”的境界。

关于身体的观点，孟子在《孟子·告子上》中描写得尤为清楚：

孟子曰："人之于身也，兼所爱。兼所爱，则兼所养也。无尺寸之肤不爱焉，则无尺寸之肤不养也。所以考其善不善者，岂有他哉？于己取之而已矣。体有贵贱，有小大。无以小害大，无以贱害贵。养其小者为小人，养其大者为大人。今有场师，舍其梧槚，养其樲棘，则为贱场师焉。养其一指而失其肩背，而不知也，则为狼疾人也。饮食之人，则人贱之矣，为其养小以失大也。饮食之人无有失也，则口腹岂适为尺寸之肤哉？"

公都子问曰："钧是人也，或为大人，或为小人，何也？"

孟子曰："从其大体为大人，从其小体为小人。"

曰："钧是人也，或从其大体，或从其小体，何也？"

曰："耳目之官不思，而蔽于物。物交物，则引之而已矣。心之官则思，思则得之，不思则不得也。此天之所与我者。先立乎其大者，则其小者弗能夺也。此为大人而已矣。"

孟子身体观中的"大体"和"小体"被朱熹解读为心和耳目之类。"小体"指由身体中各种感觉器官所组成的血肉之躯，血肉之躯中的感觉器官虽然具有相应的感觉功能，但对人体并没有思考和判断的能力，可能常被外界事物所欺骗。如果我们只关注"小体"，只想满足自身的各种欲望，就会不自觉地忽视对"心"的涵养，从而导致我们失其"大体"。"大体"不是生理意义上的器官"心"，它具有思考、认知和判断的能力，并具有对道德的自觉和自省。孟子认为，人生而具有"四心"，如果能够保持固有，则能不被外物所蒙蔽。在孟子的思想中，"大体"和"小体"就是身心关系问题。从表象来看，身与心是分化的，二者有不同的作用和功能。但实质上，两者是不可分离的，身不离心，心不离身。由此看来，孟子的身体观中最重要的就是身心合一。人的躯体不是完整的，要想完善人，就离不开心的指导；"大体"的作用最终会通过"小体"显现，正因为有了二者的相互作用，才能使"修身"得以实现。

"修身"的目的在于使"大体"和"小体"的功能得到最大限度的发挥，

以此来实现人的完整。但在身心相互贯通的过程中，需要有沟通的中介——气。孟子认为，“气”存在于身心互通的全部过程，身体的运动会使“气”进行流动，刺激潜在意识；反过来，心有意识会带动“气”的流动，因此产生了三种功夫：“尽心”“养气”“践形”。这三者不分先后，同时开始，也同时结束。三种功夫的完成是完美人格的实现，身心完全合二为一，这也就是孟子所说的：“君子所性，仁义礼智根于心，其生色也，睟然见于面，盎于背，施于四体，四体不言而喻。”在孟子看来，这样的境界是完全不够的，在身心完全融为一体后，还需要将个体的自我融入社会关系和自然万物中，由内而外推及家庭、国家、社会和宇宙，使身心超脱凡尘，达到“上下与天地同流”“万物皆备于我”的境界。

在传统儒学中，孟子的身体观占有重要地位。此前，尽管孔子也曾提及“身”，但并未对身心关系进行过多探讨，此时的“身”更多地指代个体生命的意义，没有作为道德上的意义存在。从中国儒学的发展史来看，仅将“身体”理解为生理意义上的躯体，无法到达“修己以安人”的境界，只有触及其内在关系，才能更好地理解儒学思想。在《孟子》中，身体观处于一个精神的境界，这种观念得到了一定的重视，孟子的“践形”理论也由此“开出了儒学身心之学中身体观的重要向度”[4]。

二、对“小体”与“大体”内涵的探究

（一）“小体”的内涵

通过对孟子身体观内涵的大致了解，我们知道“小体”既可以指耳、目、口、鼻等各个器官，也可以指各个器官组成的整体——人的身体。此时，完整生理意义上的身体就是各个器官及其功能的统一。孟子认为，在躯干中比较重要的是“四体”和耳、目、口、鼻。

孟子曰：“人之有是四端也，犹其有四体也。”“四体”一词在《孟子》中出现的次数较多，此处作为人的四肢来理解，四肢是人生来所固有的，但有

着喜欢安逸的本性，即孟子所讲的“四肢之于安佚也”。正因为本性偏爱安逸，四肢可以在一定程度上反映内在的道德修养，这样就能很好理解孟子说“四体不言而喻”的原因了。

孟子明确提出，人的身体有“大体”“小体”之分，承认“小体”中的各个器官都有自己的本性，如口腹的本性在于喜好美味的食物，眼睛的本性在于喜好美丽的景色，耳朵喜爱美妙的声音，而鼻子则偏爱美好的气味。这些欲望是人生而固有的，但能否得到满足却需要依靠外在的事物。孟子曰：“性也。有命焉，君子不谓性也。”孟子认为，这些天性不能无条件地发展。接下来，孟子指出“君子不谓性也”与“求之有道，得之有命”是相对的，“性”主要指耳目之欲，生而有之，可实现却不能靠本身。对“大体”而言，“小体”没有思考的能力，只是作为一种本性存在，维持着生命所需要的能力。孟子将其与欲望相连，赋予了生理意义上身体“小”而“贱”的含义。正因为身体需要克服，需要转化为“大体”，这也使“修身”成为可能。

人完善自我、提升自我的基础在于人生命的存在，人生命的存在离不开人生理上的身体——“小体”，这是探究个人与他人、个人与国家、个人与社会、个人与自然之间的关系的关键。因此，形体上躯干的重要不言而喻。

在生理意义上，人的身体是感性和欲望的集合。作为一个自然人，没有欲望是不可能的。为了生存，人们必须要满足自己的各种生理需要，孟子曰：“口之于味也，目之于色也，耳之于声也，鼻之于臭也，四肢之于安佚也，性也。”在孟子看来，只有承认生理意义上的躯干和组成整体躯干的各个器官的本性，我们才能对“大体”和“小体”进行对比和排位，才会对自己有更清晰的认知，以便在面临重大抉择时进行合理的取舍。

孟子虽然承认天性欲望的存在，但他并不认为这种欲望能不加节制地满足与发展。在《孟子•离娄下》中，孟子谈到五种不孝敬的行为，其中三项与身体有关：一是贪图于满足欲望，不爱劳作；二是满足于食欲的享受；三是放纵耳目之欲。这些都是孟子不提倡的，他虽然肯定“小体”本性的欲望，但也强调“养心莫过于寡欲”，对欲望不是完全没有需要，也不是完全制止，而是不过多地放纵，要学会克制，否则人将会陷入对欲望的无尽追求中不能自拔。对此，朱熹持赞同态度。

“小体”不具有思考的能力，如果任其发展，我们可能“养小以失大”，失去对“大体”的涵养，这种人最终会成为失其“大体”的小人。我们需要对欲望进行克制和指导，这离不开道德理性，即“大体”的参与。没有“心”的引导，耳、目、口、鼻等器官常被蒙蔽。作为感性器官，“小体”的本性欲求是人正常的生理反应，本身并不存在任何的伦理价值，孟子对其进行大小区别，则是在对其赋予道德伦理意义。从大小之间的划分，可见孟子对“小体”持肯定态度的同时主张克制并加以引导，看重“身”但应该更加凸显“心”的地位。这种观点也使“修身”成为必要。

（二）“大体”的内涵

纵观《孟子》一书，孟子所说的“大体”实际上是指“心之官”。正因为“心之官”不仅具有思的功能，还有对德性和理性的自觉，由此而成为“大体”。心不再指具体的器官或心理活动，而具有了道德判断和价值选择的功能。在孟子看来，心既是实体存在，也是功能作用，展现着道德的善端。作为具体的器官，心脏对全身的血脉起着至关重要的作用，而拥有“思”的能力，使其能够理想思考，做出正确的价值判断。作为道德善端的潜伏者，通过“心之官”“心之思”反映了德性本心，使其自觉显示。在孟子看来，“大体”拥有三种基本能力，分别是知、情、意。“知”不是概念化上的“知”，而是一种道德认知和判断；“情”不仅有感情和情绪，还包含道德实践的品格和现实内容；“意”不仅是欲望，而是道德情感方面上的“志”，是心所要到达的境界和内在条件，在这样的情况中时刻与“气”相连。

孟子认为，“心之官”最首要的功能是思。相对其他器官而言，“心之官”最显著的区别在于具有“思”的功能，作为“小体”的耳目之官就因为无“思”，常受外物的蒙蔽。而“心之官”正因具有“思”，在接触外来事物时能够对所获得的信息进行判断，以此来弥补“小体”所带来的不利影响，获得相对正确的认识。这里的“思”是对孟子所提出的四心——恻隐之心、羞恶之心、辞让之心、是非之心的反省与固守，以此达到仁、义、礼、智、信的境界。孟子认为，四心是人生而固有的，反省并自觉固守就能引导“小体”不被外物所蒙，不思则反之。由此可见，心“思”的功能也具有道德实践的含义。在孟子看来，实践功夫是“思”不离“践形”的“思”的过程，心能反省和自觉固守本来所拥有的善端，并引导“小体”不被外物所蒙蔽的过程。[5]这不仅局限于心的作用，还包含身体与心灵全身心投入的过程，因为“思”离不开耳目之官的参与。

“情”便是四端。人是拥有情感的，情感产生于人的心灵。当人的心灵与外物在特殊情况下接触，就会有所感想。在孟子看来，这样的情感并不是没有理性的情感，而是包含道德理性的道德情感。孟子思想中最为重要的“四端”“四心”是通过情来证明性的方式来论证性善论的问题。孟子认为，人的心灵在被特殊的情况氛围所影响时会出现“四心”所具有的情感——仁、义、礼、智最初的萌芽，然后通过自觉地发展与固守，最后形成仁、义、礼、智四种德性。

心的作用的第三个方面是“意”。孟子认为，“意”是心灵的目标和方向，可以理解为志向的“志”。“志”可理解为意志，是发自内心的、坚定的意志力；“志”也可理解为意念，是心之所定，一心一意、极其纯粹的意念。在《孟子》中，“志”涉及多个方面，如“尚志”是志向之义；“得志，与民由之；不得志，独行其道”中的“志”虽有抱负之义，却能看到其坚韧不拔的意志。想要达到大丈夫这样的人格境界，光有意志是完全不够的，还需要有道德情感作为支撑。对比“养志”和“养口体”，孟子认为，对父母的孝敬不仅是在口腹之欲上进行满足，更应注重精神层面上的沟通和交流，即“养志”，此时“志”为心意。孟子指出，“志”常与“气”并举，在二者的互动中，气虽然处于被动的一方，但当我们能做到顺气而行时，就能充满心志。

在孟子的思想中，作为“大体”的心指具体的心脏器官，具有知、情、意三种基本能力，能让人自觉反省和固守善性，做出相应的价值评判和道德选择。心与外界事物在特殊情况接触时，情感又会产生，孟子所说的恻隐之心、羞恶之心、辞让之心、是非之心是另一种意义上的情感。与“气”相连的“志”是心之所向和心之所持的表现，具有较为强烈的道德自觉性，能够主动约束自己的道德行为，外在的精神气质和内在的素养由此达到统一和谐的中庸境界，并最终指向伦理价值的现实社会。

三、“大体”与“小体”之间的分化与转化

（一）“大体”与“小体”之间的分化

人是拥有本性欲望的感性的个体存在，也有对善的道德和价值的追求。从根本上来说，“大体”和“小体”属于一体两面，二者分属于人存在的不同方面。在孟子的思想中，身心并不存在根本的对立，“大体”和“小体”的内在是一致的。作为一种特殊的存在，人在追寻自身完美人格的实际过程中，身心常会因为各自所面临的问题和自身的功能不同而出现分化，并使人陷入矛盾的焦灼中，在肯定与否定中徘徊不定，这种分化对立在孟子的思想中表现为三个方面——一是“耳目之官”和“心之官”；二是“从其大体”和“从其小体”；三是“劳心者”和“劳力者”。“大体”和“小体”在现实中可见的分化和对立，不仅有现实层面的原因，也有着更深层的理论依据。

身心的内涵在传统儒学中涵盖的范围十分广阔，二者的统一是儒家身体观的实质，但身心关系在现实层面上出现了分化。儒学的终极目的是用道德来实现自我生命的价值，极具道德理想主义。“仁”是儒学思想的核心，孔子认为，完美人格的实现为“仁”。孔子曰：“克己复礼为仁。”朱熹注曰：“克，胜也；己，谓身之私欲也。”[6]儒家学派认为，人对自己本性的欲望要加以节制，使其符合“礼”的要求，唯有这样，才能形成仁义的道德理性。孟子继承了孔子的思想，并提出“大丈夫”的完美人格——“富贵不能淫，贫贱不能移，威武不能屈”。在此基础上，孟子还要求人们能够推己及人，“以其所爱及其所不爱”。传统儒学思想都是围绕如何克服人的本性欲望所进行阐述的，但过分强调道德理性的重要性，会导致对人感性欲望的贬低，长此以往则会导致身与心的分化和对立。

在中国哲学史中，人性问题一直都是备受争论的问题。在儒学传统思想中，孔子虽然提出了“性相近也，习相远也”，对此却没有过多的叙述和研究，直到孟子提出“性善论”，儒家学派中才有人首次系统地回答了人性问题。在孟子看来，四端之心是人天生所固有的，当四心得到充分的扩展时就会形成“仁、义、礼、智”四种德性，且人心所具有的四端就和耳、目、口、鼻的欲望一样，是人的自然属性。在这一点上，圣人和普通人没有任何差异。

故凡同类者，举相似也，何独至于人而疑之？圣人，与我同类者……口之于味也，有同耆焉；耳之于声也，有同听焉；目之于色也，有同美焉。至于心，独无所同然乎？心之所同然者，何也？谓理也、义也。圣人先得我心之所同然耳。故理义之悦我心，犹刍豢之悦我口。

（《孟子·告子上》）

在自然属性和道德属性上，圣人与普通人并无先天上的差别。圣人与普通人的不同之处在于，圣人能够自觉反省和固守这种善端，使其不流失，并加以扩充，最后达到圣人的境界。与动物相比，人是一种感性的特殊自然存在，有着自然的欲望，这是人的自然属性。而人与动物的根本区别在于人的道德性，即人的道德属性。正因为有了自然属性和道德属性，人才会在身体上有“大体”和“小体”的区别，“大体”与“小体”不仅存在“心之官”和“耳目之官”的区别，还是个人后天道德好坏的理论根据。孟子一方面在先天层面上肯定圣人和普通人并无差别，另一方面又在后天现实层面上区别小人和君子。他认为，君子能够“从其大体”，能对本心的道德进行自省，居仁由义，使自己能够自觉地按照“仁义”的标准去做事；而小人只能“从其小体”，只专注于满足自己耳、目、口、鼻等器官的欲望，不能自我反省、固守先天所拥有的“四心”。长此以往，欲望便无法节制，成为自暴自弃之人。与君子相比，小人距圣人的境界更加遥远。

本质上，“大体”与“小体”在现实层面的矛盾——身体与精神的矛盾，使人性与欲望之间产生矛盾，这是道德理性的选择问题。

（二）“大体”与“小体”之间的转化

“大体”和“小体”虽然在现实层面上可能出现分化，但二者在理想层面上是统一的。“大体”和“小体”在理想层面上的统一，是对现实层面问题的克服，也是对人存在的一体两面的复归。正因为“大体”与“小体”的分化，才使人性意义和道德价值得到肯定。作为生命存在的个体，人是属于身心合一的整体而存在，无论讨论“大体”还是“小体”，另一个都不可避免地会被涉及，“大体”心之思的作用需要在“小体”的心所展现，而人们所获得的某种理论不是靠某一器官而直接获得的，而是需要各个因素的共同配合才能获得的。如果单方面地追求生理意义上身体欲望的满足，那么失去固有四心的人是否还有完美的人格，是否还是独立的自己？事实上，人的生命轨迹就是身心相互融合的过程。

在满足肉体欲望的同时，人还追求着道德价值。身心的相互渗透与统一是实现完美人格目标和追求完善人的基础，使修身、成圣人、成君子成为可能。修身的“身”不仅指单一的血肉之躯，也不局限于修心。为了达到身心合一的身，修身需要参与身心整体合一的过程，即孟子所提出的“践形”，这要求人要拥有“大体”和“思”的能力，还需要将“知”和“悟”融入人血肉之身的行为中。由此可见，修身的过程也就是“大体”“小体”相互转化、相互推进的过程。那么，“大体”“小体”相互转化的内在中介又是什么呢？

这个中介是“气”。“大体”与“小体”在现实生活中会因出现选择矛盾而分化，“大体”常处于统治“小体”的地位，“小体”处于劣势地位。但在孟子看来，“大体”与“小体”之间的分化并不是永久对立的，二者在理论层面是相互贯通的。在此处充当中介作用的气，在中国传统哲学中处于比较特殊的地位，属于中国传统哲学的独创性词语，几乎贯穿中国传统哲学的始末。气并不是孟子的首创，在孟子之前，气就已经成为学者们广泛接受的概念。气的含义十分广泛，它不仅是一种物质，还是创造世界万物的质料因。同时，气又在人的血肉之躯中流动，和血并称为“气血”。在先秦时期，社会达成以下共识：天地之间气无处不在，人也是由气构成的，气会影响人的生命，是人与万物相联系的原因。在这一背景下，气被孟子赋予了新的含义，气拥有道德的性质。此时，气与“大体”“小体”之间的关系又展现出不一样的色彩。杨儒宾认为，孟子身体观的结构为“形—气—心”，赞成生命和道德的统一，作为“大体”“小体”基层的气确保了身与心的一体两面性。孟子曰：“其生色也，睟然见于面，盎于背，施于四体，四体不言而喻。”人的血肉之躯之所以有不一样的色彩，不是因为人的道德意识强加于躯体上的结果，而是由于这一转化过程是“践形”的过程，即“大体”与“小体”的转化过程。

在孟子看来，形体不仅是貌象声色，具备各种知觉功能而已，其实质是充盈身体、毫无欠虚的气。形体生色的原因乃是良知流行，不断转化体气，而转化的气充盈全身后，复可参与到人的感官知觉来。由良知神气之流行到体气之充分转化再到形体之彻底精神化，是一种不断扩充、不断占领中立区域、使之完全转化为成就表征的过程。[7]

气不但能反映人的生理状态，更能贯通心的感受和意志。气存于身心之间，流通于躯体之中。气的流行使“大体”和“小体”相互融合，身体也随之展现出道德的向度，成为支持道德行为的能量。人对本体的认识和对自身道德行为的自觉，需要落实到具体的人身上。正因“气”的存在及流行，才使“大体”与“小体”之间相互转化，身心才得以互通。

结　语

在人类思想中，身心关系问题一直都是无法忽略的重点。在古希腊时代，柏拉图认为身体和心灵是水火不容的，身体阻碍了心灵获得知识。后来，柏拉图关于身心关系的探究被笛卡尔吸收借鉴。笛卡尔认为，“我之所以为我”是因为我在思考，心灵和肉体不需要共存，心灵离开了肉体也能存在，这或许就是灵魂的永生。[8]笛卡尔的身心二元论致使后来的哲学家们长期忽视身心关系中的身体。

在现代，西方哲学在尼采那里发生了“身体”的转向，使得对“身体”的研究重视越发凸显。或许是由于对自身的关注，人们从自己身体出发去思考人存在的终极意义。在这一领域，人们天马行空，从各个角度和领域出发去思考这一难题，硕果颇丰。中国学者的研究方向也因此受到影响。张再林教授认为，当代哲学正在从形而上转向形而下，从思辨世界转向生活世界，从意识哲学转向身体哲学 。[9]

综上所述，在孟子的身体观中，人只有从自身出发，提高自身的内在涵养，才能由此来推进“大体”与“小体”、身体与心灵之间的相互转化，以此来实现生理意义上的身体向道德修养上的身体的转化。这是一种不局限于此的自我超越，要求推己及人，从自身扩展到家庭、国家、社会和自然万物，最终达到“上下与天地同流”的境界，从而实现外部的超越。

注释：

[1] 杨儒宾：《儒家身体观》，中央研究院中国文哲研究所，1996，第 161 页。

[2] 周与沉：《身体：思想与修行——以中国经典为中心的跨文化关照》，中国社会科学出版社，2005，第 42 页。

[3] 伍小运：《身心一如：孟子身体思想研究》，硕士学位论文，安徽师范大学马克思主义学院，2014，第 1 页。

[4] 张婉燕：《儒家身体观研究》，博士学位论文，华南师范大学哲学与社会发展学院，2012，第 55 页。

[5] 张婉燕：《儒家身体观研究》，博士学位论文，华南师范大学哲学与社会发展学院，2012，第 12 页。

[6] 朱熹：《四书章句集注》，中华书局，2011，第 125 页。

[7] 杨儒宾：《儒家身体观》，中央研究院中国文哲研究所，1996，第 161 页。

[8] 笛卡尔：《第一哲学沉思集》，庞景仁译，商务印书馆，1986，第 82 页。

[9] 张再林：《作为身体哲学的中国古代哲学》，中国社会科学出版社，2008，第 251 页。

性善从思，性恶从学

——从孟荀人性观看学与思的关系

作者：廖小忆* 指导老师：陈艳波教授

（贵州大学哲学与社会发展学院 贵州 贵阳 550025）

摘要：孟子言性善，是从人之所以如此讲性的起源；荀子称性恶，是从人官能的下放谈认知之心的归正。通过对性善、性恶的分析，二者走向学与思不同的求学路径。孟子认为，人可以通过向内求思而明本性之善，最终体悟到此善乃天之所予；荀子则以食色称性，将虚一而静的认知之心作为伪善的条件，从而得大清明。本文拟从学与思的角度来分析孟子与荀子在人性上的思想分野，并论证这两种思想实际上殊途同归，代表着儒学内部不同路径的发展方向。

关键词：孟荀人性观；思虑之心；求知之心；学与思

*廖小忆，女，1994 年 10 月生，2019 级硕士研究生，研究方向：外国哲学。

一、性善从思

作为孔子之后重要的儒学代表，孟子通过对人性、人心、天命的讨论，建立起自己庞大的思想体系。在本性的确立上，孟子以能思之心为基础，建立了一套完整的人性理论。

在孟子看来，作为能思的存在，心是具有思诚能力的。孟子认为，作为端绪，心是对人之四德的显现。在思心的运作中，人在不同境况下能发现自身德的显露，从而证明自己是有德之存在，德是自己本然的存在。孟子提出，路过的人在乍见孺子落井时，会发自内心地、自然而然地生出将小孩救起的念头。路人之所以会产生这样的念头，并不是为了要讨好孩子的父母，也不是因为厌恶掉入水井的小孩不绝于耳的哭声，而是因为每个人天生就拥有孟子所强调的道德的端绪。在这个例子中，人所起念头就是这四种端绪之一——恻隐之心的显现。想要救起一个落入井里的陌生小孩是因为人人都有恻隐之心，并不是带有具体利益偏好的特殊原因所致。在这里，我们可以看到孟子与康德的相近之处。在康德的伦理学说中，强调人行道德之事时的超功利思想，认为人是在"绝对命令"的要求下，无关乎任何实际利益的道德结果的行为主体。

在对人的恻隐之心的说明中，孟子强调人可以在不断的道德实践中，发现心对人的提撕之用。当人面临道德抉择时，这种能思之心便会使人唤起对德性的追求。在心不断的提撕下，在一次次的自我确认中，人强化了他对自身德的本性的体认，最终发现了他是本善之性的存在。在孟子所处的战国时期，人们对人性恶的显现不再感到惊异。例如，持"性无善无不善""食色，性也"观点的告子就是当时的一大代表。作为儒家门徒，告子并未走向传统的儒家仁义关怀，孟子便以一场与告子的辩论梳理了人性之根的这一关键问题。

在孟子看来，这四心本应我具有，并不是从外而得的，人之本善既不是外力所予，自然也不能被任何外力所夺。人在这一本然之性的确证中，通过道德的实践来使它得以现实性地显现，这一显现不光是人对自身本然之性充满慰藉的验证，更是对他者的激励与感化，最终使他者也在某一时刻显示出他内心的力量。可以说，孟子的“本心”对人自身的构建有着深厚的先验基础和强烈的现实关怀。当人在行四心之功用时，会发现能力的散发全然来自自身，一个人行善与否，此刻的选择如何，皆在于能思之心作何显现。孟子认为，君子和小人并非本性有别，却都存在为物欲所牵引从而丢失本心的可能，区别在于君子会不断地思索本善之心，恢复善性，而培养善德，小人则不然。孟子曰：“学问之道无他，求其放心而已矣。”人通过求其放心，使天赋的本善“良心”不被陷溺。在人性的体认和道德功夫的修养上，关键在于本体生命能否不断地认识并实践“存心”“养心”的功夫。

对孟子来说，如若本然之心未曾确立，则极有可能陷入外界的纷扰，失去从善的基础。“养心莫善于寡欲”，欲望是良心放失的最大威胁。在以生所代表的利益欲望和以义所代表的善良欲望前，人如何抉择鱼和熊掌便是其能否存心的体现。虽说人皆有七情六欲，但正因为有良心的不断克养，人才能在外部世界的游离中不丧失自己道德的根据。由于感官欲望缺乏思的功夫，无法使自己免于物的吸引，从而极易使自己堕落为物的一部分；而心却由于其思的能力能不断意识到仁、义、礼、智在自身中的存在，因此能够在物欲的世界中保持自身。“先立乎其大者，则其小者不能夺”确立了心的主导地位，欲望小体就会因受到大体之心的节制而寡欲自存。在良心的不断扩充下，人会感到一股浩然之气弥漫于整个生命，且浩然之气以义与道的不断积累而壮大，在心与形的光辉下，人感受到了道对自身的体认。[1] 孟子以思虑之心为成善的基础，将思引入性的观念，实则是将仁、义、礼、智之德挺立出来。在思虑之心的贯通下，人在实践仁、义、礼、智之德的过程中，就会明了一种内向的畅通感，这是人内心生命真正的渴望、人性与天道诚挚的呼唤，并非断断续续地向外寻求就能获得。虽然天赋能思的良心以“端”的形态存在，且会在失其所养的放失中失去，但正是这稀少的浩然之气，成就了人成善成德、普化万民的大同理想。[2]

在遵从本心的教导后，人便可在现实对恻隐、羞恶、辞让、是非之心的体认与训诫中，发现本心之德即是人性本善的明证。由此，人心与人性获得了内在的关联，人同此心，心接此性，性明本善，这种本性同心的善一样有其生而有之的先验基础。古人对天和天命的认同是不可小觑的，各式祀天、祭天的行为都显示出人对天的崇敬与重视。孟子的一大贡献是他把人的性善与德善同天产生了关联，人行善德之事不再局限在人情交往的小范围，而是关乎上天之旨意的神圣活动。这使人同上天直接产生了关联，让每个人都可以带有优越性地认同自身、实现自身，最大化地实现“慎独”时的监督效力。当人尽其所能去行善事时，就能体会到此能力乃由上天所予，这种合乎天理所带来的安全感，使人在心里不会有违逆不顺的抗争。而当人体认了自己的本心本性为善时，便是知天了。在这里，人证明了自己本性之善实际是天之所予，是明诚之天道下贯到人身上的体现，即“尽其心者，知其性也。知其性，则知天矣。存其心，养其性，所以事天也。夭寿不贰，修身以俟之，所以立命也”[3]。人在不断地展开自己能思之心的过程中，发现其天赋的道德本性，并肯定该本性为生命的本质，这正是人皆有之的善端。人对能思之心的用与尽把此善端在生命和世界中实现，由此确立了尽心—知性—知天一脉相承的体认之路，而这份体认之路的确认成全了一个人自我的发现与肯定，在这一过程中，人确立了自身作为道德生命优先的存在。

人同天相关联的先验能力亦是其区别于动物的一大标志，虽然这种区别只表现于“几希”中。本质上，人拥有动物所不具备的能力，虽然只存在细微差别，但正是这四端之心把人与动物区分开来。在欲望方面，人和其他动物都离不开食、色的需求，但正因人有四端之心，在面临道德难题时，唯有人会具有沉厚的道德情感挣扎。人会进食，却会为不义之食而放弃生命；人会满足自身的性欲，却离不开爱的交流。动物没有道德的需要，自然就没有道德的要求和道德的困境。人有不食嗟来之食的魄力，也会在苟且偷生时自我慰藉。因为人不只为着单一的欲望而活，他可以在各种繁杂的冲突与对抗中扩展自己生命的宽度。人和动物都有自身的生命期限，却有无数的人可以在生命终结后永远被他人所铭记。人的道德感将他带向无穷，带向未知的领域，他的每一次抉择都是在其道德感支配下的自我繁育。与其说人类的繁衍是生命的延续、欲望的延续，不如说是思想的延续、文化的延续。

孟子以善言性，以性称德，以德待天。人在明确这一条路径后，在日常生活中就会以向内之思去着力发掘本性的无限可能，性善从思便是此意。人无须再向外求来确认自己的归属，来发掘自身之为人的哲学基础，无须再同孩童般孜孜以求外部世界给自己一个“不可动摇”的答案。外界的繁杂与变幻时常会将人带向更加不确定乃至歧途的昏暗，人本性本以具足上天所予的诚善之性，何以再外求？何须再外求？在这强大圆满的能力中，人只需在对实践的不断反省中，顺从本性之向便能成圣人。性善之深层基础乃是一颗能思之心。人之所以能明了自己本善以及本善之性乃天之所予，无不是这颗能反思而诚之心在起作用。人所不能思，其本善之性终究无法显露。在面临道德困境时，人若不能思便只能随着欲望牵引摆渡，无法实现真正的道德实践。

二、性恶从学

在荀子之前，儒家论性都是通过某种方式将性与天相联系的。如在《性自命出》中以命论性：“性自命出，命自天降。”《中庸》里亦称“天命之谓性”，告子的“生之谓性”，或是以孟子为代表的以思虑之心言性。这些都赋予了心以厚重的天命感，使人在思诚的内向性中发展心的善的能力。

荀子论性，则突出性并非人力所为，且否定了其内在的真善性。同孟子一样，荀子也认为性乃与生俱来者。作为高级动物，人同样也有动物的原始欲望。但荀子直接将性与欲望对等，认为当性具体呈现在经验世界中时，就是人情欲的下放。荀子言：“凡人有所一同，饥而欲食，寒而取暖，劳而欲息，好利而恶害，是人之所生而有也。”[4] 他认为，食色欲望、趋利避害都是人的本能。在这一点上，人和动物并没有区别。在性的本质上，圣贤与众人和动物都没有什么不同，故人性本恶。

作为儒家的一员，在性论善恶的确立上，荀子走向了与孟子完全不同的路途。荀子认为，人性只是一团团被欲望包裹着的怒火，毫无约束地释放着自身的能量，甚至危及他者的存在。可圣人与众人之不同、君子与小人之差距实乃有目共睹，若人性本恶，又是什么促成差距的产生？荀子有言：“人之性恶，其善者伪也。”[5] 圣贤和众人都是被欲望支配的个体，他们的差别在于圣贤具有“伪”的能力，可以在对本性不断地伪装与改造中，成就善德。人虽生性本恶，却可以在外部环境的刺激下，逐步归整自身的欲望。正是由于本性为恶，个人若要成就善德，便不得不向外求索，以外部的条件来吸取能够改造恶性的机会。由此，教育、教化的作用在荀子这里得到了极大的推崇。[6]

荀子言性之本恶，唯圣人具有化性起伪、成善的能力，而圣人之所以能化性起伪，实则在于“求知之心”的不断澄明。荀子言：“心者，形之君也，而神明之主也。”所学之心对形体具有支配作用，作为认知的主体，心是一切知识建立的前提。只有拥有对道的知识体认，人才能无碍地追求大道。对荀子来说，对道的传承并不在于人内在的静思中。因为道并非天地所生的现成之物，对道的把握不能进行对象化的静观思虑，人之所以能获得天道的下贯，在于圣人思虑之下心的主体性的自然挺立。这里要注意的是，心虽然具有求知求真的功能，但其所求知识并不是随处游离、毫无章法地偶然获得的。“人何以知道？曰：心。心何以知？曰：虚一而静。”[7] 只有建立在虚一而静的状态下，心的认知才能实现真正的知识获得。何为虚一而静？荀子认为，虚强调人在认识时应注意不要因固有知识的存在而妨碍新知识的纳入，可谓虚室生白；一即专一，应使同时兼得的知识互不相碍；静则是指人对待知识时不应形如槁木，动亦静，静亦动。唯有如此，虚才可以入，一才可以专，静才可以得，人才能达到心之道一的“大清明”状态。虽然人皆有认知之心，但并非每一颗认知之心都能发挥它的积极作用，以高学识去作恶的人不在少数。在如今社会中，我们常发现有高学历的作恶者，知识只是方便他们行凶作恶的遮羞布。这样的人是为荀子所耻的。所学之心的最终指向是使人在不断地“伪”的功夫下，不断地克己寻礼的谦虚谨慎下追求善的终点。可以说，求知之心对性的归正起到了不可磨灭的作用，人在虚一而静的状态下，足不出户便知天下事，虚静专一对人在求知过程中的重要性作用不言自明。正是在此认知之心上的功夫作用，才保证了在性恶的基础上建立起道德生命的可能性。

圣人由此产生后，便可制定礼仪以教化万民，规划本性对欲望之恶的释放。若众人不能自己“化性起伪”，其能成善的可能性便在于由圣人所制定的礼仪的教化中。荀子对教化的强调指向了其与孟子路向的不同。“教化”实为外向性、居高临下性之词，唯有具备“化性起伪”能力与机遇的圣人方才有教化万民的可能。孟子在人性上不言教化，而是强调天之下贯于每个人心中相同的行善能力，人只能在不断思诚中自己“教化”自己，因为人性本善且无不同，便无教化之可能与必要。同时，荀子的现实主义指向在此出现明显的显露。对荀子来说，将人定义为性恶的主体，并不是单纯地给人以欲望的枷锁，更是强调人对恶之本性的改造离不开后天的努力。人要不断地向外求索，学习才是改造本性的方式。正因人性本恶，人才要通过外在的不断学习来进行自我约束、自我归正，人必须在相互督促中明了身边人的学习状况，以检视是否努力拥有向善的功夫。荀子的现实主义就体现在他对人恶之方面的果敢承认，并努力归求从善的理想与功夫。[8]

人性本恶为人不断地向上奋斗，不断为善的实现提供了努力的行动空间，使每一个个体都能在自身的努力下实现对善的涅槃，而非一开始便认为“善”是唾手可得之物，从而使资质平庸之辈懒于挖掘人性之善的无限可能。“性恶从学”便是此意。荀子以人性本恶为起始点，且能通过伪的功用成善成德，实际上是给先天条件薄弱之人通过后天努力改变命运的希望，更是在环境对人的教化上给出了重要的论证。这不仅给了普通百姓一剂苦口的良药，还为战国时期的统治者留出了治理时施展法势的空间。

结　语

本文从“学”与“思”的角度来发掘孟子、荀子在人性论上殊途的深层根基。笔者认为，二人在人性的论述上有此差别的核心在于对心的作用的划分上。

一是孟子以善定性，将反身而诚的能思之心作为成善的功夫。人在向生命内部的体认与思路中，发现了自身仁、义、礼、智的自足性。性通过道德本心来显现，尽心便可知其人性本善，从而可成就其性善，普罗众生。心之思的过程被孟子视为德行内在化的必由之路，在思虑之心的作用下，仁、义、礼、智才与性建立起内在联系，人类本心才得以呈现，不至于陷入物的牵连。在《孟子·尽心上》中，孟子指出："万物皆备于我矣。反身而诚，乐莫大焉。"在他看来，人与天本就合一，常人却会在不断向外逐物的过程中不得返，不去反躬自省此天人合一之实在。天是诚实无欺的真实纯洁的实在，人却在动思审虑中失去那份真实。万物之理本就具足人心，人只需向内去思求，道理就会实实在在地显露，这乃是无上的快乐。因此，思虑之心不仅可以带给人最真切的道德感受，还可以使人享受这世间最充盈的快乐。人作为万物之灵，且万物皆有其实存之理，则理必能与人心圆融。人只有反身自求、明料本性之心时，才可通于万物。这实际上是身体力行地行"大道"来进行人格的修养，由此才能发掘出人自身存在于此世的真实价值。

从治国的方面来讲，讲究思虑之心的孟子看到了民心的力量，民心的向背关乎一个国家的生死存亡。尽管社会上的每个人都存在分工和阶级的差别，但在本性上和能思之心上，他们却是一致的。行善事、养善德程度的高低从根本上决定着一个人的绝对价值，一切外部的名利不过是虚有其表，真正能让人内心感到充实安宁的是不断向内求索的心。在此基础上，一个国家的统治者和他的百姓就被放在同等地位，彼此都在善性善德的思虑下共存。在古代，这样的思想是罕见的，它不仅标志着人类认识的深化，还产生了超越时代的价值。

二是荀子从"学"的角度，论述虚一而静的求知之心对性恶的矫治作用。荀子认为，人是容易受外界影响的存在，学习的过程是对生命的不断塑造与提升。"木受绳则直，金就砺则利。"在后天的不断学习与对外部知识的积累中，人塑造了自己生命成长的方向，在求知之心的不断促进下，对知识量变的获取终究达到质变的飞跃。荀子强调求学之心，并在《劝学篇》中针锋相对地对思虑之心进行了批判："吾尝终日而思矣，不如须臾之所学也；

吾尝跂而望矣，不如登高之博见也。登高而招，臂非加长也，而见者远；顺风而呼，声非加疾也，而闻者彰。假舆马者，非利足也，而致千里；假舟楫者，非能水也，而绝江河。君子生非异也，善假于物也。”在荀子看来，学习的本质是要借助自身之外的事物来扩充自己所不具有的能力与善性。人只要能善假于物便可以“登高而招”“顺风而呼”。与之相比，思只局限在自我的内部，远不能同博览万物之学相提并论。

在儒家传统的思想立场上，荀子强调，学习不仅限于对文字或句法知识的刻板印象，君子之学是为己的身心之学，将此扩充则扶善万民；小人之学是为人的口耳之学，是将知识作为与生命相割的外部装饰。可以说，荀子所论述的求知之心与人自身的德性和生命是密不可分的。求知的过程是在书本中、对话中对生命活生生的体认，学习是与生命不可分离的存在，是存在于生命各个阶段、各种状态的警示与开拓器。基于荀子对性恶的体认，在恶与善的转化中，求知之心所具有的学的能力构成了转化过程中的重要枢纽。生命在善的完满上的缺失决定了主体需要借助外界的力量来改进自己，单纯依赖生命向内而思的发掘同样无法改善人的生命。君子与普通人生来并没有什么区别，不过是比普通人能更善假于物罢了。荀子认为，在思孟“五行”说中，德目的规定并不是主要的，关键在于德目同心性之间关系的理解。对于子思和孟子特别注重的“思”，荀子指出了其中的局限：学习的本质是借助外部拓展自身，相较于内部之思，学的博闻多识是其所不能比拟的；学习不光是心灵的自我相通，还有与整个世界的相互体认。实际上，圣人并非靠远离情欲而成为圣人，人只有在直面各种情欲时伴以理度，才能实现心灵的大清明。那种状态正如孔子所言的“从心所欲，不逾矩”，人心只有在这样的自由状态中，而不是在刻意地规避、苦行中，才能学以致“圣”。[9]

三是笼统而言，孟荀二人都将人性视为与生俱来的。区别在于，孟子通过对性和命的区分强调并非所有的与生俱来皆可被视作人之本性。在孟子看来，人之七情六欲乃有命之性，是求在外者，得失不由己。这类耳目之欲、口舌之欢乃取决于命的有命之性；而由思虑之心所明了的仁义礼智之德乃思则得之，不思则不得，得求在己者。此类由己之在则为有性之命。换言之，虽然“性自命出”，但真正能体现人道德生命价值的却只有那端绪间的有性之命。对此，荀子指出，孟子“不及知人之性，而不察乎人之性伪之分者也”，即将人和禽兽相区别的是圣人所制定的礼仪，只要掌握了学习的门道，并长期坚持，涂之人都可以成为尧舜。如果过度强调性善的作用，会导致“去圣王，息礼仪”。无论如何，荀子与孟子的争论都是儒家内部不同思想进路的显现。孟子强调思虑之心向本源之善的回归，体现了孟子对人性的理想化追求；荀子以恶论性，并在求知之心的不断归正中发现圣人成就的可能，体现了儒家对现实的追求。二者的思想对后人在成长过程路中的角色转换和性格修养都具有同等重要的从善指向作用。

注释：

[1] 李肖岭：《先秦儒家修身思想》，华中师范大学出版社，2013，第 51 页。

[2] 余维武：《论先秦儒家的榜样教化思想》，《教育科学研究》2018 年第 6 期。

[3] 陈来：《孔子·孟子·荀子　先秦儒学讲稿》，生活·读书·新知三联书店，2017，第 166 页。

[4] 陈来：《孔子·孟子·荀子　先秦儒学讲稿》，生活·读书·新知三联书店，2017，第 179 页。

[5] 陈来：《孔子·孟子·荀子　先秦儒学讲稿》，生活·读书·新知三联书店，2017，第 210 页。

[6] 黄义鹏：《沟通善恶的通路——荀子“认识心”思考》，《今古文创》2021 年第 33 期。

[7] 陈来：《孔子·孟子·荀子　先秦儒学讲稿》，生活·读书·新知三联书店，2017，第 236 页。

[8] 余维武：《论先秦儒家的榜样教化思想》，《教育科学研究》2018 年第 6 期。

[9] 姜希玉：《论荀子的“化性起伪”思想》，《学校党建与思想教育》2015 年第 13 期。

动静之间：基于宋明理学功夫论视域的考察

作者：吴化文[*] 指导老师：龚晓康教授

（贵州大学哲学与社会发展学院 贵州 贵阳 550025）

摘要： 宋明理学关于“动”“静”有着丰富的内涵和用法，如太极之动静、理气之动静、理欲之动静等。本文以动、静为主要论述内容，追溯在宋明理学发展过程中动静观的理论来源及其逻辑结构，并基于宋明理学的大框架对动静观做一个细致的梳理，进而呈现其功夫论价值。周敦颐重视太极之生成演化过程，认为动静源于阴阳的相互转化，在功夫论上主张“无欲故静”而确立人极。朱熹则认为理为气本，理先气后，理、气皆各有动静，在功夫论上主张超越动静的“主敬涵养”说。王阳明从理欲的角度来规定动静，“循理之谓静，从欲之谓动”，主静成为“循理”，即依循天理良知，故强调致良知之功夫。宋明理学家对动静观的思考，实则有功夫论的意义。

关键词： 动；静；宋明理学；功夫论

---

* 吴化文，男，1998年10月生，2016级本科生，研究方向：中国哲学。

前　言

随着社会的发展变迁，大众在自我修养上越来越不注意对理论功夫的修炼，这导致越来越多的人变得浮躁，从而影响自己的成长和发展。纵观整个哲学发展史，大多数哲学家都有自己成体系的一套修炼功夫，即功夫论。其中，对动静的探讨是不可或缺的。作为理学系统中宇宙论的重要组成部分，动静观说明了世界是如何存在和发展的，动静问题是每个理学家不可避免地要面对的问题。同时，动静问题在心性论上也是重要的讨论方向。在宋明理学家中，周敦颐、朱熹、王阳明、王夫之都是研究动静观的主要人物。虽然他们的观点各有侧重和不同，但就功夫论上的追求来说，都是值得我们探讨的。基于这一出发点，宋明理学时期的动静观就是本文讨论的主要话题。

“动”“静”自古就是中国辩证法上一对重要的概念。自秦朝开始，“动”“静”就一直被哲学家所探讨，其内涵十分丰富。“动”有变动、移动、运动等基本含义，“静”有静止、暂停、不变等基本含义。动静二者的关系大致经过了“静为动本”“动静互涵”“动静皆动”三个阶段。作为哲学范畴，“动静”被真正地加以考察是从老子开始的。《道德经》第二十六章言：“重为轻根，静为躁君。”老子认为，一切事物都是运动、变化的，但归根到底事物的运动和变化又会回到静止的方向，最终归于静止，即回归于“道”。之后，《易传》也讨论了动静问题。《易传》在动静观上与老子不同，它认为一切事物都是变动不居的。接着，西汉的董仲舒与魏晋的王弼、郭象等人对动静问题进行了各自的探讨，基本都回归到“静为动本”的结论。值得一提的是，东晋的僧肇提出了“物不迁论”，批评了一般人所认为的世界是变动的观念，主张“即动而求静”，认为世界在本质上是静止的。

直到宋代，动静问题上的主静说仍然存在。但“动静互涵”的辩证法命题出现了，这象征着从主静说到主动说的重要过渡。理学创始人周敦颐在其著作《通书》和《太极图说》中阐发了他对动静问题的看法。《太极图说》提到：“无极而太极，太极动而生阳，动极而静，静而生阴，静极复动。一动一静，互为其根，分阴分阳，两仪立焉。阳变阴合而生水火木金土。五气顺布，四时行焉。”[1]周敦颐认为，太极运动的样子就是一动一静，动和静两种状态表现了太极演化生成宇宙万物的运动过程。在这一环节中，动静相辅相成，缺一不可。但因功夫修养的需要，周敦颐最后主张静以利人极。后来，朱熹将周敦颐的太极认为是“理”，此时动静问题的落脚点到了等同于太极的“理”上。周敦颐的动静区别并不能说明动静是太极本身的动静，真正让太极动静的是“理”。因为太极能隐藏在阴阳两种气中，在一定意义上，太极和理是等同的。这样一来，承载在动静的气上的理有了相对的动静，故朱熹有理气动静说。到王阳明时，他遵循心即理，便讲理欲之动静，认为从欲为动，循理为静。王阳明在天泉证道时所说的四句教完整地体现了他关于动静的看法，即人要时刻进行致良知的功夫，求得本心显现，体悟天理，超越习心的遮蔽，从欲为动，循理为静，理就是本心。尽管很多哲学家都对动静问题有过自己的论述，但因周敦颐、朱熹和王阳明在其理论中对动静观的探讨更为全面且影响更大，对人在日常的功夫修养中更有指导意义，后文将以对他们三家理论的论述为中心来展开。

一、太极之动静

（一）一动一静，互为其根

周敦颐的动静观和其宇宙论体系紧密相连，要想知道其对动静的看法，就必须了解他的宇宙论体系。周敦颐依据《周易》在《太极图说》中提出了自己的宇宙生成论思想，并以“太极”为最高范畴。具体而言，其宇宙发生的层次是最高存在者太极产生出阴阳二气，阴阳二气又产出金、木、水、火、土五行，最后五行演化出万事万物。在《通书》中，周敦颐又用“一”和“万”两个范畴再次描述了这个过程。他说：“二气五行，化生万物，五殊二实，二本则一。是万为一，一实万分，万一各正，大小有定。”[2]宇宙间所有的事物都是无穷无尽的，但无论其具体呈现的形态如何，其本质上都是一气所化的，即“是万为一”。而太极在下落的过程中化为各种千差万别的东西，就是“一实万分”的体现。这种一与万的关系和佛教著名禅理“月印万川”有相通之处，体现了在此过程中多样性与统一性的对立统一。以太极元气为自然万物多样性的基础，周敦颐构建了一种气一元论的宇宙论。

在周敦颐看来，太极是一个未经分化的实体，阴阳得以产生的原因在于太极的运动。正是太极的运动才产生了阳气和阴气，“动而生阳”“静而生阴”。宇宙时刻都在运动着，在这一运动过程中，动与静相互交替和转化，动到极致变为静，静到极致又转向动。宇宙在发展过程中所呈现的状态不是一成不变的。按陈来教授的说法，在运动纵向上，这是运动和静止不断的交替循环；在横向构成上，这是阴阳二气的对立统一。[3] 在本质上，宇宙的构成是阴阳二气的相互作用和相互交合。需要注意的是，在阴与阳的相互作用中，阳一直都处于主导地位，阴处于非主导地位。正如动和静的循环是没有极限的，所有事物的变化发展亦没有尽头，“反者道之动”。

（二）神妙万物，无欲故静

事实上，周敦颐在动静问题上还区分了“物”与“神”的动静：“动而无静，静而无动，物也。动而无动，静而无静，神也。动而无动，静而无静，非不动不静也。物则不通，神妙万物。”[4] 在这里，他将物与神对立，就像公孙龙认为坚白不相盈一样，周敦颐认为，动静不能同时含于物中。动就是动，静就是静，像坚白石的坚和白一样，两不相干，“物则不通”；而“神”的“动静”是动中有静、静中有动的，具有这样特点的“神”是世间万物变化发展的助推器，它变化微妙莫测，达到了“神妙万物”的境界，神是万物运动时的内在本性，拥有让事物发生变化并生生不息的微妙功能。在周敦颐看来，一般事物不能同时包含运动和静止，同一时刻下只能处于运动或静止中的一种状态，但对神来说，动静是互涵的。这是因为神是事物运动的内在根源，可以按照自己的需要协调动静的状态。既然神有如此的特点和作用，那神到底是什么呢？从周敦颐整个的“神妙万物”的过程剖析，一切都是神妙万物的对象客体。在这一体系中，神只能是“无极”，是于太极之上的存在。

关于动静，周敦颐是“主静”的，并依此建立了自己的功夫论。《太极图说》记录了周敦颐对人道的看法："惟人也，得其秀而最灵，形既生矣，神发知矣，五性感动而善恶分，万事出矣。圣人定之以中正仁义而主静（自注：无欲故静），立人极焉。"[5] 作为灵长类生物，人常常自称为高级动物，强调自己是由天地间最精华的东西构成的。我们不仅有知觉和意识，能把控自己的知觉和意识，还懂得是非善恶。"圣人定之以中正仁义而主静"，圣人们以中正仁义作为自己为人处世的道德原则，为人制定一个向往的标准，周敦颐主张通过主静的办法进行功夫论上的修炼以达到这一境界。如何做到主静呢？周敦颐说要无欲故静，无欲不是寡欲，而是要人们抛弃掉一切不合理的欲求，真正做到以无欲为功夫修炼的目标，使自己的行为符合中正仁义的道德原则，达到圣人的标准。至于圣人具体的标准，周敦颐指出："寂然不动者，诚也；感而遂通者，神也。动而未形，有无之间者，几也。诚精故明，神应故妙，几微故幽。诚、神、几，曰圣人。"[6] 人在本心朗照下的本性即诚，人的思维能力即神，"几"是当人与外部事物发生了接触，人的本性决定思维活动做出一定的反应。但如何才能保证每个人的本性是静的、纯然状态的呢？只有保证这些，人在欲念萌动时，才能谨慎选择，不往坏的方向发展。

在"诚、神、几"中，诚是最重要的。因为诚不仅是人的本性，更是最高的道德原理。"诚者圣人之本"，作为成圣方法，诚要求我们要时刻做到孔子倡导的"仁"，克己复礼。按照这些要求去做，人就能达到无欲，回到主静。以上就是周敦颐《太极图说》中主静立人极的功夫论所需注意的动静问题。

二、理气之动静

（一）理本气末，理先气后

周敦颐以太极为宇宙的本原，并由此展开对动静的讨论。在朱熹的哲学中，理气问题历来都是被讨论的重点问题，这便涉及理气动静的问题。气的含义是什么？理的含义是什么？二者又是什么关系呢？这些问题与理气动静问题有何关联？下面我们将逐一论述。

在宋明理学中，张载对气的含义做出了很好的说明。在张载看来，世界的本原就是气，万事万物都由气的聚散所形成，这在他的“太虚即气”思想中有充分的解释。张载认为，宇宙本质上由三个不同层次的东西构成，第一个是太虚，第二个是气，第三个便是万物。太虚是由气散落而结成的虚空，但不是真正的空，只是气的另一种状态，故有“虚空即气”的说法；而气凝聚在一起变为万物，气所凝结的方式结构不同，万物也各异；最后，凝聚的万物又可散而为气，气散而为太虚。这两个相反的运动构成了张载宇宙论的基本过程。[7] 在张载这里，气、太虚和万物是同一个实体，需要以不同的形态呈现在我们面前。本质上，气是永恒的。在宋明理学中，“理”并不是神秘莫测的，它与我们日常生活中讲的“物理”“道理”具有相通之处。在日常对话中，我们常会遇到说话做事“不讲道理”的人，在此类语境中，“理”实则意指特定的行为规则、道德法则和制度等。在科学传入我国后，“理”便有了事物所具有的性质、规律、法则之意。随着历史的发展，事物的规律和道德的原则成了宋明理学中“理”最主要的含义。这两层含义本质上是统一的。具体采用何种含义则需就所涉及的问题仔细分析。朱熹继承了周敦颐的相关思想，训“极”为“至”，认为“太极”即“理”，“太极”也成了朱熹哲学的核心和出发点。在对周敦颐“无极而太极”的理解中，朱熹明确指出，“理”就是“太极”。首先，“无极”只是作为对“太极”的修饰而存在的，意在说明“太极”是看不见摸不着的，无形无象；其次，它表明了在太极之上没有高于太极的东西存在，太极是绝对的存在者；最后，因为无极自身是对太极的限定，太极不是事物之外而存在的，它在事物本然的理中，不可剥夺。有了这些界定，“理”在朱熹这里的含义便也大致确定下来了。

在朱熹之前，张载与二程（程颢和程颐）都对此问题有自己的见解。张载的思想强调气，却忽视了理；二程的思想强调了理，却忽视了气。但在朱熹那里，理、气却占有同等重要的位置。朱熹认为，这世间中所有的事、物、器都是由理和气构成的。其中，气是一切事物的基础材料，相当于西方哲学中的质料；而反映一切事物本质和规则的是理。宇宙万物都由理和气组成，缺一不可。他曾说：“天地之间，有理有气。理也者，形而上之道也，生物之本也。气也者，形而下之器也，生物之具也。是以人物之生，必禀此理然后有性；必禀此气然后有形。”[8] 朱熹是理、气并重的，认为“理”与“气”是不离也不杂的关系。太极就是理，理就是太极。作为天下万事万物背后所倚靠的天理，理离不开气，气也离不开理，两者一体浑成。具体来看，理就像种子，是生物的本源；而气是种子生发出的植物，它是生物的资具。每个人或每件物都禀有理所赋予的最适合自身成长的气而成为自身的人性或物性，这也是一般性和特殊性的体现。就其本义来看，理和气虽的确存在区别，各自作用不一，但并不妨碍我们理解它们。至此，我们就了解了朱熹体系中“理”与“气”的具体内涵。之后，朱熹还对理和气的关系问题做了探讨。

在朱熹那里，关于理气之间的关系共有六种说法：理气离合、理气本末、理主气从、理先气后、理气形上形下和理气体用。第一种，理气离合。朱熹认为，理气是浑然一体的，二者有共同的原因使之在一起，这即是合；可理气虽是浑然一体的，但要想将它讲清楚，又不得不拆开看待，便是离。第二种，理本气末。朱熹指出，“理也者，形而上之道也，生物之本也。气也者，形而下之器也，生物之具也”[9]，理决定着气。第三种，理主气从。在理气关系中，理是起主导作用和决定作用的。第四种，理先气后。在朱熹看来，理和气本来就没有先后之分，若为了方便一定要确定个先后次序，那便是理在先，气在后。但随着认识的不断深入，朱熹意识到，如果断定理在气先容易引起一些不易解决的矛盾。因此他又明确指出，理和气实际上是没有先后之分的，是因为现实的需要，我们才对理和气先后做出了区分。但这种区分仅仅是逻辑上的先后关系，即理在气先是指逻辑上的在先，而不是时间上的在先。按照西方哲学的思路，理是第一性的，气是第二性的。朱熹始终认为，在现实世界中，理与气不能相互分离，理是生物之本，气是生物之具，没有无理的气，也没有无气的理。在未对朱熹的思想有全面把握时，容易确定“理在气先”的绝对观点而忽略逻辑上的限定字眼。这与朱熹早年的思想密切相关。第五种，理气形上形下。本质上，理气的几种关系都可以联系到理气形上形下的原则来解释。第六种，理气体用。按照朱熹的说法，形而上的是理，理决定气，气生于理，气处于理的指导下。至于理具体如何指导气，便是理气的动静问题了。

（二）理气动静，主敬涵养

周敦颐通过《太极图说》确立了一个自身运动的原始实体，即“太极”。因为朱熹将周敦颐的太极认为是“理”，那么被朱熹规定为理的太极是否能动静呢？朱熹认为，周敦颐所说的阳动阴静并不是太极本身能动静。动静的主体虽然是阴阳，但动静的根据确是“理”，是存在于阴阳二气中自身却不动的太极。太极是理，理是太极。这样就让承载在动静的气上的理有了相对的动静，故朱熹有理气动静说。

关于理气是如何动静的问题，朱熹曾为周敦颐的《太极图说》做过讲解，阐释了他关于理气动静问题的看法：“盖太极者，本然之妙也；动静者，所乘之机也。太极，形而上之道也；阴阳，形而下之器也。”[10] 在朱熹看来，动静是通过阴阳二气作为运动的载体体现的，太极即理，无所谓动静的差别。朱熹时刻提醒，动静背后的根据是太极——理，阴阳二气则是动静的主体。在这里，朱熹引用了一个形象生动的例子：“太极理也，动静气也。气行则理亦行，二者常相依而未尝相离也。太极犹人，动静犹马，马所以载人，人所以乘马，马之一出一入，人亦与之一出一入，盖一动一静，而太极之妙未尝不在焉。”[11] 太极和阴阳的关系就像人骑马行走一样，坐在马背上的人是没有跑动和走动的，但因为他坐在马背上，就有了相对这一参照物的运动。太极就好比那个坐在马背上的人，阴阳就是那匹跑动的马。太极是无形无状的，没有像人一样可见的形体，但太极存在于阴阳二气中，气是可以动静的，对太极来说，气是运动载体而太极赋予其中。这样一来，太极就具有了相对的动静。朱熹认为，太极即是理，理有了动静。这便是朱熹的理气动静说。

那朱熹的理气动静说如何与其功夫论相关联呢？朱熹倡导“主敬涵养”，强调功夫为贯通未发与已发，贯通动静内外的全过程。联系理气动静的观点，要使主敬在内时做到符合于理，不妄念；在外时也能像气遵循理的原则一样，不妄动。如此，动静皆宜。但这只是一种角度的解读，前文已经介绍了理气之间的六种关系，有学者也由此角度出发，认为理气的动静问题其实是两个问题，应将之分开，分别研究理的动静与气的动静。其中，关于理的动静包含三个角度：一是从理气相离的角度，从形而上的角度来看，理是超越动静的，因为此理不可以有无论；二是从理为本、为主、为体的角度来看，理无所谓动静的分别，理就是形而上的神，万物在动静间的变化由它掌握发生；三是从合的角度，从气、器与事物的角度来看，理是随着气而动静的。[12] 这一点的例证就是上文所说的人骑马的例子。

于是，朱熹将这些关于动静的思想运用到实践中。在修养方面，朱熹倡导“主敬涵养”，其源于程颐“持敬”和“涵养须用敬”的思想。具体而言，朱熹的主敬涵养论有两重含义：从广义上讲，就是要贯通未发已发，贯通动静内外的全过程；从狭义上讲，则专指未发的功夫。但二者的重点都在于“主敬”。我们要做到内无妄思、外无妄动，才能达到主敬的基本要求，实现理气动静的显明发用。

三、理欲之动静

（一）阴阳一气，动静一理

到王阳明时，动静不再仅是朱熹时的理气之动静，而延伸为理欲之动静了。王阳明以心为哲学本体，其哲学也叫心学。关于动静的讨论，其根本也建立在以心为本体的哲学理论上。从哲学本体对动静问题影响的角度出发，关于王阳明理欲之动静的问题需要从他对宋明理学以来对道体动静问题的继承谈起。

关于道体动静的问题，王阳明的论述基本上是从周敦颐、程颢和程颐等人的著作中解读出来的，他对周敦颐的“主静”说、二程“动亦定，静亦定”的体验路径皆有所体会。因此，在本体和功夫两方面的修炼上，他延续了周敦颐和二程体用圆融的路径，建构起以心为本、统合动静的思维模式。从文本来看，王阳明就非常重视周敦颐的《太极图说》中“无极而太极”“定之以中正仁义而主静”以及程颢《定性书》中的“动亦定，静亦定，无将迎，无内外”等话语。这些证明了王阳明对道统与历史的继承。但重视归重视，王阳明并不是一味地接纳前人的看法。例如他就认为周敦颐的“主静”说是不对的，“主静”实则兼有动静，并认为太极不应从宇宙创生论的角度解读，而应从太极作为天理其自身本具的生生之理的角度来理解。他说：“周子‘静极而动’之说，苟不善观，亦未免有病。盖其意从‘太极动而生阳，静而生阴’说来。太极生生之理，妙用无息，而常体不易。太极之生生，即阴阳之生生。就其生生之中，指其妙用无息者而谓之动，谓之阳之生，非谓动而后生阳也。就其生生之中，指其常体不易者而谓之静，谓之阴之生，非谓静而后生阴也。若果静而后生阴，动而后生阳，则是阴阳动静截然各自为一物矣。阴阳一气也，一气屈伸而为阴阳；动静一理也，一理隐显而为动静。”[13] 可理解为宇宙创生过程的“动”不是天机不息之动，太极本身的“动”之理才是天机不息的动。因为太极具有生生之理，便能自然地兼合动静两端，常体不易而又妙用无息。其理常体不易，是静，气依此静之理而能生化“阴”；其理妙用无息，是动气依此动之理而能生化“阳”。而后，王阳明又结合程颐《定性书》中的内容，由周敦颐的“主静说”提出了“动静一体”的主张。

（二）循理为静，从欲为动

按照《太极图说》，“无欲”故静，王阳明认为，“主静”所要表达的本体状态就是无欲。一个人在进行功夫修养时，若能做到无欲，则不管是动还是静，他都能够做到定。这就涉及王阳明对动静的特殊规定，即从理欲的角度来讨论动静问题。他说：“故循理之谓静，从欲之谓动。欲也者，非必声色货利外诱也，有心之私皆欲也。故循理焉，虽酬酢万变，皆静也。周敦颐所谓‘主静’，无欲之谓也，是谓集义者也。从欲焉，虽心斋坐忘，亦动也。告子之强制，正助之谓也，是外义者也。”[14] 又言：“理无动者也，动即为欲，循理则虽酬酢万变而未尝动也；从欲则虽槁心一念而未尝静也。”[15]如此，则循理、依循本体即为静，此为至善或无善无恶；从欲、动于气即为动，此为恶。具体来看，在王阳明的思想中，实则包含了两个层次的动静关系：第一层是心体本然兼具动静的状态，即寂然不动“体之静”与感而遂通“用之动”。动静以体用的关系相合，“静”是“常定常寂”之本，为心之体，“动”为“常觉常应”之态，为心之用，二者皆为心体之状态，俱存于一心而不相离。心没有绝对的动和静之时，静时仍有灵觉感应，动时也无碍定寂之本体。第二层是为学功夫中，循理去欲谓之静，从欲背理谓之动。只此心依循天理，虽酬酢万变，便皆是静，而别立一个有所为的私心，即便心斋坐忘，仍然是动。如王阳明批评学人有求静厌动的弊端，指出心体本来兼具动静，若别有求“无念”之静，则是“动亦动，静亦动”。此动非彼动，这第二个“动”与上面心本然状态下常感常应之“动”不同，是受诱于私欲而不能循理的扰动。因此，第一层次的动静是心体之本然，应随顺其常应常寂。若能动静皆定，便是第二个层次的静，而若别生求静恶动之意便落入第二层的动（此是私心妄动）中，和周敦颐、程颐之说的真意便有了偏差。由此，王阳明初步展现了自己关于动静问题的观点。

在王阳明看来，循于天理即是静，落入人欲即是动。而天理即是良知，但为人欲所遮蔽，故修行之功夫是要破除人欲对天理的遮蔽，即致良知。在王阳明的哲学体系中，良知具有重要地位。致良知是王阳明心学思想在其晚年阶段发展成熟的硕果，其中也有孟子的功劳，因为王阳明是根据孟子“良知良能”的观点发展出自己的致良知学说。对人而言，良知是不依赖于外在的条件和手段就自然具有的一种道德意识情感。王阳明后来将良知也规定为本体，良知就是道，良知就是理。不同于朱熹的性即理说，王阳明提出了“心即理”说。这源于他多次被贬谪的经历，因为有了生活的经历，王阳明的思想也有了更深的体悟。在“心即理”的命题中，他以心作为天理。需要注意的是，心也具有两层含义：一是个体日常修炼所追求达到的本体心，二是个体日常发用的流行心。明白了这一区分，才能更好地体会王阳明“致良知”学说提出的重要意义。

作为王阳明晚年确立的重要功夫论原理，致良知对人的修养具有重要意义，其要点在于如何“致”。良知指凡人必然具有且随时知是知非的知觉，它是人人必具的至善之性，是善性知觉的落实和体现。但良知非致不存，不是随时都清明地存于人身的。尽管每个人都有此“天植灵根”，但人常常受到私欲和习心的遮蔽，使其不得彰显，在某种程度上，它近乎不存在。“致”非常重要，在“致”的过程中，良知的是非好恶被推至于事事物物之间，由于对良知的致是体用的生发，追求良知的本然之性并达到就是静，受私欲习心遮蔽就是动，整个过程动静由体用显发。

结　语

动静是哲学中的一对重要概念，哲学家对动静的思考体现于许多先哲的功夫修养中。这一特点在宋明理学时期更为突出。本文主要由宋明理学家们的功夫论修养理论中探究他们对动静问题的看法和运用，以便对动静观做一个梳理，展现其在功夫修养上的意义。

周敦颐在功夫修养上主张“无欲故静”，认为动静源于太极生成演化宇宙时阴阳二气的相互转化，回归最初的根本就是回到太极。太极是本原，其本身无分动静，循太极之理就是循动静之则。不产生违背太极之理的欲就是静，“无欲故静”。朱熹则从理气关系入手，认为理、气各有动静，在功夫论上提出了超越动静的“主敬涵养”说。如果能做到内无妄思、外无妄动，便能达到主敬的基本要求，并逐渐实现理气动静在修养功夫上的显明发用。王阳明则从理欲的角度来规定动静，认为循理为静、从欲为动。他将依循天理良知作为主静的真正含义，为人们的日常修炼直接指明方向。关于动静问题的思考不能脱离实际，我们要在功夫论的实践过程中考察动静的真正内涵和用法。总而言之，动静在不同的哲学体系中具有不同的含义。哲学家们在修养功夫中的运用表现出其在面对世事时内心保持的态度。无论是遵循本心安然处之以静，还是放任欲望随之而动，都能为我们在人生路上的修炼提供参考，值得我们了解和学习。

注释：

[1] 陈来：《宋明理学（第二版）》，华东师范大学出版社，2004，第 38 页。

[2] 陈来：《宋明理学（第二版）》，华东师范大学出版社，2004，第 39 页。

[3] 陈来：《宋明理学（第二版）》，华东师范大学出版社，2004，第 40 页。

[4] 陈来：《宋明理学（第二版）》，华东师范大学出版社，2004，第 41 页。

[5] 陈来：《宋明理学（第二版）》，华东师范大学出版社，2004，第 42 页。

[6] 陈来：《宋明理学（第二版）》，华东师范大学出版社，2004，第 42 页。

[7] 陈来：《宋明理学（第二版）》，华东师范大学出版社，2004，第 46 页。

[8] 陈来：《宋明理学（第二版）》，华东师范大学出版社，2004，第 127 页。

[9] 陈来：《宋明理学（第二版）》，华东师范大学出版社，2004，第 127 页。

[10] 陈来：《宋明理学（第二版）》，华东师范大学出版社，2004，第 129 页。

[11] 陈来：《宋明理学（第二版）》，华东师范大学出版社，2004，第 129 页。

[12] 林建华：《关于朱熹理气神化动静的思想》，《福建省社会主义学院学报》2001 年第 3 期。

[13] 王守仁：《王阳明全集（上）》，吴光、钱明、董平、姚延福编校，上海古籍出版社，2011 年，第 72-73 页。

[14] 王守仁：《王阳明全集（上）》，吴光、钱明、董平、姚延福编校，上海古籍出版社，2011 年，第 204 页。

[15] 王守仁：《王阳明全集（上）》，吴光、钱明、董平、姚延福编校，上海古籍出版社，2011 年，第 72 页。

论王阳明亲民思想的实践

作者：王林[*] 指导老师：邓国坤副教授

（贵州大学哲学与社会发展学院 贵州 贵阳 550025）

摘要：“亲民”“致良知”与“知行合一”是王阳明哲学思想最主要的内容，但以往学界的研究却主要集中于“致良知”和“知行合一”，对“亲民”的研究则显得不够。不同于朱熹改《大学》古本“亲民”作“新民”，王阳明坚持《大学》古本原文“亲民”，并由此提出“教”“养”并重的亲民思想。王阳明亲民思想以儒家政治文化为思想渊源，是对儒家德治主义的继承和发展。在亲民实践中，王阳明充分体现其“教”“养”并重的亲民思想，倡导教民、爱民、保民、富民、顺民。在为政期间，王阳明推崇“政在亲民”的为政理念，做到为政一方，便教化一方，造福一方。王阳明的亲民思想与实践不仅对古代社会的思想与实践产生了影响，对当代中国建立民主仁政、反腐倡廉及脱贫攻坚也具有一定的借鉴意义。

关键词：王阳明；亲民；教民；养民

---

* 王林，男，1996 年 8 月生，2016 级本科生，研究方向：中国哲学。

前　　言

王阳明的弟子黄绾将王阳明的哲学思想归纳总结为三方面，即“致良知”“亲民”和“知行合一”。作为王阳明思想的重要范畴，“亲民”在《王阳明全集（简体版）》中出现多达81次，在《传习录》中，“亲民”也是出现在首句而被记录、论述的，可见“亲民”思想在王阳明整个哲学思想体系中的重要性。相较而言，学界对“致良知”和“知行合一”的论述较多，对“亲民”的研究论述则较为薄弱。王阳明的“亲民”不仅是一种哲学思想，更是一门具备现实意义的政治实践学问，其“政在亲民”的为政理念强调在政治活动中做到对亲民的实践，爱民体民。王阳明对亲民思想的政治实践不仅是对儒家仁政主义的继承和发展，亦为当代民本思想树立了典范。

一、王阳明“亲民”实践的理论渊源

明朝中期，政治生态环境不断恶化，作为正统思想的理学逐渐式微。王阳明看到了“得君行道”政治抱负的局限性，故其回归到儒家政治思想中，提出了“教”“养”并重的亲民思想，为其在政治活动中的亲民实践提供了理论指导。

（一）亲民思想的提出

王阳明“教”“养”并重的亲民思想源于对古本《大学》“在亲民”的辨释。《大学》的文本向来并有古本和改本之争。朱熹主张循程颐之意，改《大学》古本“亲民”为“新民”，而王阳明则主张回归《大学》古本作“亲民”，从而提出“亲民”思想，并由此批判朱熹进行“新民”的改动，认为“亲民”说才符合儒家思想的原意。

古本《大学》首句为：“大学之道，在明明德，在亲民，在止于至善。”

朱熹则在《大学章句》中依程颐之意，改“在亲民”为“在新民”[1]。程颐认为“亲”应当作“新”，而“新”就是去除旧的东西，即私欲的遮蔽。朱熹根据程颐的说法将“新民”建立在“明明德”的基础上，即当学者自己自明其明德，去除私欲，回到最初的本体状态后，才推己及人，教化民众，使民众也能去除私欲的遮蔽，回复本然状态。“明德者，人之所得乎天，而虚灵不昧，以具众理而应万事者也。”[2] 在这里，朱熹将“明德”理解为天理，是人之本体，这本体本是虚灵不昧的，但这本体有时会因气禀所拘束，被人的无穷欲望所遮蔽，导致天理呈现出昏而不显的状态。而“明明德”则是“去除遮蔽，复天理”的过程，学者应做到“存天理，灭人欲”，去除私欲的遮蔽，使天理能够显明，达到“以复其初”；然后再推己及人，教化普通民众，使他们也能去除私欲的污染和遮蔽，回到最初澄净、透明的本体状态；最后，学者、民众都能达到最合乎天理的本然要求，而不再受丝毫私欲的遮蔽和污染。朱熹的“明明德”到“在新民”是一个从上到下的教化的过程，学者自明明德而后教化民众达到明德之初的无一毫人欲之私的全善状态。朱熹“新民”说的思想核心是“教民”，即学者对民众的教而化之，强调以上位者为中心的学者对下层民众的教化。

虽然朱熹的“新民”说有一定的依据，且其《四书章句集注》在后来成了经典，但在当时有学者强烈质疑朱熹改“在亲民”为“在新民”的做法，其中就有来自其弟子的疑问。当其弟子问道：“程伊川改‘亲’为‘新’，有何依据呢？而老师您又遵从程子的改动，又有什么必然的考证呢？您以一己之意改动经文，恐怕会遭受非议，又是为何？”朱熹从两个方面回答了这一疑问。其一，“若无所考而辄改之，则诚若吾子之讥矣。今亲民云者，以文义推之则无理”。朱熹认为，自己对《大学》经文的改动是有考证的，他从经文义理内涵考察并否定了“在亲民”之说，认为直接读作“在亲民”与《大学》文本义理有所不符。其二，“新民云者，以传文考之则有据，程子于此，其所以处之者亦已审矣”。这是从《大学》的文本上来考察，朱熹认为改“在新民”是有依据的。朱熹将《大学》分为经和传两部分，传文是用来解释经文的。在传文中有“汤之盘铭曰：‘苟日新，日日新，又日新。’《康诰》曰：‘作新民。’《诗》曰：‘周虽旧邦，其命维新。’”[3]，故朱熹说“以传文考之则有据”。但所谓经、传之分只是朱熹自己的划分，成立与否尚有存疑。

此外，便是王阳明对朱熹的“新民”说的否认。王阳明不满朱熹对《大学》古文本的改动，对其解释亦不以为然，主张回归《大学》古本，认为应是“在亲民”。对王阳明的这一主张，其弟子徐爱也提出了疑问：“‘在亲民’，朱子谓当作‘新民’，后章‘作新民’之文似亦有据。先生以为宜从旧本作‘亲民’，亦有所据否？”[4]面对弟子的这一疑问，王阳明亦有所解答：“‘作新民’之‘新’是‘自新之民’，与‘在新民’之‘新’不同，此岂足而据！”[5]他认为，“作新民”不能成为“在新民”的依据，两个“新”在文义上是有所不同的。此外，王阳明还说：“‘作’字却与‘亲’字相对，然非‘新’字义。下面‘治国平天下’处，皆与‘新’字无发明。”[6]王阳明以同为三纲领“治国”“平天下”来批判朱熹的改“亲”作“新”，提出作“新”没有与下面的治国平天下相对应，并引用原文“如云‘君子贤其贤而亲其亲，小人乐其乐而利其利’，‘如保赤子’，‘民之所好好之，民之所恶恶之，此之谓民之父母’之类，皆是‘亲’字意”[7]，为自己坚持古本“在亲民”做了辩护，认为《大学》通篇都是在讲“亲民”之道，而非朱熹所改的“新民”之说。

同时，王阳明还引用了“‘亲民’犹《孟子》‘亲亲仁民’之谓，‘亲之’即‘仁之’也。‘百姓不亲’，舜使契为司徒，‘敬敷五教’，所以亲之也。《尧典》‘克明俊德’便是‘明明德’，‘以亲九族’至‘平章’‘协和’便是‘亲民’，便是‘明明德于天下’。又如孔子言‘修己以安百姓’，‘修己’便是‘明明德’，‘安百姓’便是‘亲民’”[8]等古文来为“在亲民”做进一步的论证。他认为，“亲民”等同于孟子所说的“仁民”和孔子所讲的“安百姓”，接着又以《尧典》《论语》的话将“明明德”与“亲民”相联系，为“在亲民”提供了义理上的论证。最后，王阳明还对朱熹的“新民”提出了批判：“说‘亲民’便是兼具教养意，说‘新民’便觉偏了。”[9]他认为，只说“亲民”便具有“教”“养”的双内涵，而说“新民”则有所偏颇了，只有“教民”而无“养民”的内容了。王阳明的“亲民”说包含了“教”“养”两方面的内容，甚至更加突出“养民”的重要性，强调以民为中心的民本思想，这也是儒家思想的核心。

王阳明首先从《大学》文本语义上来分析，为反对“在新民”提供了理论论据，而后又从经文内容上为自己坚持“在亲民”找到了文本支撑，最后又引经据典，对“在亲民”进行了史料论证。这使王阳明反对改“亲”作“新”而坚持古本《大学》的“在亲民”，具有相当强的说服力。

朱熹是宋明理学的集大成者，他主张强调“存天理，灭人欲”，认为统治阶级应当加强修养，洗涤身心，成为无一丝一毫私欲的圣人；被统治阶级也应受到教化，去除人欲，成为有德之人，便改“亲”作“新”，强调“教民”。而王阳明身处明朝中期，时代政治环境相当恶劣，他感到单纯以统治阶级的教化难以“安百姓”，便主张“在亲民”，强调在实践中“教”“养”并重，在做到教民的同时，亦做到安民、富民。

（二）王阳明“亲民”实践的理论内涵

王阳明亲民思想的成熟与完善主要是在其政治实践过程中完成的，这使其亲民思想具备了实践含义。王阳明的“亲民”是《尚书·尧典》中的“以亲九族”、孔子的“以安百姓”、孟子的“亲亲仁民”等，认为“亲民”的核心是儒家所讲的“仁”——爱民、安民、教民、养民。将“亲民”与儒家的整个政治思想联系起来，赋予“亲民”丰富的政治实践意蕴。

王阳明认为朱熹改“新民”偏了，一方面指“新民”在“教”“养”上偏向“教”，而忽视了“养”，另一方面指“新民”在一定程度上偏离了整个儒家传统文化。在王阳明看来，“亲民”兼具“教”“养”，而“养民”才是符合儒家传统文化的，他以孟子“亲亲仁民”，孔子“修己以安百姓”来为“亲民”做辩护。

那么，王阳明这样的辩护是否成立？政论家徐复观曾就王阳明对“教民”与“养民”的论述做出评论，他认为，孔子、孟子、荀子都强调“养民”的重要性，都主张养先于教，故王阳明提倡“教”“养”并重的亲民思想是真正地继承了儒家政治思想的。

在儒家政治文化中，最具代表性的是孟子提倡的“仁政”思想。孟子曰：“不违农时，谷不可胜食也；数罟不入洿池，鱼鳖不可胜食也；斧斤以时入山林，材木不可胜用也。谷与鱼鳖不可胜食，材木不可胜用，是使民养生丧死无憾也。养生丧死无憾，王道之始也。”不难看出，孟子仁政的思想核心也强调在政治实践过程中更加注重“养民”。在孟子看来，“养民”是儒家仁政思想的根本目的，是儒家政治文化的本质内涵。在此基础上，王阳明的“亲民”思想显然符合儒家政治文化内涵。本质上，王阳明对“亲民”的实践就是对儒家政治文化核心“养民”的践行与发展。

王阳明在《亲民堂记》中提出了“政在亲民”的为政理念，强调在政治实践中要践行“亲民”理念，儒家的“仁政”是王阳明坚持“亲民”说的根本原因。王阳明的弟子元善在政治治理上颇有才能，他曾向王阳明请教应如何为政，而王阳明则说“政在亲民”。“政在亲民”是王阳明在其政治生涯中所秉持的为政理念，强调了人民在政治活动中的主体性，符合整个儒家政治文化思想。王阳明关于“明明德”与“在亲民”的“一”的关系的论述，本质上是对儒家“内圣外王”的诠释。“曰：‘亲民何以乎？’曰：‘在明明德。’曰：‘明明德何以乎？’曰：‘在亲民。’曰：‘明德、亲民，一乎？’曰：‘一也。’曰：‘何以在亲民乎？’曰：‘德不可以徒明也。人之欲明其孝之德也，则必亲于其父，而后孝之德明矣；欲明其弟之德也，则必亲于其兄，而后弟之德明矣。君臣也，夫妇也，朋友也，皆然也。故明明德必在于亲民，而亲民乃所以明其明德也。故曰一也’。”[10] 王阳明将政治文化的本质建立在为政者的良知道德意识上，而“亲民”则是良知在政治上的用，建立在“明德”之体上。为政者需要加强自身的道德修养，提升自身的良知意识，这便是“内圣”。在这样的道德意识要求下，为政者必然会“亲民”，这便是“外王”。以“明明德”为体，“亲民”为用，体用不二，这便是“内圣外王”。

王阳明的“亲民”思想是对儒家政治文化的继承和发展，其对“亲民”的实践是对整个儒家政治思想的践行，“亲民”是王阳明对儒家仁政主义的正确理解，强调了“以民为主”在政治活动中的重要性。

二、王阳明的“亲民”实践

王阳明是儒家集立功、立德、立言于一身的代表者，其一生在文治武功上都有很大成就。在王阳明的为政生涯中，处处展现其“亲民”实践，且兼有“教民”“养民”双重色彩。一方面，王阳明剿匪平乱，劝喻顽民、贼民，推行乡约，兴建学院，开展讲学等，以便教化民众，使其归德；另一方面，王阳明推行爱民、保民、富民、顺民的仁政措施，安养百姓，以求地方承平稳定，百姓安居乐业。

（一）王阳明的“教民”实践

王阳明的“教民”思想主要体现在其推行乡约、开展讲学的具体活动中。王阳明深知“破山中贼易，破心中贼难”，“民风不善，由于教化未明”，便在平定匪患后，积极推进地方治理，推行乡约，教化风俗，这正是其教民的实践。

在平定三浰、大帽、浰头诸寇叛乱后，王阳明在当地兴立社学，让当地民众去学习诗书礼义，以达到民众皆能知冠服，营造出社会和谐的良好氛围。王阳明十分重视乡规民约，因为其能劝导并教化民众。正德十一年（1516 年），王阳明巡抚南、赣时，尝试在此推行“十家牌法”，以教导乡民和睦共处，减少纷争，从而形成良好的社会风气，维护社会秩序。但王阳明也明白，“十家牌法”这一强制措施治标不治本，并不能实现真正意义上的长治久安。“先生自大征后，以为民虽格面，未知格心，乃举乡约告谕父老子弟，使相警戒。”[11] 王阳明认为，这是因为“十家牌法”并不能从根本上对民心有所改变。正德十五年（1520 年），王阳明又推出《南赣乡约》，以此来推进乡村治理。通过推行乡约这一具体实践活动，王阳明对南、赣当地的社会风俗产生了很大影响，推动了对当地的民心治理，使当地乡民都能做到孝敬父母、恭敬兄长、教育子孙、死丧相助、患难与共，积极勉励从善，告诫杜绝恶事，从而使当地民众家庭和睦，乡里和谐，不再有纷争诉讼，确保了社会秩序的稳定。

此外，王阳明的教民思想还体现在为学与讲学活动中。王阳明认为，“教民成俗，莫先于学”[12]。王阳明的讲学活动始于其三十四岁在京做官时。他每到一处都积极主张修建学院，并开展讲学，以教化百姓，开启民智，改善当地民风民俗，使百姓都能同心同德。而后王阳明被贬贵州龙场，并在此创建龙岗书院，授徒讲学，以教化当地少数民族，开化夷民，推动了当地少数民族的发展。之后，王阳明又主持贵阳书院，讲授“知行合一”，这时他的讲学活动已经初具规模。在广西平定思田之乱后，王阳明又在此处修建了田洲学校和敷文书院。王阳明的讲学不同于朱熹的“精英教育”，而是走平民路线，他认为人人都能成圣，故其讲学活动提倡“有教无类”，教化愚夫愚妇，使民众都能发明本心，致其良知。

（二）王阳明的“养民”实践

除了教民，王阳明还在政治实践层面注重对“养民”践行。王阳明的养民思想主要体现在爱民、保民、富民、顺民的实践活动中。首先，王阳明多次剿匪平乱的具体经历体现出其爱民、保民的亲民思想。正德十一年（1516年），四十五岁的王阳明升任都察院左佥都御史、巡抚南、赣、汀、漳等处。而此时正值当地盗贼猖獗之际，当地民不聊生，百姓深受其害，《年谱》记载：“是时汀、漳各郡皆有巨寇，尚书王琼特举先生。”[13] 得到尚书的举荐，王阳明也不负众望，没多久就镇压了当地贼寇，使当地百姓不再受到贼寇扰乱。正德十二年（1517年），为破除南、赣四省相连之地的盗贼，王阳明在四省之地征选民兵。若向朝廷上书请兵，不仅会耗费巨额经费，还会错失良机，故王阳明就地征兵。在征兵时，王阳明只挑选精壮有力人士，而对身疲力弱、不堪重负者，则将其劝退回家，免去徭役。同年二月，王阳明平定了巨漳寇乱，十月平定了横水及桶冈等叛乱。次年正月，王阳明破三浰，三月除九连，正所谓“一鼓而破横水，再鼓而灭桶冈。振旅复举，又一鼓而破三浰，再鼓而下九连”[14]。

王阳明一生建立事功无数，剿匪平乱的经历也还有很多。其弟子黄绾在给皇帝所上奏疏中，列举出王阳明的四大战功：平定宁王朱宸濠的叛乱，平定广西思田的少数民族土司的叛乱，平定广西八寨、断藤峡的瑶族土司作乱，平定湖南、广东、福建、江西四省交界处的“大帽、茶寮、浰头、桶冈诸贼寨”的匪乱。虽然平乱无数，但剿匪不是王阳明的最终目的，王阳明剿匪平乱是为了让黎民百姓不受匪患袭扰，安居乐业，最终确保明王室的政权稳固与地方民生的安宁。因而王阳明在剿匪时，对那些误入匪窝、本性不坏的人，则多以劝喻为主，希望他们能回归正途，这正是王阳明爱民、保民的亲民实践。

其次，在为民请命、减免赋税、因地制宜的奏疏与举措中，王阳明充分表现出其富民、顺民的亲民思想。正德十三年（1518 年），王阳明得知南、赣连年兵饷不足，但广盐却止行于南、赣，令私贩横行，哄抬物价，导致百姓负担加重，故上书《再请疏通盐法疏》，请求开复广盐，减轻百姓生活负担。“广盐行，则商税集，而用资于军饷，赋省于贫民。”[15] 开通广盐，不仅可以扼制私盐泛滥，还可以征收商税来资助军饷，减轻平民百姓的赋税重担。正德十四年（1519 年），江西各地发生严重旱灾，有些地方连续半年未下雨，种在地里的禾苗全部干枯，粮食颗粒无收，但朝廷征收的赋税却一分不少，这使当地百姓苦不堪言，民不聊生。于是，王阳明上书《乞宽免税粮急救民困以弭灾变疏》，请求减免当地百姓的税收，减轻人民生活负担，这体现了王阳明富民的亲民思想。

正德十三年（1518 年），王阳明结合自己对乡村治理的看法，上书《再议平和县治疏》。他认为，对乡村的治理应认真考察当地百姓的生活情况，结合当地的民生实情与百姓的意见，推出适当的治理方法。也就是说，在施行某一政策前，当地官员应亲自查勘确认该政策是否有益于当地民情，是否方便施行，而不存在其他弊乱之处，然后再进行商议是否施行。因地制宜，听取百姓意见，这也是王阳明顺民的亲民思想的体现。

推行乡约，开展讲学，教化愚民是王阳明亲民思想注重“教民”的体现。平定叛乱，剿除匪患的爱民、保民与减免赋税，因地制宜的富民、顺民，均是王阳明的亲民思想注重“养民”的体现。在一次次的政策活动中，王阳明将其“教”“养”并重的亲民思想落实到具体的实践中。

三、王阳明“亲民”实践的意义

王阳明“教”“养”并重的亲民思想以儒家政治文化为立足点，继承了儒家“以民为本”的根本精神，贯穿其整个政治生涯，在具体的政治实践中，充分体现了教民、爱民、保民、富民、顺民的思想，并对中国此后的政治和思想产生了深远影响，具有重要的启示和现实意义。

（一）王阳明“亲民”实践的历史影响

明末清初，代表民主启蒙思潮的思想家黄宗羲的“民主君客”论就深受王阳明亲民思想的影响与启发。黄宗羲“天下为主，君为客”的民本思想主张天下主权在于民，君主只是客卿，是为民众服务的。黄宗羲的“民主君客论”与王阳明的亲民思想具备了相同的含义，他们都吸收了《尚书》“民惟邦本”和孟子“民贵君轻”的思想，都是对儒家仁政主义的继承和发展。可以说，黄宗羲的“民主君客”论是对王阳明爱民、保民、顺民的亲民思想的延续和发展。

随着社会的不断变革与时局的激励动荡，近代中国如魏源、康有为等知识分子都对“中国的出路”问题进行了探索。在这一过程中，他们对王阳明“亲民”实践中的合理措施进行吸收、践行。此外，梁漱溟的乡村建设理念也深受王阳明亲民思想的影响。在王阳明一系列的亲民实践中，其推行的《南赣乡约》、社学活动和社会教化都对梁漱溟的乡村建设理念产生了重要影响。首先，王阳明非常重视教育，他以政策为导向，推广社学，修建学院，开展讲学活动，并对教学内容和师资做了严格细致的划分，从而开启民智，达到对民众的教化。梁漱溟同样重视教育，在乡村建设中，他尤其强调新农村的教育问题，认为乡村建设与教育是不可分割的，没有教育的乡村建设是没有任何发展前景的。在乡村建设中，梁漱溟推行民众教育，启发民智，重视对乡约组织的建设。王阳明曾在南、赣推行《南赣乡约》，梁漱溟非常赞同，并认为乡约是传统乡村治理的典范，不仅可以在乡村治理中教化民众，提高乡民文化素质，还可以起到组织化和制度化的作用，维护社会秩序稳定。梁漱溟在乡村建设中倡导建立乡学村学，还试着建立乡农学校。无论是黄宗羲的“民主君客”论还是梁漱溟的“乡村建设运动”，都是王阳明亲民思想具有重要历史意义和影响的体现。

王阳明心学在近代的复兴并不是偶然的，其对亲民思想的实践能在后世颇具影响也有其必然性。这是由于王阳明的“亲民”实践中包含的民众主体性意识的觉醒，唤起了民众的革命精神。此外，王阳明亲民思想中注重实践的品格也被近代中国的知识分子所吸收，并用于推动社会的变革。

（二）王阳明“亲民”实践的当代意义

在当代社会中，中国共产党自成立以来便将全心全意为人民服务作为自身宗旨，“民主”也被归入党所提倡的社会主义核心价值体系中。我们所生活的时代是一个民主化的时代，人民是国家的主体，这正是王阳明亲民思想在新时代的全新践行。

王阳明的亲民思想倡导“为政以德”，一方面要求为政者加强自身道德修养，提升自身文明素质，为人民做好表率作用，做到“知行合一”。但有些官员表面一套背后一套，一边光鲜亮丽地在台上高喊廉政亲民，一边却在背地里贪污腐败，这类官员不仅会使自己身败名裂，还会使政府名誉受损。近年来，随着反腐败运动的进行，中国共产党实行“老虎”“苍蝇”一起打，有腐必反，有贪必肃，逐渐肃清了官僚行政作风，之后，又开展了“不忘初心、牢记使命”主题教育。这一系列活动使广大党员干部更加自觉地践行全心全意为人民服务的宗旨，牢记群众路线，从群众中来到群众中去，做到廉政亲民。另一方面是主张加强人民的道德文化教育，整体提升人民的道德文化素质，建设社会主义文化强国。王阳明在为政期间，以乡约来约束、教化民众，以讲学授学来加强对民众的文化教育，开启了民智，整体提升了当地民众的道德文化素质。重教兴国，如今我们国家非常重视教育，从九年义务教育、大学生支教活动，再到“三支一扶”、西部计划等政策活动的实施，普遍提高了国民的道德文化素质，加强了人民的廉耻道德教育，提升了全民人文道德素质修养。

王阳明的亲民思想在实践中提倡教民、爱民、保民、富民、顺民，“教”“养”并重，在其为政实践中以剿匪平乱、推行乡约等来践行爱民、保民，以降低赋税、开展讲学来践行富民、顺民，使亲民思想落实到具体实践中。当今，我们党和政府以为人民服务为宗旨，将人民利益放到首处，人民具有主体性地位，这正是党爱民、体民的体现。随着时代的发展，国与国之间的关系越来越紧密，有更多国人踏出国门到异国他乡去旅游或工作，但有时会因国家政局动乱或遇到自然灾害而被困在当地。这时，我们国家会第一时间部署撤侨事宜，让所有国人都能安全地回到祖国的怀抱。尼泊尔撤侨、新西兰撤侨、以色列撤侨等一系列撤侨行动最大限度地保护了我国公民人身财产安全。此外，我国严厉打击一切恐怖犯罪活动，做到“犯我中华者，虽远必诛”。这些都是我们党和国家爱民、保民的亲民体现。

精准扶贫、易地搬迁等一条条扶贫政策的颁布施行，让中国几千万的贫困人口得以实现脱贫致富，2020年做到全面消除贫困，实现全面建成小康社会。人民富裕，国家才能富裕，这正是王阳明富民的亲民思想在新时代的践行与体现。百年大计，教育为本。在当代，我们的党和政府也非常重视教育，九年义务教育正是我国高度重视教育的体现。而这些都是王阳明亲民思想在当今时代所焕发出的现实意义。

结　　语

明朝中期，社会政治生态混乱，形势恶劣。作为官方正统思想的程朱理学遭受巨大挑战，无法面对这一重大危机，“得君行道”的政治理想也无法适应这一恶劣的政治生态环境。这一时期的士大夫们迫切渴望找到一种新的政治模式来施展他们的政治抱负，王阳明的心学及其“觉民行道”的亲民思想就在这样的环境下诞生了。

王阳明不满朱熹改“亲”为“新”，坚持《大学》古本作“亲民”说，强调“养民”的重要性。王阳明亲民思想立足于儒家仁政主义，是对儒家“内圣外王”的全新理解和阐释，继承和发展了孟子“民贵君轻”的民本思想。

王阳明强调“政在亲民”，从为政、为教两方面来践行其亲民思想，做到了真正的“知行合一”。在为政上，王阳明以建立事功、乡村治理等来实践其亲民思想，剿匪平乱、安定民生、劝喻顽民等都体现了王阳明爱民、保民、贵生的亲民思想；在乡村治理中，王阳明推行乡约以教化民风民俗，降低赋税，关心民生疾苦，因地制宜，允许土司自治，这是其对教民、爱民、保民、富民、顺民的实践。在为教上，王阳明修建学院，开展讲学，教化民众，开启民智，改善社会风气，提升了底层民众的文化素质。王阳明对亲民思想的实践不仅在当时颇具影响，使其文治武功俱称于世，对后世也产生了深远影响。黄宗羲“民主君客”的民本思想和梁漱溟的乡村建设理论都深受其影响，即使是今天，王阳明的亲民思想也具有重要意义，发挥出其应有的时代价值。反腐倡廉，清除人民深恶痛绝的腐败分子；精准扶贫，“两不愁三保障”等政策解决民生问题；九年义务教育的教育大计；可持续发展促进人与自然和谐相处，建设生态文明等政策的推行实施都是党和政府站在人民群众的立场上进行的重大决策，代表了广大人民群众的根本利益。正是这些立足群众的观点和坚持群众路线的具体行动，才使实现中华民族伟大复兴的中国梦不再是一句口号。

注释：

[1] 朱熹：《四书章句集注》，中华书局，2012，第 3 页。

[2] 朱熹：《四书章句集注》，中华书局，2012，第 3 页。

[3] 朱熹：《四书章句集注》，中华书局，2012，第 5 页。

[4] 邓艾民注《传习录注疏》，上海古籍出版社，2015，第 6 页。

[5] 邓艾民注《传习录注疏》，上海古籍出版社，2015，第 6 页。

[6] 邓艾民注《传习录注疏》，上海古籍出版社，2015，第 6 页。

[7] 邓艾民注《传习录注疏》，上海古籍出版社，2015，第 6 页。

[8] 邓艾民注《传习录注疏》，上海古籍出版社，2015，第 6-7 页。

[9] 邓艾民注《传习录注疏》，上海古籍出版社，2015，第 7 页。

[10] 王守仁：《王阳明全集（简体版）》，吴光、钱明、董平、姚延福编校，上海古籍出版社，2012，第 250 页。

[11] 王守仁：《王阳明全集（简体版）》，吴光、钱明、董平、姚延福编校，上海古籍出版社，2012，第 665 页。

[12] 王守仁：《王阳明全集（简体版）》，吴光、钱明、董平、姚延福编校，上海古籍出版社，2012，第 529 页。

[13] 王守仁：《王阳明全集（简体版）》，吴光、钱明、董平、姚延福编校，上海古籍出版社，2012，第 1030 页。

[14] 王守仁：《王阳明全集（简体版）》，吴光、钱明、董平、姚延福编校，上海古籍出版社，2012，第 1043 页。

[15] 王守仁：《王阳明全集（简体版）》，吴光、钱明、董平、姚延福编校，上海古籍出版社，2012，第 1045 页。

王阳明“无我”观探析

作者：熊小俊[*] 指导老师：龚晓康教授

（贵州大学哲学与社会发展学院　贵州　贵阳　550025）

摘要： 本文从《王阳明全集（简体版）》出发，结合儒家及佛教的“无我”观，探索王阳明“无我”之思想来源、层次和实质内涵，旨在对王阳明“无我”论思想进行探析和阐释。本文分为四部分，第一部分是从先秦、汉唐、宋明三个时期来探索儒家“无我”思想的演变；第二部分是关于王阳明两种自我（躯壳我和本体我）的划分；第三部分主要探析王阳明“无我”思想的内涵，即无小我之私欲，无小我之执著；第四部分是探析王阳明“无我”思想的义趣，“无我”并非堕入虚寂，“无我”乃是挺立大我。总而言之，王阳明的“无我”观念包含克己和反对固执与染著等方面，且更偏于“无执”“无著”的一面。无我既是本体，也是境界，又是功夫，通过无我的功夫达到无我的境界，已恢复心之无我的本然状态。

关键词： 无我；本体我；为己；克己；功夫

---

* 熊小俊，女，1998 年 3 月生，2016 级本科生，研究方向：中国哲学。

前　言

在儒释道三家中，“无我”都是一个重要的概念。儒家表述为“毋我”，佛教将“无我”阐释为“空”“无相”“无执”，道家将“无”看作宇宙的本体。在《王阳明全集（简体版）》中，“无我”这一概念便出现了17次。陈来在其著作《有无之境——王阳明哲学的精神》中同样强调王阳明思想中“有”和“无”的问题，在王阳明那里，“有”与“无”并没有达到完全的平衡，王阳明更加向往“无”，这也为王阳明“无我”思想的研究提供了支撑。

从学术界的研究现状来看，学者们旨在研究王阳明的心学思想、知行之辩、本体与功夫等问题，对王阳明“无我”的思想研究较少。作为王阳明思想的重要概念，“无我”思想的研究对理解其思想具有重要意义，为王阳明心学研究开拓新的思路。本文旨在理清王阳明“无我”观的思想渊源与对“我”的层次划分，阐明“无我”的真实内涵和意趣。

一、儒家“无我”思想的演变

在探究王阳明“无我”思想之前，要先探究儒家“无我”思想的演变。探究儒家“无我”思想的演变对研究王阳明的“无我”具有重要意义，是不可或缺的重要部分。就王阳明的“无我”观而言，可追溯到孔子《论语·子罕》中的“毋我”，王阳明是在此基础上继承和发展“无我”思想的。儒家“无我”思想的演变主要分为三个时期：一是先秦儒家的“毋我”，二是汉唐儒家的“无我”，三是宋明理学的“无我”。接下来，笔者将按照这三个时期对儒家“无我”思想的演变进行梳理。

（一）先秦儒家的“毋我”

孔子和孟子是先秦儒家的代表人物，我们在探讨先秦儒家的“毋我”时，应着重从孔孟两大思想家出发。先秦儒家的“毋我”作为“无我”思想的开端，出自《论语·子罕》：“子绝四：毋意，毋必，毋固，毋我。”[1] 朱熹如此解释：“我”为“私己”，四者相为终始，起始于“意”，遂成于“必”，滞留于“固”，完就于“我”。“意”“必”多在事前，“固”“我”多在事后，至于“我”之生“意”，则为物欲牵引，故循环不穷。按照程颐之意，“毋”字在此处并不是表示禁止，而是强调人要破除外在的禁锢，“毋我”是绝四者的最高目标。何为“毋我”?“毋我”是无自私之我，不受物欲的牵引，无执无著，但“毋我”并非否定自我，而是通过前三者去否定私我。

在孔子的思想学说中，与“毋我”相关的还有“克己”。《论语·颜渊》：“子曰：‘克己复礼为仁。一日克己复礼，天下归仁焉。为仁由己，而由人乎哉？’”按朱熹的解释，“克”意为“胜”，“己”则谓身之私欲，“克己”则是战胜自己的私欲，日日克之，不以为难，则私欲净尽，天理流行，而仁不可胜用。那私意为何物呢？非礼处便是私意，克尽己私，皆归于礼，方始为仁。在此，“克己”是复礼为仁的功夫，“毋我”则是为圣的功夫，但二者相互关联，通过净尽人自身私欲的遮蔽，做到为仁由己，此“己”是无私欲遮蔽的“我”，由无我进而成圣为仁。

当人能做到仁、义、礼、智，成为圣贤时，就可以摆脱私欲的束缚，不被欲望捆绑，没有牵绊，此时，做到克己便能达到“无我”的状态。在先秦儒家时期，“无我”体现的是圣人无欲无求的状态。

（二）汉唐儒家的“无我”

在中国文化史上，汉唐时期属于文化碰撞较多的时期。进入两汉后，儒学在这一时期发生了变化，从以人性论为中心逐渐转向了以宇宙论为中心。魏晋玄学要避免堕落于极无聊之物欲及意气中，做到虚静自养，不自蔽和不为人所蔽。佛教在两汉之际传入，对中国社会和文化都产生了重要影响。谈及汉唐儒学，不能抛开佛教对其产生的影响。汉唐儒佛之间相互争论又相互影响，乃至相互融合。汉唐时期，儒释道三家各有所长，相互碰撞，并彼此吸收借鉴和发展。儒家偏向伦理纲常的现世主义，道家则摆脱了人和现实社会的束缚，从而展开对宇宙本体的探讨，佛教体现的是人生的终极关怀，教人摆脱烦恼，达到涅槃寂静，烦恼止息。在佛教四法印之一的“诸法无我”中，“无我”表示“无相”“无执”，当人有了相，有了执，就会始终处在“苦”和烦恼中，唯有破除相和执，放下一切，人才能解脱。在笔者看来，汉唐儒学的“无我”思想很大程度上受到了外来佛教的影响。

因这一时期的特殊性与儒释道三家的交汇融合，汉唐儒学的“无我”思想也相应地受到佛道影响。与先秦时期相比，汉唐时期的“无我”既有不被私欲遮蔽之义，也有无所执著之义。“我”若有欲有执，便堕落到被私欲和执包裹的“小我”，只有做到不被私欲遮蔽，去除私欲，破除对“我”和“欲”的执，这个“我”才能从“小我”上升到“大我”之“无我”。此时的“无我”是在此前的基础上不断继承和发展的。

（三）宋明理学的“无我”

理学是在汉唐儒释道三教的对立和融合中应运而生的。宋明理学时期的“无我”思想是如何体现的呢？周敦颐在其《太极图说》中引用了《易传》的“夫大人者，与天地合其德，与日月合其明，与四时合其序，与鬼神合其吉凶”。此句也有“无我”之表现，做到“合”，顺应天地、日月、四时、鬼神，便是圣人，便是“无”，周敦颐的“无我”体现在“合”与顺应中。张载在《西铭》中说：“民吾同胞，物吾与也。”其旨在将宇宙万物中的人己和物己关系的界限破除，此时的“无我”是由宇宙万物的一体性来考察的，破除界限隔阂，人和物是独立的个体却又是宇宙中统一的存在，在一体性下，人是“无己”“无我”的存在。程颢在《识仁篇》中说：“学者须先识仁。仁者，浑然与物同体，义、礼、智、信皆仁也。”其旨在表明圣人与天地万物一体，没有界限的物己关系。其文后也说，“天地之用，皆我之用。孟子言：万物皆备于我，须反身而诚，乃为大乐。若反身未诚，则犹是二物有对，以己合彼，终未有之，又安得乐？”当人与物浑然为一体时，就没有区别出来的“我”，此时则是“无我”的境界。若是物己之间是有对（差别）的，那会将“我”区别出一个“小我”来，如此则难以达到“万物皆备于我”的“无我”境界。在程颢这里，“无我”思想体现为人与天地万物浑然为一体的境界或状态。程颐在《定性书》中说："夫天地之常，以其心普万物而无心，圣人之常，以其情顺万物而无情，故君子之学，莫若廓然而大公，物来而顺应。""与其非外而是内，不若内外之两忘也。两忘则澄然无事矣。无事则定，定则明，明则尚何应物之为累哉？"其旨在表明圣人定性不应求内外的有对区分，不累于外物。由此可知，程颐的"无我"思想主要表现为圣人之"我"定性，不将"我"进行内外的区分，不累于外物，这就是"无我"的境界。在宋明理学中，"无我"大多指的是一种境界。

王阳明根据其学说的特点，开创了致良知的心学体系，对儒家有所继承和发展。王阳明的良知观念正是继承了孔孟的主体性观念，亦包含了深刻的"无我"思想。"圣人之学，以无我为本，而勇以成之。"[2] 在此句中，王阳明将"无我"定义为圣人之学的根本，是成就圣人之功夫及圣人所追求的境界。在探讨王阳明的"无我"思想时，离不开对圣人之学的探讨。

二、王阳明的两种自我

要探讨王阳明的"无我"思想，必须先澄清其对"我"的定义。王阳明对自我做了两重区分："真己"与"躯壳之己"。他说："这心之本体，原只是个天理，原无非礼，这个便是汝之真己，这个真己，是躯壳的主宰。若无真己，便无躯壳，真是有之即生，无之即死。"[3] 因此，我们可以称"真己"为"本体我"，"躯壳之己"为"躯壳我"。事实上，王阳明的两种自我说乃是其良知说的延伸。本体乃明滢无滞，良知扩充本体之我为本体我，即"大我"；私意染著，受习心统摄则让本体有所遮蔽，从而堕落为躯壳我，即"小我"。王阳明的"无我"思想深受儒家和佛家的影响，在一定程度上是对两者融合后的发展。

（一）躯壳我

在笔者看来，躯壳我有两个层次的含义。一是人能够看到的外在躯壳，"此又是躯壳上起念，故替圣人争分两。若不从躯壳上起念，即尧、舜万镒不为多，孔子九千镒不为少；尧、舜万镒只是孔子的，孔子九千镒只是尧、舜的，原无彼我，所以谓之圣”[4]。此句是王阳明与弟子刘德章对话时所说的，评判圣人不是以其躯壳重量来评判的，若是在躯壳上起念，执著于用躯壳的重量来划分圣人是不合理的。例如与孔子相比，尧、舜各有所异，但三者都是圣人。“只论精一，无论多寡。”二是受私欲沾染的“我”。弟子萧惠曾问王阳明：“己私难克，奈何？”先生曰：“人须有为己之心，方能克己；能克己，方能成己。”[5] 萧惠将自己一心要做好人视为为己之心，不曾料到这只是为得那个躯壳的己，不曾为真己。先生曰：“真己何曾离开着躯壳？恐汝连那个躯壳的己也不曾为。且道汝所谓躯壳的己，岂不是耳目口鼻四肢？”[6] 萧惠将躯壳的己简单看成耳、目、口、鼻，因此耳便要听，口便要味，四肢便要逸乐，故不能克。王阳明在给其答疑解惑中运用了老子《道德经》的思想，“美色令人目盲，美声令人耳聋，美味令人口爽，驰骋田猎令人心发狂”，因此必须非礼勿视听言动。“汝今终日向外驰求，为名为利，这都是为着躯壳外面的物事。”[7] 王阳明进一步给出解答，汝心决定其视听言动，汝心便是性，便是天理。视听言动皆是由其天理发生，并主宰一身，故谓之心。王阳明说：“汝若真为那个躯壳的己，必须用着这个真己，便须常常保守着这个真己的本体，戒慎不睹，恐惧不闻，惟恐亏损了他一些，才有一毫非礼萌动，便如刀割，如针刺，忍耐不过，必须去了刀，拔了针，这才是有为己之心，方能克己。”[8] 由此可知躯壳的己与真己之间的关系，真己是躯壳的主宰，若要为着躯壳，也须用着真己，有之则生，无之即死。在王阳明的论述中，真己则是要复归那纯粹本体，由本心主宰，通过为己功夫而克己，以至于无己，无己即无我。

不能将躯壳我狭义地理解为肉体我。根据王阳明的学说，本心受私欲遮蔽而产生的习心统摄的小我称为躯壳我。人有了私欲，本心就会堕落。随着私欲遮蔽和本心堕落，人内在的良知本体也将被遮蔽，本心和本体不充盈，人便只是躯壳，“我”就将会变成一个躯壳我。

（二）本体我

既然王阳明将良知看作本体，那本体我又该做何解释？王阳明强调人的主体性，本体我也是人主体性的体现。每个人都有本心，当本心被私欲污染，就变成了习心，堕落为小我，而这时只有通过致良知的功夫去除私欲和执著，渐渐让本心充盈，回归到大我，即本体我。本体我是指“我”通过致良知破除了习心的沾染和欲望的附着，回归到本心充盈的大我。在经验世界，人总是无法避免地沾染上某些习性，无法完全抛开私欲从而达到无私意障碍的最高境界。本体我是超越经验存在的大我。

王阳明说：“仁者以天地万物为一体，莫非己也，故曰：‘己欲立而立人，己欲达而达人。’”[9]这里强调仁者与天地万物的一体性，世间万物的本体都是“良知”，人与物之间没有间隔。人的本体是良知，花草树木的本体也是良知。在这里，良知并不是单纯的道德概念，而是天地万物的本体。“君子之学，为己之学也。为己故必克己，克己则无己。无己者，无我也。”[10]此句讲明了君子之学、为己、克己、无己四者之间的关系。为何说君子之学是为己之学呢？“登第恐未为第一等事，或读书学圣贤耳”[11]，体现了读书学圣贤的重要性。“圣人之道，吾性自足”，其核心是求理于内，而非求理于外。这标志着王阳明主体意识的觉醒，为他日后在讲学中强调“心外无理”进而提出“知行合一”“致良知”的学说奠定了心灵觉悟的基础。[12]为己则要克己，克的是什么？克己是要克去私欲及自私自利之心也。“世之学者执其自私自利之心，而自认为为己，漭焉入于隳堕断灭之中，而自任以为无我者，吾见多矣。”[13]可见，王阳明所说的“无我”绝非堕入虚无寂灭，而是不掺杂任何私意，免于堕落。

“圣人之学，以无我为本，而勇以成之。”[14]无我是根本，是境界，是功夫。把握好无我，才能成为圣人。圣人并不是单纯意义上的学者，而是与天地万物为一体的仁者，没有将“我”单独分离开来，而是与天地万物融为一体，这是无我。无我并不是将自我否定掉，而是真正与天地万物无差别、无隔阂地融为一体。若想与天地万物为一体，这个“无我”则是作为本体一样的存在，即本体我。

（三）“大我”与“小我”之辨

王阳明多次提到，仁者与天地万物为一体，实即孟子所言“万物皆备于我”之“我”，即本体我，可谓与万物为一体之“大我”。与此相比，躯壳我则是以个体身心为基础的“小我”。为什么要对“大我”和“小我”进行区分呢？其一，对两者的辨别让人能更加直观地了解王阳明的“无我”思想，加深对“无我”的理解；其二，通过“大我”与“小我”的辨别，能让人深刻理解王阳明对自我的两种区分，探求两者的差别。

至于如何辨别的问题，则应通过两者的根本性特征来进行区别。“大我”是与天地万物为一体之本真自我，即本体我，与天地万物为一体则没有“己”与“物”的区别，“大我”充满普遍性，没有独立地作为个体显示出来，与万物共在，蕴含在万物中，本身自足。“小我”为私欲缠蔽之个体身心，为习心遮蔽，而变得晦暗。“大我”本与天地万物为一体，是一种无相无形的存在，不能以某个具体的个体我展现出来。若是想将“大我”具体化，则对其就有了限制，堕落为“小我”，“大我”只能是“隐”的存在。因私欲的附着，“小我”体现为个体身心，是具体化的存在，是“显”的存在。自我一旦有了私欲，就会从“大我”堕落为“小我”。简单来说，“大我”为先天具足者，然为“小我”所遮蔽，故有隐显之别。

两者的区别又有何意义呢？其一，从对其本质特征的探讨中分析出“大我”则是隐，与王阳明的“无我”思想相契合，对我们认识和理解“无我”思想有重大意义。其二，“无我”则是“大我”，“大我”的隐本身就是一种“无我”，“无我”并非虚无，而是与天地万物为一体而隐起来了。“大我”要一直秉承本心、良知，不受习心沾染，不受私欲遮蔽，才能隐，才能“无我”；若是自我有了贪欲和执著，则欲和执就会展现出来，而自我也会堕落为“小我”。“小我”也因为欲和执而显。“大我”和“小我”并不是一成不变的，会随着人心性的改变而发生转变，“大我”则要秉持本心，避免堕落为“小我”，而“小我”则要克去己私，去除遮蔽和缠绕，回归本心统摄之

"大我"。

三、王阳明"无我"之内涵

通过研读《王阳明全集（简体版）》，可以探究出"无我"之内涵：其一是无小我之私欲，因私欲涉及王阳明心学学说中的重要部分，其学说要成立，必先要通过功夫将私欲去掉。其二是无小我之执著，执著是所执何事？简而言之便是对外在事物的执著和追求。接下来，笔者将通过王阳明的具体论述来对其"无我"内涵进行阐释。

（一）无小我之私欲

无我所重在于不执著一己之见，近于孔子所说的"毋意、毋必、毋固、毋我"[15]。王阳明有诸多关于私欲的论述，从其论述中不难看出无小我之私欲与为学功夫息息相关，人只有通过为学功夫去除私欲，才能复那本体。在与陆原静的书信往来中，王阳明论及私欲与客气是属一物还是两物的问题："私欲、客气，性之蔽也。私欲、客气，一病两痛，非二物也。""若无有物欲牵蔽，但循著良知发用流行将去，即无不是道。但常人多为物欲牵蔽，不能循得良知。"[16]正是如此，常人有诸多物欲牵蔽，不循得良知发用流行之小我，无我则是无有物欲牵蔽，自然循得良知发用流行。

在讨论知行合一的问题时，王阳明亦指出，本体我存在着遮蔽的可能。他说："此已被私欲隔断，不是知行的本体了。"[17]有了私欲的阻断，本体将被掩盖，则会衍生出带有各种私欲的习心，这个习心会污染本心，让良知本体受到遮蔽，大我便堕落为小我。知行的本体，是不曾被私欲隔断的。无我则是要复归本体和本心，扫除和廓清私欲。常人难以做到无私意障碍，需要通过格物致知的功夫，战胜私意，复归天理，如此，让心之良知无障碍，得以充塞流行，即此是大我之境界。

由前文可知，为己之学须要克己，克己才能无己，无己即无我，克己中所"克"之事物即是私欲。"克己须要扫除廓清、一毫不存方是。有一毫在，则众恶引而来。”[18] 须要扫除廓清的是私欲，不可留一毫，若是留有一毫，便会引来众恶。“人不用功，莫不自以为己之为学，只循而行之是矣。殊不知私欲日生，如地上尘，一日不扫，便又有一层。着实用功，便见道无穷，愈探愈深，必使精白无一毫不彻方可。”[19] 私欲不除便会像地上的灰尘一般与日俱增，因此需要真实切己、着实用功，发挥人的主动性去发现私欲并将其克去，不留分毫。在王阳明看来，待到自身无私可克时，自然能够复归良知天理。

无我是对私欲的破除，也是转换气质的功夫。王阳明在答《陆原静书》中说：“良知本来自明。气质不美者，渣滓多，障蔽厚，不易开明。质美者渣滓原少，无多障蔽，略加致知之功，此良知便自莹彻，些少渣滓如汤中浮雪，如何能作障蔽？”小我就像气质不美者，渣滓多，有诸多的遮蔽；圣人就像质美者，渣滓少，通过圣人之学、致知之功可让自己的良知自明。

无我和本心、天理相关，心即性，性即理，本心统摄我则无我，即是遵循天理，与天理合一，无所间隔。在与学生的问答中，王阳明多次强调通过为学的功夫复归天理，只需克去私欲。“心之本体即是天理，体认天理只要自心地无私意。”[20] 对私意认不真切，要做到不假外求，讲求体认自己的本心，而不应外求。王阳明又说：“吾辈用功只求日减，不求日增。减得一分人欲，便是复得一分天理。”[21] 这与老子《道德经》中的“为学日益，为道日损”有异曲同工之妙。若只专注于求取知识的多少，人便会日渐生欲，去欲求知识的多，用功日减则是为道日损，将私欲一分分地减去，直到回归无。

无我要将己私完全克尽，复归心体之本然。“天下之人心，其始亦非有异于圣人也，特其间于有我之私，隔于物欲之蔽，大者以小，通者以塞，人各有心，至有视其父子兄弟如仇雠也。圣人有忧之，是以推其天地万物一体之仁以教天下，使之皆有以克其私，去其蔽，以复其心体之同然。”[22] 圣人不可受私欲支配和沾染，是无我的体现。那圣人气象如何认得？王阳明认为，人的良知原与圣人一般，若体认得自己的良知，“即圣人气象不在圣人而在我矣”[23]。圣人气象是否在我，取决于“我”能否体认得自己的良知本体。

（二）无小我之执著

“道无方体，无可执著。”[24]道没有形体，不可执著于对其形体的追求，否则永远不可得道。如果“我”执著于追求“我”的躯壳的存在，那这个“我”就是一个假我，因一己之见执著于外在之物，人便会失去内在最明莹的良知本体，正如《道德经》所讲：“道可道，非常道；名可名，非常名。”如果我们一直执著于道是什么，并将其言说出来，那此道非本道，此道便受到了外在言语的沾染，从超验的存在堕落为言说的道。我们的良知本体就像不可言说的道，它本就是一切，一切就是它。如果将良知本体具象化，则是对其有所限定，而堕落为经验存在。由此看来，无我就是道，即是本体明莹的存在，不能执著其方体。

这里涉及良知与知识之辨。由大我所发者，为良知；由小我所发者，为知识，两者存在大小之别。王阳明在与聂文蔚的答书中提及：“乃良知之发见流行，光明圆莹，更无挂碍遮隔处，此所以谓之大知；才有执著意必，其知便小矣。”[25]良知发见流行，无挂碍遮蔽，自然大知，若是有了执著便小矣。此话与大我小我同义，有了执著则“我”将会由大我堕落为小我，无我本是无小我之执著。在王阳明回答黄勉之“义”之问时，执著一词有所提及：“义即是良知，晓得良知是个头脑，方无执著。”[26]

故“无我”之功夫，实应从本心上用功。“心即道，道即天，知心则知道、知天。”“诸君要实见此道，须从自己的心上体认，不假外求始得。”[27]王阳明亦认为性无内外，“夫谓学必资于外求，是以己性为有外也，是义外也，用智也；谓反观内省为求之于内，是以己性为有内也，是有我也，自私者也：是皆不知性之不内外也”[28]。在王阳明看来，要得见此道，须向内求索，不执著于向外探求，且一定要区分内外之别。若一定要探求一物的内外，便遮蔽了此物的一体性。如“我”，己性本无内外之分，若是一定要将其分个内外，则有我，且自私也，故不可执著将己性进行内外的区分。无小我之执著则是不执著一己之见，不将己性做内外的区分。一旦有了执，“我”便有了附着，则堕落为小我，无我是要去除小我之执。

在王阳明看来，落于小我执著之人，往往以自我为中心，傲慢自负，目空一切；而无小我执著之人，自能有谦卑之心。他说：“人生大病，只是一个傲字。……诸君常要体此人心本是天然之理，精精明明，无纤介染著，只是一无我而已；胸中切不可有，有即傲也。古先圣人许多好处，也只是无我而已，无我自能谦。”[29] 若是有小我之执，则为傲，故无我之功夫，重在谦。

四、王阳明“无我”之义趣

想要透彻地领悟王阳明的“无我”思想，不仅要知其无我之内涵，还要知其无我之义趣。其义趣有二：一是无我并非堕入虚寂，此“无”并不是虚无，而是“有”的哲学，无我不是走向虚无、虚寂，而是超越“有”的至高境界，王阳明不走虚无主义。二是无我乃是挺立大我，人有习心，让人的本心受到遮蔽，王阳明是要通过致良知的功夫洗涤习心，让本心充盈，回归至大我，无我是习心净尽而归于大我。

（一）无我并非堕入虚寂

“无”容易让人误以为是虚无、佛教之虚空、一切皆空之意，但这里的“无”并非如此。王阳明在与学生论四句教时提到：“人有习心，不教他在良知上实用为善去恶功夫，只是悬空想个本体，一切事为俱不着实，不过养成一个虚寂。”[30] 由此可见，王阳明之无我并非堕入虚寂，无我是本体，是功夫，是境界。人若不在良知上做实功夫，习心作祟，那本体便是悬着，便一切不为实，则是虚寂。但无我是本体，本身是本心充盈的，并无习心沾染，并在良知上做实功夫，一切是实，其本体并没有悬搁起来，不曾为虚寂。王阳明曾说：“人胸中各有个圣人，只自信不及，都自埋倒了。”[31] 其学生于中的回答得到先生赞扬：“只是物欲遮蔽，良心在内，自不会失；如云自蔽日，日何常失了！”此意为良知本体虽会被物欲遮蔽，却是本然自在的，不会失去，就像云遮住了日，日依然在未曾失去。无我正是那自在的本体，是超验的存在，无并不是代表“我”落入虚无或虚寂，本体虽被私意遮蔽，但并不会消失；无我也是功夫，是成就圣人之学，君子之学的功夫；无我也是境界，通过致良知、格物致知等功夫克去己私，从有我之私到无我的境界。

王阳明说："吾儒养心，未尝离却事物，只顺其天则自然，就是功夫。释氏却要尽绝事物，把心看作幻相，渐入虚寂去了，与世间若无些子交涉，所以不可治天下。"[32] 其意在说明心学与佛教的心不同，其心说一大根基是心外无物，心外无理，心即理。王阳明认为，养心并没有离开事物，只是顺应天地自然，这顺应便是功夫。此外，王阳明还对佛教进行了批判，认为佛教不应把心看作幻相，从而渐渐进入虚寂中。王阳明的无我与佛家的无我有所区别，王阳明之无我是真己，是良知自然流行发用，本体明莹无滞，无并不是虚无，而是无有我之私，无我并非堕落虚寂，而是真己的本然存在。

（二）无我乃是挺立大我

王阳明要求通过立志成圣而挺立自我，有超越世俗化之意。圣人之学、为己之学都是为了成圣，通过为己、克己的功夫达到无己的境界。"圣贤只是为己之学，重功夫不重效验。仁者以万物为体，不能一体，只是己私未忘。全得仁体，则天下皆归于吾。"[33] 无己便是成圣，使仁者与天地万物为一体，"己"与"物"是一体的，无己则是要做到己可成物、物可成己，二者本原同体。无我是无小我之私欲，无小我之执著，无遮蔽无执著，其本体自然能充拓得尽，便能与天地合得，其意与"仁者与天地万物为一体"相近。无我所挺立的是圣人和仁者，常人因习心沾染而不可与天地合得，便要通过为己之功夫，使本心不被私欲遮隔，回归到纯净本心统摄之大我，方能称为超越经验之我。

圣人之所以为圣人，皆是以无我为本，不去求取外在的有。若是执于有，那"我"便有负累，就会堕落为小我。小我自然不能为圣人之本，也不能为圣人之学。可以说，无我是功夫，通过无我的功夫让自我克去外在的负累，上升为大我。无我并不是让躯壳我和本体我陷入虚无，而是通过两者合二为一的无我，卸其负累，挺立大我。

这种对大我的挺立意味着人可不为私欲执著所困。王阳明曾说："此学如立在空中，四面皆无倚靠，万事不容染着，色色信他来，不容一毫增减。”[34]“无纤介染著”与“不容染着”均是无执、无著之意。人心之本体若无执无著，则是无我，若执，便是有，“我”就有了限定，又怎可与天地万物为一体。无我不执则不受困，自是与天地万物为一体。

结　语

“无我”思想随着时代而不断演变和发展。儒家“无我”思想的发展主要分为三个阶段：首先是先秦儒家的“毋我”，《论语·子罕》中首次提出，君子与圣人要做到“毋我”，即要无私我，不受物欲牵引，做到无私无执。这也是子绝四的最高功夫和最高境界。其次是汉唐时期的“无我”，这一时期较为特殊，不同于先秦时期以儒学为正统，各个宗教流派和学术流派都比较活跃，特别是佛教的引入与道教的兴盛，对传统儒学都有所冲击，汉唐的繁荣为这一时期的文化思想奠定了基础，儒释道由相互抵触逐渐转变为相互吸收和融合，呈现出共同发展的和谐场面。“无我”是佛教的重要思想，佛教主张“无我”即是无执，放下执著，净心空性。儒家与其有所融合，也受其影响，故汉唐时期儒家的“无我”主要是无自我执著。最后是宋明理学时期的“无我”，宋明理学在儒释道三教的对立和融合中产生。宋明理学的“无我”主要指一种境界。这一时期的学说各有特点，但其共同特点是“与天地万物为一体”，都涉及“己”与“物”的关系问题，但这一时期的“无我”更是指一种境界。直到王阳明出现，他在发展其心学体系中将“无我”提升到本体境界。“无我”既是本体，又是境界，又是功夫。

王阳明将自我区分为躯壳我和本体我。躯壳我是躯壳的己，本体我即是真己。两者的存在相互依托，不可脱离。谈及“大我”与“小我”之辨时，王阳明对“大我”和“小我”做了明确的区分：“大我”是与天地万物为一体的本真自我，“小我”是私欲缠蔽的个体身心，大我为先天具足者，然为小我所遮蔽，故有隐显之别。要深入理解王阳明的“无我”思想，还要继续探究其“无我”的内涵。其内涵主要有二：一是无小我之私欲，王阳明在其论述中多次提到要净尽私欲，克去己私，去尽渣滓，使本体自然明了。二是无小我之执著，若是有执则有我，则是小我，执著让“大我”堕落，去掉对自我和欲望的执著，则回归“大我”，即“无我”。探究其内涵后，还需探究其义趣：其一是“无我”并非堕入虚寂，此“无”并非虚无，并不是将“我”看作虚无的存在，“无我”是本体，并非堕入虚寂，而是作为本体存在。其二是无我乃是挺立大我，无我是大我，此无我是相对于小我之私和小我之执来说的，无我是功夫，要通过无我的功夫将有我之私、有我之执净尽，使自我回归本身，挺立与天地万物为一体之大我。

在物欲横流、人心浮躁的社会，无我思想的探析是具有现实意义的。人对欲望和私利的追逐让人忘了自身存在的意义和价值。当自我被无限贬低，又何谈仁者与天地万物为一体？倘若“己”和“物”的一体性被破坏，人便会受习心的驱使，而被欲望遮蔽，其本心不明。无我思想让人反观自身存在的意义，无我并不是让人失去自我，而是不要陷溺于小我之欲望。如此，人才能立于天地之间，成为自己的主人。

注释：

[1] 朱熹集注《论语·大学·中庸》，上海古籍出版社，2013，第106页。

[2] 王守仁：《王阳明全集（简体版）》，吴光、钱明、董平、姚延福编校，上海古籍出版社，2012，第196页。

[3] 王守仁：《王阳明全集（简体版）》，吴光、钱明、董平、姚延福编校，上海古籍出版社，2012，第32页。

[4] 王守仁：《王阳明全集（简体版）》，吴光、钱明、董平、姚延福编校，上海古籍出版社，2012，第27页。

[5] 王守仁：《王阳明全集（简体版）》，吴光、钱明、董平、姚延福编校，上海古籍出版社，2012，第31页。

[6] 王守仁：《王阳明全集（简体版）》，吴光、钱明、董平、姚延福编校，上海古籍出版社，2012，第31页。

[7] 王守仁：《王阳明全集（简体版）》，吴光、钱明、董平、姚延福编校，上海古籍出版社，2012，第 32 页。

[8] 王守仁：《王阳明全集（简体版）》，吴光、钱明、董平、姚延福编校，上海古籍出版社，2012，第 32 页。

[9] 王守仁：《王阳明全集（简体版）》，吴光、钱明、董平、姚延福编校，上海古籍出版社，2012，第 229 页。

[10] 王守仁：《王阳明全集（简体版）》，吴光、钱明、董平、姚延福编校，上海古籍出版社，2012，第 229 页。

[11] 王守仁：《王阳明全集（简体版）》，吴光、钱明、董平、姚延福编校，上海古籍出版社，2012，第 1001 页。

[12] 王守仁：《王阳明全集（简体版）》，吴光、钱明、董平、姚延福编校，上海古籍出版社，2012，第 6 页。

[13] 王守仁：《王阳明全集（简体版）》，吴光、钱明、董平、姚延福编校，上海古籍出版社，2012，第 229 页。

[14] 王守仁：《王阳明全集（简体版）》，吴光、钱明、董平、姚延福编校，上海古籍出版社，2012，第 196 页。

[15] 杨国荣：《心学之思——王阳明的哲学阐释》，华东师范大学出版社，2009，第 166 页。

[16] 王守仁：《王阳明全集（简体版）》，吴光、钱明、董平、姚延福编校，上海古籍出版社，2012，第 60 页。

[17] 王守仁：《王阳明全集（简体版）》，吴光、钱明、董平、姚延福编校，上海古籍出版社，2012，第 3 页。

[18] 王守仁：《王阳明全集（简体版）》，吴光、钱明、董平、姚延福编校，上海古籍出版社，2012，第 18 页。

[19] 王守仁：《王阳明全集（简体版）》，吴光、钱明、董平、姚延福编校，上海古籍出版社，2012，第 18 页。

[20] 王守仁：《王阳明全集（简体版）》，吴光、钱明、董平、姚延福编校，上海古籍出版社，2012，第 24 页。

[21] 王守仁：《王阳明全集（简体版）》，吴光、钱明、董平、姚延福编校，上海古籍出版社，2012，第 25 页。

[22] 王守仁：《王阳明全集（简体版）》，吴光、钱明、董平、姚延福编校，上海古籍出版社，2012，第 47 页。

[23] 王守仁：《王阳明全集（简体版）》，吴光、钱明、董平、姚延福编校，上海古籍出版社，2012，第 51 页。

[24] 王守仁：《王阳明全集（简体版）》，吴光、钱明、董平、姚延福编校，上海古籍出版社，2012，第 18 页。

[25] 王守仁：《王阳明全集（简体版）》，吴光、钱明、董平、姚延福编校，上海古籍出版社，2012，第 75 页。

[26] 王守仁：《王阳明全集（简体版）》，吴光、钱明、董平、姚延福编校，上海古籍出版社，2012，第 89 页。

[27] 王守仁：《王阳明全集（简体版）》，吴光、钱明、董平、姚延福编校，上海古籍出版社，2012，第 19 页。

[28] 王守仁：《王阳明全集（简体版）》，吴光、钱明、董平、姚延福编校，上海古籍出版社，2012，第 66 页。

[29] 王守仁：《王阳明全集（简体版）》，吴光、钱明、董平、姚延福编校，上海古籍出版社，2012，第 110 页。

[30] 王守仁：《王阳明全集（简体版）》，吴光、钱明、董平、姚延福编校，上海古籍出版社，2012，第 103 页。

[31] 王守仁：《王阳明全集（简体版）》，吴光、钱明、董平、姚延福编校，上海古籍出版社，2012，第 81 页。

[32] 王守仁：《王阳明全集（简体版）》，吴光、钱明、董平、姚延福编校，上海古籍出版社，2012，第 93 页。

[33] 王守仁：《王阳明全集（简体版）》，吴光、钱明、董平、姚延福编校，上海古籍出版社，2012，第 96 页。

[34] 王守仁：《王阳明全集（简体版）》，吴光、钱明、董平、姚延福编校，上海古籍出版社，2012，第 158 页。

柏拉图《法义》中的教育论

作者：王烁云[*] 指导老师：张柯教授

（贵州大学哲学与社会发展学院　贵州　贵阳　550025）

摘要：在柏拉图的《法义》中，教育是极其重要的。至上能引领人们通向神明，至下可达到德性的完善。在论述德性的时候，教育能显现出最大的益处。只有良好的教育会让公民遵守和维护法律。而柏拉图认为，法律的惩罚位于教育之后，是不得已才会采取的措施。教育使儿童具有恰当的苦乐感，也会使公民自愿参与统治与被统治。本文将对柏拉图教育的定义、教育的一般内容、立法者的高级教育以及《法义》中教育的启示等方面进行探讨，进一步揭示教育在《法义》中的独特性与重要意义。

关键词：教育；德性；灵魂

---

* 王烁云，女，1995 年 1 月生，2017 级本科生，研究方向：外国哲学。

前　　言

教育是国之根本，在当今的国际局势下，各国对教育的重视是显而易见的。教育是一个国家是否强大的重要依据，也是社会和谐的重要前提，更是国家长盛不衰的重要根基。即使在近两年严峻的新冠肺炎疫情形势下，我国仍采用了新形式的网络授课方式，使教育教学从不间断。而对教育的重视早在柏拉图的《理想国》中就有体现，其在晚年著作《法义》中再次引入健全的教育，探讨教育对城邦及德性培养的意义。柏拉图认为，法律惩罚只是立法者的最低选择，教育尤其是德性教育才最应当受到关注和重视。只有在教育的劝谕效用下，国家才能培育出遵守法律的好公民。与《理想国》中的哲人王治理相比，《法义》则更重视法治，这体现出柏拉图思想由彼岸世界的理念性转向此岸世界的现实性。教育与哲学之间的关系以及教育与立法之间的关系是我们在《法义》中要重点关注的内容，三者的浑然一体让我们看到一个好的城邦的样式。好的城邦基于健全的教育而非落入片面与部分，且健全的教育将会引领公民通向神明，并达到灵魂的和谐。

一、关于教育的定义

柏拉图在《法义》中关于教育的定义，可以从教育与德性的关系和教育与法律的关系两个维度进行理解，但三者之间的关系是互为补充且不可或缺的。在《理想国》中，柏拉图对教育的定义为："真正的教育，无论内容如何，都最倾向于人与人之间、人与其被保护者之间的关系更文明、更人性。"[1] 因此，柏拉图对护卫者提出要具备节制与勇敢的德性，两种德性的融合使护卫者的灵魂既温和又充满精神，还会让其成为更好的人，这样的思想在《法义》中得以延续和阐述。

在讨论《法义》的德性前，我们要先讨论其相反面，以便更好、更准确地刻画完满的德性。在克里特与斯巴达的法律中，将立法的目的归于战争的胜利或许是为了更好地进行战争，例如，克里特的立法者克勒尼阿斯就认为："每个人的一生，皆与所有城邦有一场无休止的战争……和平不过是个空名；实际上，一切城邦对一切城邦的不宣而战，天然就一直存在。"[2] 并由外部战争推演到内部战争。"在公共领域，一切人对一切人皆是敌人，而在私底下每个人自己对自己均是敌人。"[3] 无论是外在的还是内在的，战争都是令人憎恶的，内乱会使城邦失去和谐从而四分五裂，人们更加渴求回归和平，礼法也应归于最好的东西——"最好的东西既非战争也非内乱……而是和平，同时还有相互之间的友善"[4]。在这里，柏拉图将城邦整体的友善作为追求，制定法律是为了德性，但不是部分的德性，而应着眼于整全的德性。如果只着眼于战争的胜利，便只能归于最低的德性——勇敢，可这并不符合神的旨意。在神的诸善中，理智居于首位，其次便是节制、正义、勇敢。要想成为一个灵魂和谐且自由的人，光有勇敢是不够的，还需要节制的德性。真正的勇敢囊括了四种德性，展现了德性的统一性。教育与德性的关系是："教育得好的人就成了好人……同敌人战斗也会高贵地取胜。教育带来胜利，但胜利有时导致无教养，许多人由于战争中的胜利而变得更加肆心，又因肆心而恶贯满盈。"[5] 教育使勇敢与节制得到统一，也让人的感性与理性得到相互协调。正如《理想国》指出的植根于良好的培养和教育的体质会不断得到改善，教育使人的德性趋向完善，也使城邦得到最大的好处。

在探讨教育与法律的关系之前，需要简单理解什么是法律。在被视为《法义》序言的《米诺斯》里，法的定义为："法意图成为对实在的发现。"[6] 凯尔森认为，"法是人的行为的一种秩序"[7]，这样的秩序具有统一性。由此可知，法律虽是一个整体，却不可忽视其与各种特殊秩序或规则之间的关系。在《法义》中，柏拉图提出"将理智的分配称作法"[8]。法律基于智慧对人们的各种肆心与欲求加以约束，而教育与法律之间的关系便产生于这样的张力中："教育旨在调和各种激情和罗格斯，它由法律修正，同时它由最年长和最体面的人修正——激情与理性（纯粹的罗格斯），或睿哲。"[9] 这样的教育定义使教育、法律及其哲学基础得以和谐一致。在儿童教育问题上，应引导儿童从小就要遵守法律。教育是非常严肃的事情，法律也应对这样的严肃加以维护。当劝谕无法达到目的，强制便是对教育最有效的支持。只有如此才能使灵魂跟随神的旨意，遵循自然的德性秩序，使国家走向德政，使人民安居乐业。

二、教育的一般内容

在理解柏拉图对教育的定义后，可见其对教育的讨论融于法律与德性，因而为教育加入了更多、更深刻的内容。在此，笔者将从儿童教育、诗歌教育、女性教育三部分对《法义》中的教育内容进行大致梳理。

（一）儿童教育

儿童教育探讨的核心部分是对“恰切的苦乐感”的培育，恰切的苦乐感指“憎恨自始至终应该憎恨的东西，并热爱应该热爱的东西”[10]。儿童对这个世界最初的感觉是关于快乐与痛苦的觉知，他们灵魂中伴随着快乐和痛苦的德性与邪恶也首次出现。如果处理不好快乐和痛苦对儿童性情的影响，便容易让其灵魂堕入邪恶，只有对快乐和痛苦的情感进行正确的引导，才能让他们成为完整的人，这样的教育才是正确而有意义的。如何对儿童进行培育呢？柏拉图认为，在孩子 3 ～ 6 岁时，应通过游戏将孩子引到他该做的事情上。“如果有谁想做个好农夫或者某个好的建房者，那么，建房者就应该玩那种教人建房的游戏，农夫亦与此相似。”[11] 在此过程中，孩子会在真实且快乐的游戏体验中走向他未来想要从事的职业，使自己的职业德性获得培育。可以说，游戏的设置对一个城邦法律的存废具有举足轻重的地位。在对游戏的选择上，设置者不能常常革新与改变，否则就会使孩童欲求不同的法律与生活方式，造成肆心与不敬，从内部危及城邦整体的发展。只有遵循传统的游戏，他们才能对礼法抱有虔敬的信仰与守持。

由于游戏的教育随着成长容易被败坏，音乐的加入便成了必不可少的。换而言之，一般的游戏仅停留于对快乐的体验，而高级的游戏——音乐（合唱表演）则会将儿童的德性变得更加完善。施特劳斯说：“教育主要不是产生于禁令或命令、惩罚或奖赏，而是产生于音乐的东西。教育不在于品尝快乐，而是为了学习对快乐有免疫力。”[12] 音乐会运用模仿对儿童进行培育，合唱队的表演便是在进行模仿。但这种模仿是有选择的模仿，因为只有好的、正确的姿势和曲调，才能让灵魂获得最大的快乐。在《理想国》中，柏拉图也对渗入灵魂的音乐加以肯定，认为只有受到正确教育的人在感受优雅的音乐时，才会让他的灵魂随之变得优雅。因此，这部分的内容更着重于合唱技艺的德性部分——音乐，但什么音乐才是正确的音乐呢？柏拉图举了一个例子：在一场竞赛中，由不同年龄段的人组成裁判，选出谁是最能取悦人的，对此也就出现了不同的评判标准，如儿童会喜欢木偶戏，有教养的妇女、年轻人、成年人等会选择肃剧，而史诗中的某些部分则会得到年老者的青睐。但在柏拉图看来，对音乐好坏的评判并非这样的民主选择，而要归于能够“取悦在德性和教养上出类拔萃的人”[13]，即要去取悦具有良好传统且深知礼法的年老者。因为他们明白美好而又幸福的生活模型是什么样的，教育的目标就是“让儿童的灵魂遵循并感觉到像老年人那样的快乐和痛苦”[14]。只有这样才能提高并保持对快乐的免疫力，才能让儿童不沉溺于快乐之中。只有对快乐加以节制，并培养真正的勇敢、融入理性的指引，才有助于儿童形成良好的苦乐感，这样的儿童将来才能成为拥有整全德性的、灵魂和谐的好的人。

（二）诗歌教育

与音乐一样，诗歌也会让受众进行模仿。如果诗人们对诗歌内容不加限制且一味地迎合受众的兴趣，容易误导年轻人从而使城邦逐渐衰落。此外，诗歌内容总是充满变化，这与对神明的虔敬产生了矛盾。柏拉图对模仿的第一个要求便是能真实地反映事物本来的样子，而对诗人的批评在于他们常常在诗歌中掺杂着不和谐的东西，使缺乏理智的年轻人停留于“洞穴”中，看不到事物的真正本质，无法上升到可知世界和对真理的真正把握。在《理想国》中，柏拉图对诗人提出了强烈的批评，有的诗人会说：“神本身是善的，但却是恶的创造者。”[15] 柏拉图认为，要坚决抵制这种渎神的言论，不能使其影响城邦的未来，这样的渎神将会招致毁灭。因此在《法义》中，柏拉图强调要对诗歌的内容进行严格的审查，立法者需要对诗人进行说服，使诗人“通过描绘节制、勇敢和完美的人在节奏与和声中的姿势和歌曲，以正确地作诗”[16]。诗人的工作是要利用自己的言辞劝谕公民，令他们可以获得好的模仿对象，并在诗歌中传递节制和正义的好人过着幸福和有福的生活，反之则过着悲惨的生活之类的观念。如果人在言辞中表现出与正确诗歌相反的东西，则证明劝谕对坏人已经毫无意义，这时将采取最严厉的惩罚以维护好的教育对人的积极作用。立法者本身也是“诗人”，但他们的诗歌旨在使年轻人趋向完满的德性和跟随诸神的引导，如传统观念认为酒会使人丧失心智并转向迷狂，而立法者的“高贵谎言”则将酒塑造成一种“可让老年人恢复青春，灵魂变得可塑，也使敬畏植入灵魂，让人变得节制”的药引。人的灵魂的自由首先是德性的自由，而德性的自由以教育为基础。正确的教育可以使人获得判断是非的能力，也会刻画出值得人们追求的范式，而能通向诸神的当下即是的道路则是完善的德性教育。

（三）女性教育

关于女性的教育是柏拉图最独特的见解和最有启发性的教育观点。柏拉图强调男女平等，认为女子也有享受教育的权利，男性和女性都是属于城邦的，为了城邦能够得到最好的发展，任何一个部分都是不可缺失的。正如《法义》第七卷中说女性的品质“倾向于有序和节制”[17]，而男性的品质则“倾向于宽宏大度和勇敢”[18]，男性和女性都有各自的品质，二者协调才能使城邦更加完整。如果女性整日只负责纺纱织布、抚养孩子和照顾他人，在面对战争时则无法抵御外邦的侵入，这样的生活状态是无序且散漫的，城邦则会失去更多的东西。在《理想国》中，苏格拉底说：“天性的禀赋在两性的分布中是相似的，男人可以从事的所有职业女性也可以从事，但总体而言女人要比男人弱一些。”[19] 他认为，对女性也应当进行相同的身体训练和灵魂培育。女性可以承担与男性一样的职责，在城邦中发挥着不可替代的作用。尽管在生理上女性弱于男性，但其灵魂中的坚毅却是一样的。无论是音乐教育还是体育训练，女性都应参与其中。

三、立法者的最高教育

立法者与诸神之间的关系、立法者与灵魂之间的关系，都能让人体会到哲学的智慧。《法义》第十卷是极富哲学韵味的一卷，在进入对立法者教育的探讨前，需要先了解柏拉图的“理念论”。柏拉图的“理念”是“超越于个别事物之外并且作为其存在之根据的实在”[20]。其中，有两种与事物产生关系的方式，一种是“分有”，另一种是“模仿”。对“分有”而言，理念是一种实在，其他事物分有这个理念而存在，诸神的德性秩序就是人们所分有的最好的德性，只有拥有完整德性的人才能真正地趋近于诸神。对“模仿”而言，“理念”是事物完满的模型，一个合格的立法者只有充分地模仿灵魂学，才能建立起良好的秩序并为人们安排合适的生活方式。因为“不知道诸神同诸灵魂及整全的关系，就无法洞见和解释什么是幸福的生活和不幸的命运”[21]，对立法者的这种要求近似于《理想国》中对哲人王的要求。柏拉图认为，立法本身也是教育，履行着“劝谕”的职责，因此在《法义》第十卷中呈现出“最高贵和最好的”法律序曲，对立法者的最高教育也由此得以显现。

在对德性的教育中，柏拉图一直强调其指向神明或诸神，诸神成了融于人们教育环境中的信仰，但对不信仰诸神的人而言，对其进行劝谕是十分困难的。《法义》第十卷开篇就提出，年轻人的放纵行为和肆心之举是非常严重的恶行，而其中最严重的便是针对圣物的肆心之举。而他们不虔敬的原因在于有肆心且不加以节制，对诸神的存在产生怀疑。立法者的首要任务是去证明诸神的存在。柏拉图认为，灵魂先于一切物体而存在，但自然哲人却认为火、水、土、气是最早的存在。对于这个矛盾，柏拉图以运动论来解释灵魂为何先于一切事物，因为灵魂是能够“自己让自己动起来的运动”[22]。灵魂本身就具有优先性，一切物体“受灵魂统治”[23]。立法者之所以要模仿灵魂学，是因为一切都归于灵魂，但我们得依靠心智来理解灵魂，灵魂促进了人的心灵的向善，“好的诸灵魂具有完整的德性，我们将宣称，诸灵魂就是诸神……万物充满诸神”[24]。事实上，立法者对属神的善的模仿就是对拥有完整德性的灵魂的模仿，而能够获取完整德性的人便是《理想国》中所说的哲人王。立法者对好的法律的追求和对关乎公民德性的教育思考，就是立法者对自身的教育过程。正是将教育放在形而上的基础上，立法者才使其更具有整全的德性和立法的权威性，并对不虔敬的公民加以劝谕和说服，回归立法者应当关注教育而非惩罚的呼应，使国家走向德性政制，构建美好而又幸福的城邦。这样的高级教育彰显了信仰与理性、理智与情感、形而上与形而下的协调一致，体现了人依据神的引导走向德性的生活，从而成为幸福的人。

四、对《法义》教育论的启示

首先，教育要立足于整体，要站在国家延续和发展的角度来谈论，具有一定的强制性。有人认为柏拉图忽略了个体的自由，事实上，柏拉图并未反对民主的存在，而是强调过度的民主会使法律丧失权威性从而对城邦带来毁灭性的灾害。“某个民主制，其灵魂沉湎于各种快乐和欲望，并需要由这些填满，什么也阻挡不了，而患上了无尽的、永不知足的邪恶。”[25]这样的人不是为了城邦的共同利益，而是为了追寻自我的欲求，当他拥有足够的权力时便会显露出肆心与不义，这说明“人的自然本性根本无法控制人类事物”[26]。在健全的教育中，应包含灵魂的理智，使人拥有正义、节制和勇敢，由堕落的悲惨状态转向真正自由的幸福生活。《理想国》中对极度民主的批评是人们将一切都归于自由和平等，好的和不好的似乎都是一样的，这就导致了政治生活的无序性，凸显其灵魂丧失理智而不愿被任何人管理。城邦的管理者应将教育着重放在整体而非片面或个体利益上，正如“新冠肺炎”等具有很强传染性的疾病，如果没有很好地进行防控，会对一个国家的稳定带来不小的打击，这在西方民主制国家有所体现。由于从小受到的教育是自由至上，一些西方民众对涉及个人利益或意愿的行为充满排斥、不愿服从，面对新冠肺炎疫情时，他们没有以国家的整体利益作为自己的信念，最终导致整个国家陷于混乱。幸福和好的生活应当基于整体的利益，只有采取适度的民主才能使灵魂获得真正的自由，并使城邦经久不衰。

其次，在施行教育过程中，要注重劝谕与法制相协调。在整部《法义》中，柏拉图都表达出要想使人们维护和遵守法律，最好的方式就是教育，法律的惩罚只能作为不得已的选择。这样的教育会使人们追求德性的完善，而非以强制规定事物好坏的标准。但这容易让人误以为，法律只是对信仰的诉求。柏拉图之所以谈到诸神，是为了给法律提供更为坚实的基础，使法律更具有神圣性与权威性。诸神其实就是好的诸灵魂，这与中世纪时期哲学家对神的定义不同，更具有理性与践行性。在《法义》第四卷中谈论法律序曲时，柏拉图便将劝谕与法制类比为自由民医生与奴隶医生，前者基于劝谕而给处方，希望病人在他的劝谕下恢复健康，后者则直接根据经验不加询问、粗暴地给出药方，这两种医生映射了“法律就是专制因素与促成大众同意的因素的混合物”[27]。教育的劝谕可以对法律的施行进行更好地说服，使人的法律意识得到提高。

最后，对人的教育还应包括培养羞耻感。潘戈认为，“对诸美德的统一性来说，羞耻作为另一种可理解的基础而出现”[28]。当人做了什么不高尚之事时，便会自然产生一种恐惧，这种恐惧就是害怕他人对自己有意见。人的羞耻感体现出节制与勇敢两种德性的混合，尤其是作为节制的德性。节制之所以重要，在于其可以避免人的肆心与放纵。若只拥有勇敢的德性便是跛脚的勇敢，节制能使我们产生敬畏之心，也会让我们保持中庸。有人会将中庸简单地理解为中立，但孔子曾在《论语》中说过：“中庸之为德也，其至矣乎。”中庸是一种形而上之道在形而下之存在的表达，蕴含着一种“恰如其分”，中庸之人便是有德之人。在柏拉图这里，中庸也体现着恰如其分，如若能对人进行正确的引导，哪怕是饮酒的习俗也会成为对教育恰如其分的护具，敬畏之心或羞耻感使我们遵循礼法而获得自由。在教育中，应从小培育人的羞耻感，当人理智成熟时，便能从灵魂中回忆起曾经受到培育的内容，防止轻率地陷入快乐而走向堕落，明白什么是正义、什么是不义。尽管这样的教育很基础，却凝聚着德性的统一。

结　语

在《法义》中，柏拉图对教育的讨论是十分全面的。通过理解教育与法律、教育与德性之间的张力，我们看到了教育旨在培养好人的健全德性。无论是对儿童苦乐感的培育还是深入灵魂的音乐教育，或是陶冶性情的诗歌教育，甚至是宣称平等的女性教育，在柏拉图看来都要遵循神明的旨意，符合自然的秩序。只有如此，人的诸德性才可以通向诸神的诸德性，灵魂的和谐与自由才可能实现。之所以说立法者的教育是高级教育，是因为他们的理智与灵魂是最接近完满的，对是非对错有着超高的判断力，能对城邦法制的建构和德政的践行起到至关重要的作用。随着时间的检验，在《法义》中彰显的教育观点仍旧极具思考与探究价值。总而言之，《法义》中的教育思想能指引人们从可见世界上升到可知世界，从幽暗的洞穴走向光明的天地，实现灵魂的转向，诉诸德性的健全。

注释：

[1] 柏拉图：《理想国》，刘国伟译，中华书局，2016，第 184 页。

[2] 林志猛：《柏拉图〈法义〉研究、翻译和笺注（第二卷）》，华东师范大学出版社，2019，第 2 页。

[3] 林志猛：《柏拉图〈法义〉研究、翻译和笺注（第二卷）》，华东师范大学出版社，2019，第 3 页。

[4] 林志猛：《柏拉图〈法义〉研究、翻译和笺注（第二卷）》，华东师范大学出版社，2019，第 4 页。

[5] 林志猛：《柏拉图〈法义〉研究、翻译和笺注（第二卷）》，华东师范大学出版社，2019，第 15 页。

[6] 柏拉图：《米诺斯》，林志猛译，华夏出版社，2010，第 296 页。

[7] 凯尔森：《法与国家的一般理论》，沈宗灵译，商务印书馆，2013，第 3 页。

[8] 林志猛：《柏拉图〈法义〉研究、翻译和笺注（第二卷）》，华东师范大学出版社，2019，第 77 页。

[9] 潘戈：《政制与美德：柏拉图〈法义〉疏解》，朱颖、张清江译，华夏出版社，2001，第 42 页。

[10] 林志猛：《柏拉图〈法义〉研究、翻译和笺注（第二卷）》，华东师范大学出版社，2019，第 24 页。

[11] 林志猛：《柏拉图〈法义〉研究、翻译和笺注（第二卷）》，华东师范大学出版社，2019，第 17 页。

[12] 施特劳斯：《柏拉图〈法义〉的辩论与情节》，程志敏、方旭译，华夏出版社，2011，第 16 页。

[13] 林志猛：《柏拉图〈法义〉研究、翻译和笺注（第二卷）》，华东师范大学出版社，2019，第 29 页。

[14] 潘戈：《政制与美德：柏拉图〈法义〉疏解》，朱颖、张清江译，华夏出版社，2001，第 43 页。

[15] 柏拉图：《理想国》，刘国伟译，中华书局，2016，第 115 页。

[16] 林志猛：《柏拉图〈法义〉研究、翻译和笺注（第二卷）》，华东师范大学出版社，2019，第 30 页。

[17] 林志猛：《柏拉图〈法义〉研究、翻译和笺注（第二卷）》，华东师范大学出版社，2019，第 144 页。

[18] 林志猛：《柏拉图〈法义〉研究、翻译和笺注（第二卷）》，华东师范大学出版社，2019，第 144 页。

[19] 柏拉图：《理想国》，刘国伟译，中华书局，2016，第 257 页。

[20] 张志伟主编《西方哲学史（第 2 版）》，中国人民大学出版社，2010，第 66 页。

[21] 林志猛：《柏拉图〈法义〉研究、翻译和笺注（第一卷）》，华东师范大学出版社，2019，第 171 页。

[22] 林志猛：《柏拉图〈法义〉研究、翻译和笺注（第二卷）》，华东师范大学出版社，2019，第 212 页。

[23] 林志猛：《柏拉图〈法义〉研究、翻译和笺注（第二卷）》，华东师范大学出版

社，2019，第 214 页。

[24] 林志猛：《柏拉图〈法义〉研究、翻译和笺注（第二卷）》，华东师范大学出版社，2019，第 217 页。

[25] 林志猛：《柏拉图〈法义〉研究、翻译和笺注（第二卷）》，华东师范大学出版社，2019，第 77 页。

[26] 林志猛：《柏拉图〈法义〉研究、翻译和笺注（第二卷）》，华东师范大学出版社，2019，第 77 页。

[27] 施特劳斯：《柏拉图〈法义〉的辩论与情节》，程志敏、方旭译，华夏出版社，2011，第 42 页。

[28] 潘戈：《政制与美德：柏拉图〈法义〉疏解》，朱颖、张清江译，华夏出版社，第 32 页。

柏拉图《会饮篇》中三种神话言说的比较研究

作者：陈梦溪[*]　指导老师：林早教授

（贵州大学哲学与社会发展学院　贵州　贵阳　550025）

摘要：在《会饮篇》中，柏拉图展现了来自智术师、诗人与哲学家三种不同的神话言说方式。本文旨在通过分析三种不同的神话言说方式，指出柏拉图并非排斥神话这一创作方式，只是抗拒不具备真实性的那类神话，弥合了局限性的哲人神话也能与辩证法一同为构筑真理世界服务。

关键词：神话；言说；智术师；诗人；哲人

在古希腊哲学家柏拉图的著作中，神话元素的痕迹无处不在。因此，思考与分析柏拉图著作中的神话对研究其著作至关重要。

《会饮篇》是柏拉图著作中唯一一篇颂神的作品，神话元素占据了很大篇幅。在六位主要的讲辞人中，除了医生厄里什马克的讲辞神话色彩略淡外，其余五人的讲辞都含有较为丰富的神话成分。

---

* 陈梦溪，女，1995 年 11 月生，2019 级硕士研究生，研究方向：美学。

《会饮篇》体现了三种不同的神话言说方式：第一种是智术师的神话言说方式，他们并未构造新的神话，而是以传统神话为论据来支撑自己颂词的中心观点。智术师对神话的自觉运用更像是将其当作一种与修辞术具有相同性质的话术工具。第二种是诗人的神话言说方式，他们从各自的思维模式出发，创制了新的神话。但在柏拉图看来，这样的神话并不具备真实性。第三种是哲人的神话言说方式。哲人也构造了新的神话，并在神话言说完毕后引导朝向美本身之景观的逐渐上升。柏拉图借助苏格拉底之口展示了一个在他心中具有真实性的神话范式：只有与哲学话语相一致的神话言说才具有真实性。由此可知，柏拉图并非完全排斥神话这一创作方式，而是反感作为精神指引却充满谬误的那类神话，证明了局限性的神话也能与辩证法共同构筑真理世界。

一、神话言说：作为话术工具

斐德若是《会饮篇》中第一位对爱神进行颂扬的言说者。他认为爱神之所以值得颂扬，一方面是因为爱神是最古老的神明，另一方面则是因为爱神能为人类带来德性与幸福。

在颂词中，斐德若提及了阿尔刻提斯、俄耳浦斯和阿喀琉斯的神话故事。阿尔刻提斯是唯一愿意替代丈夫死亡的人，而阿喀琉斯在明知道杀死赫克托耳会给自己引来杀身之祸的前提下却依然选择营救情人帕特罗尔克斯，替他报仇。在斐德若的解读下，阿尔刻提斯和阿喀琉斯的神话故事的意义被诠释为：自我牺牲精神是成就爱欲的最高标准。但正如后文中弟俄提玛对斐德若真实目的的揭露："除非你彻底了解我所说过的话，想通了他们那样奇怪地利欲熏心，是为着要成名，要流芳百世。为着声明，还有甚于为着儿女，他们不怕冒尽危险，倾家荡产，忍受痛苦，甚至不惜牺牲性命。你以为阿尔刻提斯会做她丈夫的替死鬼，阿喀琉斯会跟着帕特洛克斯死，或是你们自己的科德洛斯会舍身救国，为后人建立忠义的模范吗？如果他们不想博得不朽的英明，现在我们还在纪念英明？没有那回事！"[1] 可以看出，斐德若心中所憧憬的爱欲并不是真正的爱欲，而是披着爱欲的高尚外衣所能捕获的种种好处，如人世间的荣誉和不朽的声名。在斐德若那里，人的羞愧与崇敬之心并非源于自我意识的反思，而是源于外因的刺激，爱欲力量的终极来源不是真理与内疚，而是由他人的观看所产生的羞耻感。“在第俄提玛的讲辞中，阿尔克提斯和阿喀琉斯的自我牺牲，不是因为他们渴望死亡，而是因为他们想要永垂不朽。那些拥抱死亡的人所挣得的荣誉，被斐德若理解为爱欲的见证。”[2]

不可忽略的是，在斐德若神话言说中，虽然俄耳浦斯爱自己的妻子欧律狄刻，但他并不会为欧律狄刻赴死。而阿喀琉斯却愿意为自己的爱人帕特洛克罗斯献出生命。“斐德若的观点，简而言之，就是关于获利的利益的观点，是关于获利的计算的观点。斐德若还说爱若斯是最古老的神。最古老的意味着最值得崇敬的。但何以爱若斯最值得崇敬？因为他对情伴最有用，对像斐德若这样的人来说最有用。”[3] 尽管情人体现着爱若斯的神性，但爱人才是利益的最终获得者。斐德若在对爱欲的思考中，夹杂了很多自己的私欲。

从斐德若的神话言说方式中可知：尽管希腊传统神话可以被传承，但对它的理解并不是重复不变的。由于对传统神话的解读并不存在一个官方的标准答案，这就暗示着对传统神话意义的解读具有多重性、含混价值的可能性，甚至具有危险性。人们可以利用已存的文本和故事，向利己的方向进行阐释。

同样地，泡赛尼阿斯也站在利己的角度进行神话言说。在正式开始颂扬爱神之前，他便先对爱神的身世进行划分。根据雅典官方宗教礼仪的公共意见，他将爱神分为高尚女爱神与凡俗女爱神，认为只有拥有父性的高尚女爱神才值得颂扬，而依靠男女生殖繁衍的凡俗女爱神并不值得颂扬。

泡赛尼阿斯利用雅典官方宗教礼仪的公共意见的公信力让人们承认爱神具有两个身世，再进一步引导听众相信只有高尚女爱神才具有颂扬价值，他的目的只有一个：为男童恋的合法性找说辞。他在其后的颂词中说：“至于天上女爱神的出生却与女的无关，她只是由男的生出的，所以他的爱情对象只是少年男子。”[4] 他想通过自己的辩护，让不合法的行为变得合法，其实质是在为他自己的行为争取自由。

斐德若和泡赛尼阿斯是在《会饮篇》中出场的两位智术师。二者的神话言说方式有一定的相似性，同时也有一定的相异性。相似性在于，二者都并未构筑新的神话，而是沿用传统希腊神话，将希腊神话当作论据为佐证自己的中心观点服务，且二者都是站在利己的角度对神话进行解读的。相异性在于，前者站在爱人的角度进行言说，后者则是站在情人的角度进行言说，且二者对神话的处理方式不尽相同。斐德若将神话当作例子，他从个人的角度诠释神话并用于支撑自己言说的中心观点。而在泡塞尼阿斯的颂词中，神话承担了“抛砖引玉”的引言功能角色，旨在为所需论述的观点——“男童恋是合法的”寻找一个合理的出发点，为其不法目的的合法性寻找出路。但二者神话言说的最终目的却是一致的，都是为了站在利己的角度宣扬“利己之爱”。

二者对神话的自觉运用更像是将其视为一种与修辞术具有相同性质的话术工具。“在智术师手中，修辞术可以为一个论题的任何一方说话，修辞术并不受真理的束缚。”[5] 而对智术师来说，神话也有同样的作用。当持情人立场的泡塞尼阿斯运用神话进行言说时，神话便为情人做辩护；当身处爱人立场的斐德若运用神话言说时，神话又会成为斐德若的话术工具。

二、神话言说：“丑”的神话与“美”的神话

在《会饮篇》中出场的两位诗人，一位是肃剧诗人阿伽通，另一位则是喜剧诗人阿里斯托芬。两位诗人并未沿用传统神话，而是创制了新的神话。

阿里斯托芬所创造的神话呈现出溯因式的叙述风格，这种风格多见于民间故事之中。溯因式叙述风格是通过讲述事物的起源，让听者在讲述事物起源的过程中逐渐了解事物所具有的特性。阿里斯托芬并未像之前的言说者一样颂扬爱神为人类带来了哪些好处，而是另辟蹊径言说“爱欲是如何生成的”。“溯因式的叙述可以利用古时候人们想象中的历史来阐明当前而非往昔事物的存在。在民间故事的层面上，溯因论教导孩子们豹是长斑点的猫科动物，而且（虚假的）演化的魔力把能够将豹与斑纹猫区别开来的显著特征铭

刻在孩子的记忆里。”[6] 溯因论的叙述风格能在言说过程中将所述事物的特点展现出来。阿里斯托芬的神话能让我们回忆起爱欲的显著特征：爱欲是缺失的，因而追求完整性，但并非所有人都能获得完整性和统一性，而是需要通过性的舒缓让人们可以继续投入到日常生活中。阿里斯托芬的诗人神话比厄利什马克的科学阐释更好地表现出爱欲的特征。由此可见，运用神话阐释诸如灵魂、爱欲等非理性话题时会比科学阐释或纯粹的理辞更具优势。

阿里斯托芬的神话言说方式与其喜剧诗人立场也有亲缘性联系：第一，阿里斯托芬的喜剧充斥着大量粗俗的元素，这在《会饮篇》阿里斯托芬所讲述的神话中得到了再现，如性的话题在阿里斯托芬的剧作与神话中都有大胆的体现。第二，阿里斯托芬察觉到人是具体而特殊的存在，他曾在其剧作中指出自然的必然性，但人类生活中不可避免会存在并不严格遵守必然性的事物，否则人与禽兽别无二致。而在《会饮篇》的神话中，阿里斯托芬对性的理解也是如此。首先，人类生殖繁衍的自然必然性证明了性的存在，但性不仅仅是生殖繁衍的手段。对人类而言，性还具有舒缓欲望缺失的功效。正如阿里斯托芬所指出的，宙斯不愿看到人们死掉，于是创造了性，虽不能给予人所期冀的完美结合，但通过宣泄欲望，人们又可以去关心人生中的其他事物。

同阿里斯托芬所构筑的神话与其喜剧诗人立场有着密切关联一样，阿伽通所构造的神话及其神话言说方式与他肃剧诗人的职业也有着密切的联系。“肃剧诗人是诸神的创造者。”[7] 诗人对美的爱慕使他们创造了诸神。肃剧诗人阿伽通也在爱欲与美的指引下创造了爱若斯神话。阿伽通是在场的所有讲辞人中第一个将爱神本身作为主题的讲辞人，他赋予爱神自在自立的形象，并将所有的美好品性都加诸爱神身上。

但正如列奥·斯特劳斯在其著作《论柏拉图的〈会饮〉》中所说：“他（阿伽通）作为肃剧诗人，却跟阿里斯托芬作为喜剧诗人不同。他的虚荣，他的伪善，他的柔软以及过于明显过于外露的漂亮讲词，都表明他的层次较低。他所描绘的爱欲是娇嫩的，他自己关于爱欲的讲词亦是如此，其中没有任何粗粝的东西。”[8] 阿伽通所讲述的神话呈现出一个美丽的姿态：选择优美的词汇构筑神话的场景，并赋予其神话人物最完美的形象。与阿里斯托芬所讲述的神话相比，阿伽通所讲述的爱欲太过美好与一帆风顺，这样的爱欲虽然摆脱了一切苦痛，却不能引起觉醒与反思，从而缺乏激情。

尽管阿伽通的神话在内容上并不如阿里斯托芬，但他结束演讲后却收获了比前者更加热烈的掌声。原因在于：首先，阿伽通的颂词既讲究文采，又具有条理性与美的形式。其次，阿伽通的颂词追求让听众“易于理解”，并没有讲述过于沉重与深刻的哲理，只是将美好品质进行堆砌。最后，阿伽通善于掌控自己的声音与节奏，在演说时极易煽动听者的情绪，让听者接受、认同。因而，尽管他并未触碰到爱欲的实质，但阿伽通运用他颇具迷惑性的言说方式赢得了比阿里斯托芬更多的掌声。

实际上，这看似十分具有条理性且非常优美的神话言说存在着严重的逻辑漏洞。阿伽通曾在其颂词中说：“爱神在本质上原来就具有高尚的美与高尚的善，后来一切神人之间有同样优美的品质，都因爱神种下善因。”[9] 他的颂词指向一个结论，那就是爱欲即善与美。但由此又会产生一个悖论：慕求的对象是欲望生成的必要条件，作为欲望的一种类型，爱欲也需要一个慕求的对象。美与善是爱欲慕求的对象而不应是爱欲本身。由此可见，为了追求修辞上的成功，阿伽通的神话言说忽略了其逻辑上的相互冲突。阿伽通在他看似有条理且形式美丽的神话故事的虚掩下，宣扬着自己的思想，基于颂扬的目的将一切美好的品质都赋予他神话中的人物，却从未考虑过所颂的事物是否能与逻辑相契合。

通过对喜剧诗人阿里斯托芬和肃剧诗人阿伽通的神话言说方式进行分析可知，神话在阐释非理性话题时具有优势。正如前文所述，二者所构筑的神话与二者的思维方式特性有密切联系，这意味着话语域与思维域具有同质关系，话语的陈述也可以看成是其思维的运用。在喜剧诗人阿里斯托芬的神话言说中，出现了粗粝、丑陋的元素，展现了其对人类自然性的关注，却缺少了对爱神神性的关注。而在肃剧诗人阿伽通的神话言说中，对爱神神性的高度理想化赞颂使最基本的自然属性在其颂词中没有得到丝毫体现，对神性不假思索的虚假赞颂正是其颂词显得轻浮的重要原因。在他们之后出场的苏格拉底对二者爱欲基本观念的驳斥，完美地消解了诗人神话的构建。在苏格拉底的神话言说中，爱若斯既不是自然属性也不是神性的极端代表，而是居于二者之间、同时拥有两种属性的命相精灵。

三、神话言说：内化于真理世界

苏格拉底的神话言说方式融合了智术师与诗人的言说特色，既构筑了新神话，还将新神话用于颂词之中辅助其爱欲观的阐释。苏格拉底的神话言说弥补了传统神话的不可证伪性与不可论证性，创造出与哲人思维域一致的哲人神话，并将这一神话内化于真理世界之中。

法国学者布里松在其著作《柏拉图的神话观》中对神话的不可证伪性进行过分析。他认为，在柏拉图的著作中，语言首先被界定为一种可证伪的话语，在《智术师》中，埃利亚客人将话语界定为三个基本要素：一是名词与动词的相互搭配是构成话语陈述的最基本形式，二是话语陈述总是与某一事态相联系，三是由此就可以判断该陈述的真伪性。"如果名词与动词所承载的关系恰当，那么其搭配为真。反之，则搭配为伪。"[10]关系的界定一般由主体在何时何地实施了什么行动来判定其真伪。这也就意味着，在可感世界中判定陈述真伪必定有时间的限制。因为某物在一段时间中呈现出真性质的话语陈述，在另一段时间中可能就变成了伪陈述。例如，天现在正在下雨，但过去与将来并不是都在下雨。因而，只有当指称能够被陈述者亲历或指称与陈述者处于一种当切抑或足够近的状态时，这类话语与指称之间所构成的关系才能被证伪。

而传统神话不能够被证伪的原因在于：首先，神话所描述的都是遥远的往事。遥远的过去与遥不可及的将来超越了陈述的时间性限制，不能被当作有效的指称。其次，神话的指称（如灵魂等话题）是人类的理智与感官无法触及的话题，人不能准确地判断所指涉的内容，因而神话是不能进行证伪的话语形式。但在柏拉图的著作中又会发现，柏拉图本人有时会用真实与虚伪来界定神话。例如，在《王制》中柏拉图认为神话是虚假话语，而在《高尔吉亚》中神话又被看作真实话语。这意味着柏拉图判断神话的真伪有自己的标准。在柏拉图那里，“神话的真实性取决于它是否与哲人关于可知形式的话语一致”[11]。按照柏拉图的观点，可知形式的话语与感官世界中的可感事物是相对概念，是构成真正现实世界的样式，它们不可更改，具有永恒性且总是为真。因此，在柏拉图的观念中，神话只有与哲学话语相一致时才具有真实意义。

在苏格拉底所讲述的神话中，可以看到神话与可知形式的统一性。苏格拉底在言说神话之前先对爱欲的普遍本质概念进行了界定：一是爱需要有对象，即爱美。二是爱并不是完满，而是匮乏。三是爱是欲望，是想要拥有自己的缺失之物。概念表述的是普遍性的东西，包含真实性与确定性。在这里，爱欲指用心灵或理智所看到的具有“一”的统一性和“存在”的实在性的观念，是一种普遍的共相与形式。因而，苏格拉底所言说的神话是在“爱欲”概念的指导下所构建的神话。这个神话与柏拉图的哲学理念相一致，具有真实的意义。

由于论证性话语遵循理性秩序的推导，其结果指向一个必然性的结论，而与论证性话语相对立的叙事性话语则呈现出非论证性的形态。因为在叙事性话语中，内部构成要素之间的关系呈偶然组合的状态，这种状态指某一门叙事性话语讲述事件的方式是将叙事之外的片段化、零散化与复杂化的感官经验世界编织在一起，制造出一种整体性、统一性与真实性的完美幻觉，因而其话语内部的构成要素呈现出偶然组合状态。而神话作为一种叙事性话语，其叙事的方式是对神话之外的片段零散的感官经验世界加以想象化处理并缝合，由此营造出一种内时空的幻觉。神话的叙事方式体现了叙事写作的虚假性，类似地，虚假性也体现在同样具有叙事性结构的小说创作之中。此外，神话还需与同样具有叙事性特征的历史语言相区分，虽然历史语言也属于叙事性话语，但其所展现的是已然发生过的必然性事件，与一般的叙事性话语不同。

因此，神话的不可论证性体现在：一是其内部结构要素以偶然组合的方式构成，二是其最终的结果指向非必然性。而苏格拉底所讲述的神话并不是根据收集感官经验世界中片段化、碎片化的信息加以提炼拼接缝合而成的，他的创作方式是先将爱欲的本质进行澄明，再以经过澄明的概念推导构建出神话。

其推导过程要先梳理出爱欲的三大普遍本质，并在此基础上创制出由丰饶神和贫困神所生的爱若斯的神话。神话结构内部的每种要素都根据爱欲的本质理性构建：首先，爱若斯慕求美与善就意味着他并不拥有美与善，而尽善尽美是神的根本特性，因此缺少美与善特性的爱若斯就不是神明，他的真实面貌是介于神与人之间的命相精灵。其次，因为爱若斯追求美与善，那么美必定要存在于他之前，因此爱若斯必定不是最古老的。最后，他既追求美与善这样美好的品质，又缺乏这两个品质，说明他有一个贫乏的母亲和一个常在想法上追求美与和谐的父亲，即贫乏神与丰盈神。苏格拉底所言说的神话体现了哲人话语域与思维域的统一，具有可论证性的结构特点。

综上所述，在《会饮篇》中，苏格拉底讲述的神话弥合了传统诗人思维域所构筑的神话的局限，书写了一个他心目中认为真正正确的神话，这一神话语言与其哲人的思维域相一致。

但苏格拉底为何要运用神话进行言说？爱若斯的神话与后面的美善理念的关系又是什么？其原因在于：“人类的理性只能把握那些一直存在、永不改变的东西；只能把握永恒的样式或理念。如果有谁想要谈论变化和生成，那么它只能通过讲述一个故事、一个神话来这样做，这个故事或神话的连续部分反映和模仿了变化。”[12] 理性所对应与思考的是永恒不变的样式或概念，而神话则能反映出变化与发展的过程。此外，神话能以形象的方式展现世界的原初情景，将人类在经验世界中获取的诸多经验整合到一个统一的视野中。当苏格拉底需要阐述“爱若斯的身世”（爱欲是怎么生成的以及具有哪些特征）时，运用神话能更好地表现这一生发的过程并加深人们对所描述事物特征的认识与印象，因而苏格拉底在颂词的开头部分讲述了一个神话。

柏拉图对神话的真伪有自己的判断标准，即神话要与其哲学话语相一致。在《会饮篇》中，苏格拉底重新构筑了新的神话，这一新的神话反驳了以往言说者的虚假讲辞，并将“真理”以神话的方式讲述出来。如果苏格拉底的神话是为展现其哲学真理而服务的，为何不像智术师一样选择传统神话作为自己哲学思想的佐证呢？原因在于，如果运用传统神话佐证自己的哲学思想，哲学就会成为神话的阐释工具，神话将与哲学一样成为真实的栖身场所。

如果细究我们会发现，苏格拉底的神话言说似乎存在着逻辑漏洞。既然神都是自足的，为何爱若斯的母亲贫乏神要去追求爱若斯的父亲丰盈神并生下爱若斯呢？其实这并不矛盾，在柏拉图看来，只有与可知形式相统一的神话才具有真实性，苏格拉底所讲述的神话已论证其真实性，这就意味着苏格拉底的神话与可知形式相统一。我们不能仅将在苏格拉底的神话中所出现的人物当作一般的人类高度理想化的神话人物，而应与柏拉图理念世界中的理式相联系。因此，贫乏神并非不自足，贫乏神在她的理式“贫乏”中一直处于自足状态。

苏格拉底的神话具有和命相精灵爱若斯一样的“居间者”意味，“居间者”体现了一种过渡状态且具有引导沟通的功能项。在柏拉图后来的讲辞中，爱的隐喻性概念被放到中间，爱并不是人的终极目的，而是为了引导人向美、向善。如此，爱若斯神话便内化于柏拉图的真理世界之中。

结　语

《会饮篇》是柏拉图著作中唯一一篇颂神的作品，柏拉图在这篇作品中通过展示智术师与诗人的神话言说方式，揭露了传统神话的局限性以及在诗人思维域下所构筑的神话的非真实性，并通过苏格拉底之口展示了一个在他心目中具有真实性的神话范式。笔者认为，柏拉图并非排斥神话这一创作方式，而只是抗拒不具备真实性的神话，证明了局限性的哲人神话也能和辩证法一同为构筑真理世界服务。

虽然《会饮篇》是一篇颂神的文章，但苏格拉底所颂扬的爱若斯并不是真正的神，而是一个介于人与神之间的命相精灵。但柏拉图为何要选择非神的爱若斯进行赞颂呢？笔者认为，柏拉图并不想仅仅停留于颂扬层面，停驻于表面的颂扬只会像阿伽通一样盘桓于虚假浮华的赞美之中。柏拉图颂扬的最终目的是引导人们去攀登能够抵达美善世界的阶梯，而只有拥有爱慕美善的内在驱动力的人才会去尝试攀登能够抵达美善的阶梯。

注释：

[1] 柏拉图：《柏拉图文艺对话集》，朱光潜译，外语教学与研究出版社，2018，第224页。

[2] 罗娜·伯格：《为哲学的写作技艺一辩——柏拉图〈斐德若〉疏证》，贺晴川、李明坤译，华夏出版社，2016，第32页。

[3] 列奥·施特劳斯：《论柏拉图的〈会饮〉》，伯纳德特编，邱立波译，华夏出版社，2012，第76页。

[4] 柏拉图：《柏拉图文艺对话集》，朱光潜译，外语教学与研究出版社，2018，第194页。

[5] 尼柯尔斯：《苏格拉底与政治共同体——〈王制〉义疏：一场古老的论争》，王双洪译，华夏出版社，2007，第102页。

[6] 张文涛选编《神话诗人柏拉图》，董赟、胥瑾译，华夏出版社，2010，第140页。

[7] 列奥·施特劳斯：《论柏拉图的〈会饮〉》，伯纳德特编，邱立波译，华夏出版社，2012，第229页。

[8] 列奥·施特劳斯：《论柏拉图的〈会饮〉》，伯纳德特编，邱立波译，华夏出版社，2012，第227页。

[9] 柏拉图：《柏拉图文艺对话集》，朱光潜译，外语教学与研究出版社，2018，第210页。

[10] 张文涛选编《神话诗人柏拉图》，董赟、胥瑾译，华夏出版社，2010，第34页。

[11] 张文涛选编《神话诗人柏拉图》，董赟、胥瑾译，华夏出版社，2010，第39页。

[12] 张文涛选编《神话诗人柏拉图》，董赟、胥瑾译，华夏出版社，2010，第49页。

论洛克自然法

作者：聂雪梅[*] 指导老师：敖素教授

（贵州大学 哲学与社会发展学院 贵州 贵阳 550025）

摘要：历史悠久的自然法思想起源于古希腊时期，不同时期的哲学家对自然法有自己的见解，洛克的自然法思想在受到前人思想影响的同时也有其独特的见解。洛克的自然法思想含有他的宗教思想，他认为自然法就是上帝的神圣意志，上帝以自然律的方式呈现在大家的面前，并借助其宗教思想与自然法，通过对人们无处不在的约束力证明了自然法的存在。与同时期其他思想家一样，洛克也强调理性对人类认识的重要性，他认为人类是通过感觉经验与理性的共同作用认识自然法的。洛克的自然法思想解释了人们为何要履行义务以及国家存在的合理性，为资产阶级代议制政府的成立奠定了思想基础。

关键词：自然法；自然权利；理性；社会契约

*聂雪梅，女，1997年5月生，2016级本科生，研究方向：政治哲学。

前　言

什么是自然法？自然法主张人类因美德而拥有的权利是由自然赋予的，人类因自然法而拥有一定的自然权利。自然权利又称“天赋人权”，但这并不代表自然权利是上天赋予的，自然权利是基于人类的理性与人类的本质应该有的权利。洛克的自然法的宗旨是根据人类的理性保障人类的自然权利。洛克的自然法思想内容丰富，自然状态、社会契约、自然权利与义务是其自然法理论的重要组成部分。洛克关于自然法思想的论证是从自然状态开始的，与霍布斯将自然状态描绘为人与人的敌对状态不一样，洛克认为自然状态应该是一种和平的状态，在自然状态中人们都自发履行自然义务才使自然状态变得令人向往。洛克关于自然法思想的论证有他的政治目的，即自然法思想对他的政治理论具有形而上学的意义，具有一定的指导作用。

一、洛克之前的自然法

自然法学说历史悠久，人们从古希腊时期就开始了对自然法学说的探讨，不同的学派与不同的哲学家对自然法有各自不同的看法。“只有当人们察觉到，并不是所有的法律都是不可改变的、也确实保持不变的神圣法律时，才会出现自然法的观念。”[1] 虽然不同国家、不同地区会有不一样的法律和规范，但这些法律和规范是有共同点的——在每个地方都有效的法律就是自然法。

自然法思想的发展历程可分为四个阶段。第一阶段是古希腊罗马时期早期的自然法学，这一时期的思想家奠定了自然法的基础，认为人类社会要受自然法的规定，以自然法为基础的法律才是正义的。主张这一观点的有赫拉克利特、柏拉图、亚里士多德等哲学家和智者学派、斯多亚学派等流派，其中，自然法理论是由斯多亚学派首次提出的。[2] 晚期希腊城邦的衰落是自然法理论产生的重大现实前提，这一时期的哲学家看到了人自私自利的自然本性，而自然的、善的生活并不是城邦生活。人们发现，柏拉图与亚里士多德所认为的“善”似乎并不是人的自然本性，而城邦也不是实现“善”的根本条件，他们为维护城邦将城邦作为政治共同体与道德共同体并不合适。[3] 第二阶段是中世纪基督教神学的自然法。中世纪的教会法学者认为自然法与上帝法相一致，只不过有的学者在自然法中强调上帝的理性，有的学者则强调上帝的意志。在这一时期，信仰与理性相互较量，包括法律在内的人文科学和自然科学都成为神学的附庸。第三阶段是自由资本主义时期的古典自然法。在这一时期，自然法学说的发展达到顶峰。古典自然法学指的是17—19世纪初西方自由资本主义阶段所产生的一种世俗的自然法学，它是在批判中世纪神学自然法学的基础上产生的，是资产阶级反封建斗争的产物和锋利的武器。在这一时期，思想家们以人的理性为出发点，把自然法思想和社会契约理论结合起来，提出了一系列关于自然法的理论和学说，并使自然法从理论走向了运动和实践。这一阶段的代表人物有格劳秀斯、霍布斯、孟德斯鸠、洛克、卢梭等。第四阶段是垄断资本主义时期的现代自然法。自然法学是资产阶级革命的批判武器和革命工具，但这些理论对已登上政治舞台的新兴资产阶级又是一种潜在的威胁，加上其自身所具有的某些弱点，因而在19世纪中叶沉寂下去。20世纪初以来，经过两次世界大战，人们又开始关注善与恶的根源，重新探寻法律的终极关怀，自然法又开始复兴。现代自然法学吸收了其他法学流派的部分观点，和传统的自然法学存在着较大差异。由此，古典自然法学派对西方的政治思想产生了深远的影响。[4]

近代思想家对自然法思考的出发点是经验性本性，是借助理性抽象的能力，从被视为根本性的心理驱动力量中发现的。伦理体系和自然法体系则是用某种唯理主义的方法从这里演绎出来的，这套自然法体系存在于社会性生活之前。在启蒙运动中，人们高扬理性，认为只有理性才能够提供启蒙，法律就在理性中，且因资本主义的兴起，封建时期的法律也就变得过时了。同时，人的理性的自主性与社会学中的个人主义密切相关，个人主义的倾向体现在自然状态中，自然状态学说也在这个时期成为自然法思辨的起点。强调个人自由与个人利益的个人主义自然法适用于瓦解传统的、僵化的社会秩序，而卢梭和洛克渴望资产阶级的自然法在霍布斯的自然法体系中是不存在的。

洛克的自然法思想在很大程度上受到了前人的影响，他与古希腊罗马时期的思想家一致认为，人类要受自然法的约束，只有遵从自然法才是正义的，法律要以自然法为基础。与同时期的霍布斯、卢梭等思想家一样，洛克也受到了启蒙运动的影响，他们都是启蒙运动的代表人物，他们强调人的理性，认为人们是拥有理性的。但理性在洛克的自然法思想和霍布斯的自然法思想中的地位并不一样，霍布斯认为，激情是人的“自觉行动的内在开关”，决定人的行动，而理性仅仅是一种理解的力量，是为激情服务的，激情是霍布斯整个理论大厦的基础。洛克则与柏拉图、亚里士多德等人一样高扬理性，在洛克的自然法思想中，理性占有重要地位。洛克认为，自然法虽然不是由理性颁布的，却是由理性所发现的。

传统自然法观念是把自然法当作某种先验的道德秩序，视为上帝的意志被启示于人类理性之中，人服从自然法是一种义务；而现代自然法观念从人类意志自由出发，把自然法视为人类依据自然权利运用理性创造的产物，将关于义务的学说转变为关于权利的学说。持个人主义观点的洛克在自然权利与自然义务的关系上有自己的见解，他认为自然义务在逻辑上是前者，是自然权利的基础，只有人人都履行自然法，让人类去承担保护他人的生命、财产、自由等义务时，大家才能够享有真正的自然权利。洛克对自然权利与自然义务的关系的见解，有利于营造一个美好和谐的生活环境，在他假设的自然状态中，大家能够做到“我为人人，人人为我”，个人不去损害他人的权利，他人也不来损害个人的权利，大家和平相处。从洛克对自然状态的赞扬，可以看到洛克对封建统治的不满，他向往自然状态中人与人之间的平等，但他也认识到有可能出现战争状态，认为需要有国家的存在。

洛克的自然法思想与前人的思想有很多相似之处。首先，他与前人一样相信自然法的存在。其次，他与柏拉图、亚里士多德等一样重视理性。最后，他赞同智者学派提出的“自然法不是由人颁布的，而是源自一个更高的源头”的观点。接下来，笔者将从自然法是否存在、自然法为什么能够且如何被人类认识、自然法的作用及政治目的等方面详细阐述洛克的自然法思想，并为其政治思想的合理性提供依据。

二、自然法是否存在

自然法是否存在？洛克对自然法存在的证明依赖于他的宗教信仰，洛克的自然法是理性法与神意法的统一。[5] 他认为，上帝将自然法赋予了人类，只要人类能够觉知到上帝或他的良心，就能够受到自然法的规约。在《自然法论文集》中，洛克证明了自然法的存在。洛克相信，上帝是存在的，没有人会否认上帝的存在，因为必须有某种主宰世界的神圣力量的存在才能让世界稳定，而这个存在就是上帝，“上帝存在”应该是一个共识。洛克认为，上帝以自然律的方式呈现在我们的面前，宇宙万物都遵循自然的规律，人类也遵循自然律。因此，人类的生活并不是随心所欲的，只有遵守自然法社会才能有效运转，否则人类就会陷入战争状态。

自然法是一直存在的，但人们对自然法有不同的看法。在古希腊时期，一些哲学家认为自然法是道德的善或德行，斯多亚学派便是这一观点的代表。在对“德性”问题的探讨中，斯多亚学派提出德性就是合乎或顺从自然而生活，服从自然法就是德性，我们只有服从自然法才能达到“善”。而洛克认为，理性是美德能够产生的某种行动原则，不仅仅是逻辑推演的认知能力，合乎自然法的行动才符合正当理性。此外，洛克还对自然法和自然权利做了区分，法则与权利存在着很大的差别，法则是命令或禁止我们做某事，而权利则是我们有做某事的自由。自然法并不是理性的命令，而是上帝的神圣意志，理性是自然法的解释者而非颁布者。人们在不同时期对自然法有不同的表述，但这也证明自然法一直存在着。

在《尼各马可伦理学》中，亚里士多德表示：“人的活动是灵魂的追寻或包含着逻各斯的实现活动。”[6] 他认为，人类的正当功能在于合乎理性的行动，人类必须尽可能按照理性所规定的那样行动，这样才能实现人的“善”。他在区分自然的公正和约定的公正时还说：“自然的公正对任何人都有效力。”[7] 从亚里士多德的思想中，洛克了解到自然法对所有人有效且无处不在，认为人类按照理性规定行动就是要按照自然法行动。但许多人纷纷质疑自然法的存在，对此，洛克提出了他的反驳：这些人之所以质疑他，是因为现实生活中并不是所有有理性的人都能够认识自然法，但这并不代表自然法不存在，只能说明这些人没有运用自己的理性去认识自然法。就像有的人会遵守法律，而有的人会违反法律，违反法律的人可能并不知道法律，但这并不代表法律不存在。同理，部分有理性的人没有认识到自然法的存在，并不能说明自然法不存在。此外，洛克还从人自身的良心、人类社会、世界的建构以及善恶的区分来证明自然法的存在，万事万物都有其要遵守的规则及判断是非善恶的标准，自然法也是一直存在的。[8]

作为一个无所不在的法则，自然法对人类的约束是永恒、普遍的，这也从侧面证明了自然法的存在。人类一直受自然法的约束，自然法规定了一个人必然要履行一种自然的义务，并根据自然的理性去行动。自然法为什么具有这样的约束力呢？首先，洛克认为自然法本身便蕴涵一定的约束力，因为自然法是上帝的神圣意志，上帝是无与伦比的伟大存在者，他将自然法作为人类的道德准则赋予人类，没有人会怀疑上帝的权威，所以没有人会怀疑自然法对人类的约束。其次，凭借本性与源于本性的原则，人类可以确定自然法。最后，如果自然法都不能约束人类，那世间就没有任何实在法能够约束人类。若人类一直受自然法的约束，自然法也就一直存在。

三、人类如何认识自然法

要想认识自然法，首先要知道自然法是存在的。洛克不仅依靠上帝存在证明了自然法的存在，还从人类一直受自然法约束这一点证明了自然法的存在。既然自然法一直存在，那么如何才能认识自然法呢？作为经验论者，洛克认为认识是来源于感觉的，一切知识必须建立在经验的基础上。洛克提出“白板说”来驳斥天赋观念，认为人类的心灵是一块白板，人类的心中并没有自然法的印记。如果自然法观念是人类与生俱来的，那为什么全体人类没有立刻认同并遵从它？如果自然法铭刻在人类的心中，那为什么有的人不去遵守它呢？洛克认为，自然法没有被铭刻在人类的心中，就像文盲、原始人这些不受外部观念干扰的人并不能够遵守自然法，愚人也没有关于自然法的知识。[9] 如果自然法真的铭刻在人类心中，那么大家对自然法会达成一个共识，大家也就不会对“自然法是什么样的”进行争论了。洛克强调，自然法虽然是上帝的神圣意志，却并未铭刻在人类的心中，人类需要通过自己的本性去认识自然法。

洛克指出，人类赋有理解力、理性和感官认知力，那么人类依凭自然和自身的睿智能发现和洞察什么呢？认识的途径可分为天赋知识、传统和感觉经验三种，人所获得的知识要么是自然赐予的或与生俱来的，要么是传习得来的，要么是感官感知的，这些都是知识的基础。自然法的真正起源是什么？我们如何能够认识自然法？洛克在其论文集中否认了自然法来源于天赋知识和传统的认识途径。他认为，虽然我们不能否认传统的认识途径（父母、老师告诉年轻人为人要诚实守信、谦和友善等）是自然的律令，但这并不能说传统认识途径是认识自然法的基本途径，因为从别人的教导中得到的知识并不是理性告知我们的，满足于传统的人是被信念和共识引导而非被自然法引导。[10]

为了证明自然法是无法由传统的途径被认识的，洛克给出了以下说明：第一，世界各地的传统具有多样性，这些不同传统之间相互冲突，自然法也难以得到清晰阐明，判断对错也成了难题。我国是一个多民族的国家，不同民族有不同的文化习俗，也正因如此，各民族的同胞对同一问题有不同的见解，甚至他们的见解会相互冲突。如果自然法能通过传统的途径被认识，那么自然法就会有好几种，且不同地区、不同国家的人都会有自己的自然法，公正地判断一件事情的对错就不再可能。第二，对自然法的信任度取决于信息的发布者，这就意味着人们相信的不是自然法而是发布者，但发布者也是人，也有可能受主观意识的影响，这就导致发布者所传递的信息不一定正确，这样的自然法也就不值得相信与遵守。第三，每个人拥有相同的认识途径，那些认为通过传统途径可以认识自然法的人是自相矛盾的，因为认识途径对每个人来说都是敞开的，自然法也就因此不能成为共识。[11]

在洛克看来，自然法源于感觉经验，人类具有接受感觉、形成观念和知识的能力，且知识不是天赋的而是后天的，人类通过感官感知事物，再运用自身特有的理性和演绎论证能力才能获得知识。同时，洛克认为神是事物的缔造者，人类能够依凭自身的本性去认识自然法，人的本性就是感官感知和理性的演绎论证。“现已证明人类可依凭本性认识自然法，而本性也确乎是我们人生之旅中仅有的引导，面对纷繁复杂的义务，本性一边避开罪恶的艰险之途，一边绕开错误的荆棘之路，指引我们通往那受众神召唤和为自然所眷顾的幸福与美德的高处。”[12] 洛克认为，只有人的本性才能够让人认识自然法并遵循它，除理性和感官认知能够定义人的本性外别无他法，感官感知与理性演绎两种能力的相互作用让人类获得了关于自然法的知识。洛克对感觉经验十分重视，认为感觉经验是人类获得自然法知识的基础，没有感觉经验就不能将关于自然法论证的有关内容投射到人类的心灵深处，其经验论立场影响着他的自然法学说。洛克提出，人类需要知道有某种他应该服从的最高立法者（“神”）并明白有某种由立法者发出的与我们行为相关的意志，凭借感觉经验和理性能够认识到作为最高权威的上帝希望我们怎么做。

洛克注意到，不是所有人都能通过本性认识自然法，绝大多数人不能被理性所引导。这是因为大部分人都以他人为榜样，他们遵从传统和习俗、听从权威人士的话语，没有选择独立思考和探寻永恒的自然法。拥有理性的人能够认识到自然法的存在，不被理性引导的人就像被蒙蔽了双眼，他只能被别人引导着认识世界并选择相信别人。自然法一直存在，人类也能够凭自身认识自然法，能否认识到自然法取决于个人。

四、自然法的作用与政治目的

自然状态、自然法、自然权利、战争状态、社会契约是洛克自然法思想的重要组成部分。洛克认为，要论证政治权力——资产阶级代议制国家存在的合理性，先要了解在国家存在之前人类的生活状态是什么样的。洛克提出，自然状态就是国家出现之前人们的生活状态。霍布斯将自然状态描绘成“每一个人对每个人的战争”状态，在没有国家的情况下，人的本性会使其卷入剧烈的各种冲突之中。他认为，每个人与生俱来、永不停歇的扩张权势的企图会导致竞争，在自然状态下攻击别人的理由有三条：为了获利，为了安全，为了荣誉或声望。[13] 与霍布斯不同，洛克认为："自然状态有一种为人人所遵守的自然法对它起着支配作用；而理性（自然法）教导着有意遵从理性的全人类：人类既然都是平等和独立的，任何人就不得侵害他人的生命、健康、自由或财产。"[14] 按照洛克的说法，自然法教导人类"人人平等"，一个人不能为了自己的利益侵犯他人的权益，当他们违反自然法、侵犯他人的权益时就会受到惩罚。在洛克的思想中，自然法在自然状态中起着积极的作用，虽然没有一个强力的政权管理人们，但人们依然能够有序地生活，因为有理性的人能认识自然法并遵守自然法，自然法让人们生活得更加美好。

在自然状态中，人们为什么会遵守自然法呢？洛克自然法的规定包含三个条件：第一，"它是一种在上位者的意志的命令，一种法的形式因就存在于这种意志之中"，立法者的意志构成了形式因，自然法的形式因就是上帝的意志。第二，"它规定了要做什么或不要做什么"，这是法的内容或质料。第三，"它对人具有约束力"，即它对人施加一种义务。洛克从形式因、内容或质料、义务三方面规定了自然法的本质。[15] 根据洛克的说法，上帝是最高权力者，创造了包括人类在内的万物，上帝拥有对人类进行支配的权力，人类要服从上帝的命令，这是人类的义务。自然法的约束力来自上帝，人类要根据上帝的命令有所为和有所不为，当人类拒绝受理性支配时就会被惩罚，人类不会出于对惩罚的恐惧而是出于理性去履行义务。自然法凭借自身的力量约束人类，因为上帝是至高无上的存在，它让自然法成为人类的道德生活法则，没人会怀疑自然法约束着全人类，且人能凭借自己的本性去认识并遵守自然法。

自然法对人的约束力是永恒的和普遍的，虽然人类总是热衷于按照习俗行事、受欲望驱使，让自然法变得隐晦以至于让人类难以相信自然法的存在，各种现实情况让人怀疑自然法约束力的普遍性。但洛克认为，所谓自然法的约束力是永恒的，在某种意义上指：凡自然法有所律令，人类必须无条件地遵从，即使人类的行为不是如此，自然法的约束力却由始至终。[16] 当人们不能按自然法的规定做事时，自然法的约束力依旧存在。自然法约束力的普遍性在于没有一个国家或个人背弃人性而枉顾自然法，没有人生而便不服从自然法，自然法深深植根于人性中，拥有理性的人会在道德上受自然法的约束。洛克的自然法虽然以保护最基本的“天赋人权”为基础，但他并没有背离传统自然法，人类依然是要履行义务的。

洛克自然法的基本内容有两项：一是任何人都不能侵害他人的生命、健康、自由、财产，二是当能够保存自身时也要尽可能保存他人，只有在惩罚罪犯时才能损害另一个的生命以保全自己的生命。[17] 他认为，只有当大家都履行自然义务时自然权利才能存在，当大家都拒绝遵守自然法的规定，不履行自然义务而侵犯他人的生命、健康、自由、财产时，每个人的自然权利是不存在的。洛克强调，自然义务是逻辑在先的，是自然权利的基础。洛克的自然法让人们了解到自身要承担的自然义务与能够享受的自然权利，人人生而拥有平等权、自由权、生存权、财产权，这些都是自然权利的核心内容。在自然状态下，人们享有这些自然权利，如果人人都能听从本性、遵守自然法，自然状态下的人们将会生活得十分幸福。洛克的自然法思想不仅阐明了自然法对人们的约束，还为国家存在的合理性提供了证明。

洛克认为，公民对政府和社会的需求与其在自然状态下能够执行自然法的学说是密不可分的，且在自然状态下还有一个特殊的状态——战争状态，正是为了避免战争状态，才出现了国家和政府。国家的出现是因为在自然状态中没有一个公正的、强大的权力支持正确的裁判，人与人之间的完全平等使得自然法能够交由每一个人执行。洛克在提出“人们充当自己案件的裁判者不合理”这个问题时提到了政府，他认为公民政府就是为了弥补自然状态中的种种不便而设立的。因为自然法不是成文法，并不是所有人都能认识自然法，有很多人并不遵守自然法。此外，在自然状态下还有一个特殊状态——战争状态。战争状态是通过强力征服别人、伤害别人，不遵从理性行事，是人类组成社会和脱离自然状态的重要原因。自然法虽然具有永恒性和普遍性，但也存在弊端，它是抽象的、非强制性的，这也是国家出现的重要原因。

在洛克这里，自然状态要比专制政府好。在专制统治下，专制君主享有充当自己案件的裁判者的自由，可以按照自己的意愿行事，臣民必须听从他。但君主也是人，也会按个人喜好办事，这样的政府并不比自然状态好。在自然状态中，人人平等，人人享有同样的权力，人们不需要服从他人不正当的意志，但由于战争状态的存在，人们需要一个公正的审判者。洛克反对不赞成存有自然状态的说法，认为自然状态只有在人们相互订立加入同一社会的契约从而构成一个国家时才会终止。尽管国家的出现使人们将一部分权利转让给国家，但自然法并没有消失，它依旧起作用，影响着国家的法律和人类的思想。人类是自由的，在自然状态中，他们只遵从自然法；在国家中，他们只受国家立法权的支配。人的这种自由不受绝对权力和任意权力的约束，与自我保卫有密切的联系。

洛克的自然法思想有其特殊的政治目的，他站在资产阶级的立场上，为论证资产阶级代议制政府的合理性而努力。霍布斯认为，最好的政府就是专制政府，最好的国家政体形式就是君主制，君主制是社会繁荣的必要条件，人们通过契约转让了自己的全部权力。洛克的论证同霍布斯一样是从自然状态开始的，也是通过契约转让自己的权力而建立政府，但洛克并不认为人们要转让自己的全部权力，而是转让能够惩罚违反自然法的人的权力。洛克反对霍布斯将专制政府作为最好的政府，一个专制政府的政治权力由一个人或一部分人所掌握，人们就像刀板上的鱼肉任人宰割。受个人主观意识的影响，统治者的决策不可能对每个人都是公正的。如果一个生性暴虐的人成为统治者，人们在他的统治下会生活于水深火热之中。由此看来，专制政府与专制权力对人们来说都是不幸的，人们难以在这种情况下保全自己。

洛克是社会契约理论的代表人物之一，他的契约理论对保护人类的生命、自由和财产具有积极意义。洛克的自然法思想是其社会契约理论的先验前提、逻辑起点、规范性来源。[18] 首先，作为先验前提的自然法思想是上帝的神圣意志，被上帝创造的人类要服从上帝的权威。自然法能够被人类发现与认识是因为人类拥有理性，理性是上帝赋予人类的，人类是自然法的解释者，自然法是评判社会价值规范的标准。其次，“自然法作为契约理论的逻辑起点”指作为上帝神圣意志的自然法是上帝施加给人类的自然义务。对洛克来说，自然义务与自然权利在逻辑顺序上自然是义务在先，自然法也就处于逻辑在先的地位。最后，作为契约理论规范性来源的自然法为洛克的政治社会的论证提供了道德基础。自然法是所有人的规范，政治体制要符合自然法。人类通过社会契约理论建立了政治社会，在共同体中人们将自己惩罚违反自然法的人的权力转让了出来，社会或者立法机关代替人们行使这一权力，立法机关要为人民谋福利，保护人们的生命安全以及财产安全，政府要以保护人们的生存、自由和财产安全为目标。[19] 由此，政治权力的合法化得到了证明。

五、对洛克自然法思想的评价

每一时期提出的思想理论都与当时的社会背景有关，洛克的自然法思想也有其深刻的历史背景。他的自然法思想是为资产阶级服务的，为了维护资产阶级革命所建立的君主立宪政体，需要建立一个有利于工商业发展的和平安定的环境，洛克的自然法思想正是为推翻封建制度从而建立资产阶级政权提供了合法基础。洛克的自然法思想表达了他既拒斥无政府的自然状态，又反对霍布斯所支持的专制政府，这些思想影响着他的政治理论，为建构一个合理的、有秩序的政治社会提供了理论基础，同时让人们明白了遵守道德法则、承担政治义务的重要性。

“我们为什么要承担政治义务？”一直是各个时期思想家讨论的焦点，他们也提出各种理论来论证人类为何需要承担政治义务，洛克的思想就是其中一种。他的自然法思想影响着他的政治理论，社会契约理论（同意说）和自然法思想是洛克阐释政治义务的基础。社会契约理论指人民同意转让自己的部分权力给立法机关，当大家都同意成立一个共同体并愿意将自己的部分权力转让出去以维持这个共同体的正常运转时，人们就要承担相应的政治义务。那么人们为什么会同意转让自己的权力而被统治呢？这个政府会不会与专制政府一样压迫人民呢？洛克认为，资产阶级代议制政府不会像专制政府那样按统治者的意志行事，这个政府的统治者也要服从自然法，自然法具有永恒性与普遍性，任何人都需要服从自然法，政府就是要保障公共福利。洛克的自然法思想中包含了自然义务与自然权利，人们正是为了保障自己的自然权利才去履行自然义务的，正是为了更好地保障自己的权利才同意转让自己的部分权力去服从政府的。洛克的自然法思想对论证政府政治权力的合理性具有重要作用，自然法思想是其政治思想的基石。

古典自然法学说的重点是保护个人权利。在这一时期，自然法学说的一个重要内容是防止政府对自由的破坏。洛克在讨论“自由”时十分强调法律的作用，他认为自由一定要被法律约束，正如在自然状态中的人类也是不能够为所欲为的。他们需要遵守自然法，在政治社会中更要遵守法律，人类的自由是以遵守法律为前提的。[20]洛克的自然法思想为人类遵守法律奠定了一定的基础，人类要想摆脱战争状态就必须遵守规则，按照规则行事，只有这样才能保障大家的权利与自由。在现实生活中，我们都知道要遵守法律，不能做违法犯罪的事，否则会受到法律的处罚和道德的谴责。

在国家权力的归属问题上，洛克提出：“虽然只能有一个最高权力即立法权，其余一切权力都处于从属地位，但立法权只是为了某种目的而行使的一种受委托的权力，当人民发现立法行为与他们的委托相抵触时，人民仍然享有最高权力来罢免或者更换立法机关。”[21]洛克在国家权力的归属问题上同样遵循自然法思想，人民拥有自然权利，就算是国家的最高权力机关的权力也源于人民的自然权利。洛克在其著作中提到，分权理论只是为了将人民转让给国家的权力行使得更好，他将国家权力分成立法权、执行权和对外权，实质上是将国家权力分为立法权和执行权两种。洛克认为，立法权与执行权不能交付给同一批人，因为国家的权力属于同一批人时容易出现有人不受法律制约，不利于保护人民的权利。洛克的分权理论虽然不完善，却影响了孟德斯鸠的三权分立理论与制衡理论的发展，从而影响了美国的政治体制。洛克的分权理论虽然将立法权作为国家的最高权力，但他认为实际的最终权力仍在人民手中，因为人民有权力罢免与他们利益相冲突的立法机关，这也印证了其自然法思想中的“每个人生来就是自由和平等的”。洛克的自然法激励那个时期的人们冲破封建统治，告诉人们没有人有高于其他人的权力，人人平等。通过契约建立国家，政府的存在是为了维护人民的安全和公共福利，既然封建政府侵犯了人民的权利，人们就应该去推翻它。

洛克的自然法思想在那个时期具有一定的进步性，他为推翻封建制度做出了巨大贡献，影响和改变了人们的思想，让人看到了自己与他人是平等的，可以不受他人的奴役与压迫。但洛克的自然法思想也存在一定缺陷：首先，每一时期的思想理论都有其时代背景，洛克的自然法思想是为资产阶级服务的，具有一定的阶级性。洛克的自然法思想是为了资产阶级推翻封建统治、建立属于资产阶级的政权而提出的，就意味着他的立场是支持资产阶级和新贵族，那么对平民阶层来说自然法是否同样有效呢？其次，自然法不是成文法。凭借人的本性（理性与感官认识），人们可以认识自然法。但在现实生活中，洛克发现有许多人是违背自然法的，他认为这些人没有理性，认识不到自然法的存在。从这个角度来看，自然法对这样的人似乎是无效的，那么自然法的权威又在哪呢？自然法似乎并不能像成文法那样明令禁止人们不能做什么事，自然法的约束力值得怀疑。最后，洛克认为自然法是上帝的神圣意志，那么对不信仰上帝的人来说，自然法的约束力何在呢？对此，他没有给出说明。

结　　语

洛克的一生经历了英国资产阶级革命的整个革命时期，他的政治思想是为了给资产阶级国家做辩护，其自然法思想为资产阶级代议制国家存在的合理性提供了论证，对洛克的自然法思想的理解有助于理解洛克的政治思想。尽管洛克是一名经验论者，他对自然法的思考是从经验出发的，但他也赞扬理性，并不否认上帝的存在，还认为自然法是上帝的神圣意志。作为古典自然法思想的代表人物，洛克的自然法思想既受前人思想的影响，与传统的“社会契约”“自由”“法治”观念有深厚的历史渊源，又与他所处时代的政治背景息息相关，是英国资产阶级革命的产物。

通过社会契约理论，洛克论证了国家存在的合理性源于人们对自己的部分权利的转让，国家行使权力需要维护社会成员的自然权利，这是他“有限政府”理论的思想来源。洛克提出分权理论是为了最大限度地维护人民的权利，防止有人处于法律之上，做出损害人民利益的事。此外，洛克还从人民同意与自然法的两条路径阐释人民履行政治义务的合理性，不管人们是履行自然义务还是政治义务，都是为了生活在一个良好的社会环境中。与霍布斯重视生命权、卢梭重视自由不同，洛克重视人们自然权利中的财产权，主要是站在资产阶级的立场上来说的，资产阶级重视对私有财产的保护。

洛克的自然法思想内容丰富，虽然还存在一些缺陷，但他的自然法思想为其政治理论做出了巨大贡献，“人人平等”让人们认识到自己与统治者是平等的，有利于为推翻封建统治提供群众基础。美国革命的独立宣言与法国大革命的人权宣言是对洛克自然法原则的确认与重申。洛克的自然法思想中的自由、平等、权利具有很强的现实意义，影响了当时人们的思想观念，并对后世产生了巨大影响。人人平等、法制、权利等概念与我们的生活息息相关，洛克的自然法思想也在一定程度上影响和改变了我们的生活。

注释：

[1] 海因里希·罗门：《自然法的观念史和哲学》，姚中秋译，上海三联书店，2007，第 4 页。

[2] 程凌、李烨红：《自然法学述评》，《理论月刊》2007 年第 10 期。

[3] 程萌：《生命、财产和自由：从自然法到人权理论》，《理论观察》2019 年第 1 期。

[4] 相征、杨发文：《关于自然法的零星思考》，《学理论》2013 年第 35 期。

[5] 石碧球：《神圣与世俗的共构——洛克自然法思想探究》，《陕西师范大学学报》（哲学社会科学版）2013 年第 3 期。

[6] 亚里士多德：《尼各马可伦理学》，廖申白译注，商务印书馆，2003，第 20 页。

[7] 亚里士多德：《尼各马可伦理学》，廖申白译注，商务印书馆，2003，第 149 页。

[8] 洛克：《自然法论文集》，李季璇译，商务印书馆，2014，第 6-11 页。

[9] 李季璇：《论洛克关于自然法来源的思想》，《云南大学学报》（社会科学版）2012 年第 11 期。

[10] 洛克：《自然法论文集》，李季璇译，商务印书馆，2014，第 13 页。

[11] 洛克：《自然法论文集》，李季璇译，商务印书馆，2014，第 16 页。

[12] 洛克：《自然法论文集》，李季璇译，商务印书馆，2014，第 27 页。

[13] 乔纳森·沃尔夫：《政治哲学导论》，王涛、赵荣华、陈任博译，吉林出版集团有限责任公司，2009，第 13 页。

[14] 洛克：《政府论　下篇》，叶启芳、瞿菊农译，商务印书馆，1964，第 6 页。

[15] 张双龙：《洛克早期自然法思想初探》，《北京理工大学学报》（社会科学版）2010 年第 3 期。

[16] 洛克：《自然法论文集》，李季璇译，商务印书馆，2014，第 57 页。

[17] 陈肖生：《洛克政治哲学中的自然法与政治义务的根基》，《学术月刊》2015 年第 2 期。

[18] 孟锐峰：《自然法：洛克社会契约理论的基石》，《学术交流》2017 年第 8 期。

[19] 施冬生：《解析洛克的自然法》，《重庆科技学院学报》（社会科学版）2011 年第 6 期。

[20] 唐在锦、钱冠华：《洛克的“自然法”理论研究》，《今日南国》（理论创新版）2009 年第 8 期。

[21] 洛克：《政府论　下篇》，叶启芳、瞿菊农译，商务印书馆，1964，第 91 页。

论克尔凯郭尔的恐惧概念

作者：张文* 指导老师：许为勤教授

（贵州大学哲学与社会发展学院 贵州 贵阳 550025）

摘要：本文从克尔凯郭尔的恐惧概念出发，分析了支配着个人生存体验的恐惧情绪及其与基督教哲学中“罪”的具体关联，并着重强调了恐惧的特殊形式——绝望，以及为了超越它，在个体身上分化出的生存三路向。本文指明，克尔凯郭尔的恐惧概念并非寻常意义上的消极情绪，而是一种督促世人走向绝对者的内在动力。作为派生者，人仅依靠自身的力量无法认识本真自我。当他面对虚无的可能性而感到不安时，必须依靠一个形而上的设定者来驱散心中的迷雾，助其达成恐惧到信仰的飞升。本文指出了克尔凯郭尔哲学思想的局限，并介绍了后人对其思想的批判继承。

关键词：恐惧；罪；绝望；信仰

*张文，男，1997 年 9 月生，2016 级本科生，研究方向：外国哲学。

前　　言

在西方哲学史上，存在主义哲学宛如一片野地里的百合花，充满着生机。若有人向我们问起："是谁繁茂了这花丛？"我们似乎很容易就能道出诸如萨特、海德格尔、加缪等人的名字。但要溯其源头，有一位哲学家是不能略过的，他便是克尔凯郭尔。克尔凯郭尔是一个特殊的人物，尽管他是探讨存在主义哲学的先驱者，可在他所处的时代里要论及他的作品，却几乎无人知晓。直到第一次世界大战之后，随着存在主义哲学的兴起与发展，人们才逐渐意识到个人生存的问题乃至在本体论意义上的疑难。此时的哲学领域里，人们将研究的目光集聚在两位极富个性的哲学家身上，一位是非理性主义哲学的代表者——尼采，他力主对以往基督教的"糟粕"坚决批判和反思；另一位则是存在主义哲学的先行者——克尔凯郭尔。作为一名信徒，克尔凯郭尔以本人的生命历程向世界展现了一幅宛如耶稣受难的图景。他戴上真理的"荆冠"，向众人指明了基督信仰的真谛。他认为，单个的人作为孤独的存在，不仅要克服生存境遇中的恐惧与绝望，还要不断地实现内在超越，最终完成与绝对者的联系。

一、恐惧概念的背景解析

（一）个人背景

克尔凯郭尔全名索伦•克尔凯郭尔，生于1813年，是丹麦哲学家、神学家和作家。其父老年添子，克尔凯郭尔是家中年纪最小的孩子。因从小受到父亲的虔敬心理和忧郁心理的影响，克尔凯郭尔成年之后常常过着离群索居的日子。1832年，克尔凯郭尔的母亲和兄长们接连离世，让他不得不怀疑起自己的家庭是否犯了某种不知名的罪，以至于上帝要接二连三地试探并降罚于他。1840年9月，克尔凯郭尔与一位名为雷琪娜的女孩订婚，由于"他早在孩提时就已经与上帝订婚”，他害怕自己的忧郁心理会传染给自己的爱人，因而在1841年10月，他解除了婚约。[1]他在雷琪娜和上帝之间，哀婉地选择了后者。在爱情和亲情的双重打击下，克尔凯郭尔的忧郁情绪愈演愈烈。在《非此即彼》中，他如是写道：“很多医生认为忧郁存在于肉体之中，这一点真够奇怪的，因为医生们无法将忧郁驱除，只有精神才能驱除忧郁。”此后，克尔凯郭尔在其作品《论忧惧的概念》中提出一个核心词——“恐惧”。

（二）时代背景

克尔凯郭尔所处的19世纪，西欧资本主义正迅猛发展，而地处北欧边陲的丹麦还是一个君主立宪国家。丹麦的国家信仰是基督新教，归属于路德宗。作为人心灵的治疗所，教会本应为信仰服务，可丹麦的教会却时常和国家权力相串通，二者合而为一，成为一个等级森严且腐败的权威体制。克尔凯郭尔对这样的教会抱有极大的反感。他认为，基督信仰的意义在于个体的人的悔罪，并借由对罪的认识来产生对上帝的畏惧，从而使人拥抱真正的信仰。可丹麦教会的做法恰恰歪曲了信仰的实质，将人贬斥成了工具。按照克尔凯郭尔的观点，恐惧是作为“可能性的可能性”的自由之现实性，它不同于任何有外在指向性的“害怕”，因此人在动物身上不可能发现恐惧。只有当人悬置这现实性，以无限放弃的姿态去抓住生存，主动成为“那灵魂的”和“那肉体的”的综合时，作为精神性存在的人才能在自由中感受到对可能性的恐惧。而教会这样的公共信仰组织，不过是提供了一套仪文规范，并未使人真正独自面对上帝；它没有让人清醒地觉察到自身的有罪性，当然也无所谓人是否进入一种不可名状的恐惧中。

二、恐惧概念的内涵分析

（一）一般意义上的恐惧概念

在现实生活中，我们极少提到恐惧一词，因为人往往只是害怕某物，但并没有深入恐惧这一层次。比如害怕考试和昆虫，这些都是对具体之物所产生的正常情绪。而当我们运用“恐惧”一词时，则较多地涉及了一些常见的神经症，如“社交恐惧症”“场合恐惧症”。在一般运用中，恐惧一词几乎都是与某物相连接的，恐惧产生的前提是必须和某具体可见之物发生联系。在特殊情况下，人们也偶有对不可见的事物而产生恐惧，如“怕鬼”。当我们开始学习“恐惧”一词时，理应从他人那里获取一定的语义或符号信息，才将其和我们的具体情绪对应起来以达到对这一词汇的理解。这种理解有可能是一种语义的推广，如当我谈到“恐惧”时心里便自然而然冒出了“害怕”一词。在通常情况下，二者可以等同，偶尔也可以将“恐惧”引申为更深层次的“害怕”。

当然，我们也可以进一步追问“害怕”是什么意思？换而言之，“害怕”指代一种什么样的情绪？最初我们是如何将其同具体符号相关联的？如维特根斯坦所描绘的，在最初时期的语言学习中，人处于一种“游戏”之中，这种语言性的“游戏”是交互的。当我们听到别人的发声时，自己也会做出回应或猜测，通过数次的重复后，我们逐步知晓了语言是一种规律性的使用活动，继而将一些语义对应到特定的符号上。人最初对基本情绪“害怕”的语义习得，或许可以由此得到尝试性的解答。但无论这里的恐惧指向可见之物或不可见之物，是“害怕”还是某种“恐惧”，它都只能作为一种畏惧情绪，而非克尔凯郭尔所言的“恐惧”。克尔凯郭尔的“恐惧”概念有其特殊的指称，不同于一般意义上人们所提及的“恐惧”。

（二）作为“罪”之前提的恐惧

克尔凯郭尔继承了基督教哲学的“原罪论”并扩充了其内涵。基督教学认为，人之所以犯有“原罪”是因为其违背了上帝的禁令、滥用了本身的自由意志，并产生了“一种对上帝悖逆的倾向”[2]。教父奥古斯丁甚至认为，世人皆继承了亚当之罪，人在本性上都是败坏的，即便是刚出生的婴儿也有罪，他们必须借由基督而摆脱“罪的奴仆”的状态。而在克尔凯郭尔的论述中，他将罪与恐惧、绝望联系起来，罪由生存的不同状态而在人身上展现了不同的样式，这意味着人弃置了原始的“人神相契”的完美关系，无法同上帝和解。他们“不能达到对本身就是上帝的真理的这种说法的理解，常常感到惊恐不安”[3]，这种惊恐不是形而上的，它体现为一种现实性的焦虑。人一旦拒绝了自己作为“受造物”的身份，抛弃了自己“本体论”意义上的依据，便会迷失在理性的有限性中。在这里，一种“善的缺乏”的象征——“古蛇”，趁势进入了人的视野，“它”出现于那生存在上帝“威严”下的亚当、夏娃的面前。由于亚当和夏娃无法达成对自我身上所存在的造物意志的理解，好似苏格拉底对“德性即知识”的论述那样：“人因无知而作恶。”亚当、夏娃也因自己对上帝的无知，而在蛇的诱引下进入最初的罪中。最初的罪使人与上帝之间产生了割裂，他们意识到自己的行为是对上帝的意志的逆反，但他们无法排解因对“你吃的日子必死”这句话的无知所带来的恐惧，因而也无法摆脱对“上帝”或“存在”的全然无知所带来的恐惧。

“这就如罪是从一人入了世界”[4]那般，恐惧设定了个体之人的罪，罪先于人的有辜性（罪之责任）。当亚当听到“只是分别善恶树上的果子，你不可吃”[5]这一禁令时，这禁令本身已经在其心里唤醒了对罪与罚的想象，这意味着“死”的有罪性在亚当身上逐渐彰显，其“肢体中另有个律和心中的律交战”[6]。因为亚当不知道死的意思，也不知道上帝为何要给予这样一条命令，只能通过自己去陈述这不可知的抽象可能性，所以他不得不沉沦于由上帝的试探或被情欲掳去而违反禁令的恐惧中。此外，亚当身上“最初的罪”并非“传承之罪”，亚当的第一罪导致他的有罪性，也使其进入族内历史中，因为罪使性的区别和有罪性一道进入世界；若非如此，亚当则将成为被排除在历史外而不能与上帝和解的人。

亚当于“最初的罪”中堕落，而他不能从这堕落中得到救赎，这代表他背负了“传承之罪”。单个的人变得有罪是因为他在作为精神性的存在时拒绝了与上帝的本原联系，克尔凯郭尔否定了世人因接受亚当的“传承之罪”从而变得有罪，因为那仅意味着“量的变动”。相反，“传承之罪”因其只能说明单个的人身上的恐惧，由此给予个人充分的伦理自觉。克尔凯郭尔通过对“自我”这一概念的界定，明晰了人何以有罪。他认为，“自我是自身与自身联系起来的关系”，作为受造物的人是派生的，必须通过第三者来设定“自身与自身的联系”。那未交付上帝或完全封闭的关系（自我）是倒错的，而这种倒错的关系是有罪的。精神此时虽然“在场”，但在个体身上是“梦着的”状态，单个的人于此尚未觉察到自身，他需要不断地在“肉体”和“灵魂”的综合中建构自身。在这场建构中，人“梦着的精神”只能捕捉到一些虚无的表象，它想靠这些表象来把握自身，但表象却不能任由他把握，他的内心便引发了恐惧。罪在这里完全出于个人的偶然性，其本身就是“作为某种偶然的东西而进入这个世界的”[7]。罪不是以逻辑上的递推而是通过“质的跳跃”进入这个世界的。个体变得有罪是一种“质的跳跃”，不能由任何外在或内在的必然因素所决定，且这个过程是完全自由的，不能被理性所解释。同时，个体变得有罪是具有启示性的，由上帝向个体揭示那罪。恐惧是罪产生的前提，但恐惧本身并非罪，它是“自由之可能性”走向“现实性”的中介。

（三）作为“罪”之后果的恐惧

亚当和后世的人拥有同样的本质，即“单个的人”。他们不仅诉说着个体，同时也诉说着整个族内的历史。这便意味着后世的人并非历史性地继承了亚当之罪，而是参照着亚当的预表，通过“质的跳跃”成为有辜的人。后世的人和亚当虽皆是“因为辜而失去无辜性”[8]，但亚当作为那在前的，这罪尚未被带入世界之先，他尚处于无罪的境地。而在后的世人因亚当之罪，出生之时便已被置于有罪的境地中，他们和亚当都以同样的方式失去了自己的无辜性。与所有后世的人类似，亚当也感受着无辜状态中的恐惧，这种恐惧是主观的。由于“代”的影响，后世的人感受到的恐惧不同于亚当的恐惧。因为此时的罪已经进入了世界，并对一切受造之物都富有影响，后世的人经历着罪的作用。对他们而言，这恐惧是客观的。在量上，后人经历着更多的恐惧，“罪的倾向”已被深植于个体的意识之中。恐惧随着罪而进入世界，罪使感官性成了有罪性，也使恐惧在量化的意义上显得更多。如此，恐惧便作为传承之罪而向前发展。

当人成为肉体和灵魂两项综合的第三项——精神，人便会意识到自己是有辜的。一个人若处于无辜的状态中，他并不能作为精神，只能在“梦着的精神”中感到一种对精神可能性的恐惧。人在这里不是自由的，因为他无法正确地面对上帝，却又完全堕入对生存的感官性的理解中。由于单个的人是在“质”的层面上认识到自身之罪的，克尔凯郭尔则将这后果性的恐惧视作某种“量的变动”。并且，每次在一个“个体”设定“罪”的时候，这种恐惧也因此量定地进入这世界。[9] 罪将自身的果实——恐惧带入了世界，个人通过对自己设定“罪”，恐惧便开始显现。在罪被设定的瞬间，人的现世性成为有罪性，每个人身上的“传承之罪”与其“最初的罪”是同质的，而不同仅仅体现在量的区分上。“我们在传承罪的同时，也在一代代传承着恐惧，这恐惧只不过是在量上的逐渐递增。”[10] 克尔凯郭尔认为，对“思”而言，“那永恒的”是“那现在的”作为“被扬弃了的延续”。如果生命在“时间”之中，仅属于“时间”，它就不具有一切“现在的”性质。只有当它在每一个“瞬间”被设定为“有罪的”，我们才将其视作“永恒的”抽象，因为它成了“精神的”，并将在“时间”中增长它恐惧的量。由此可见，恐惧和罪二者可互为因果。

三、恐惧的影响与绝望

（一）恐惧与单个的人

克尔凯郭尔认为，“区分的时代过去了，体系战胜了它”。在他所处的时代里，人在日益体系化的社会中选择了逃避自由。因为人看到了自由之可能性，也经历着“罪”所带来的恐惧。如此，他们便越发地想逃避这种因自由而带来的责任，甚至拒绝承认自己是“精神的”。这样也就否认了人能实现“质的飞跃”，否认了人是瞬间和永恒的综合。他们恐惧着“那善的”，自己却是“那魔性的”。就如同“污鬼”遇见耶稣发出痛苦的哀号那样，他们不想属于上帝，却要向上帝追问道：“我们与你有什么相干？”[11]克尔凯郭尔指出，“真相”只能是面对着“单个的人”的真相，如果人接受一种非自己行动而得来的真相，这就演变为“魔性的”，因为他并没有自发地让真相深入自己的生存中去。相反，他会变得极为不真诚，甚至变得迷信、伪虔诚、亵渎。为了取消这种非本真的状态，人必须变得如亚伯拉罕般“缄默”，以超脱流俗群体承担起个人之伦理责任。

克尔凯郭尔认为，人不是静止的定性，而是一种动态的综合关系。在这种关系中，人既有披露人性的罪的一面；又有通往神性的信仰的一面。这样的两极性划分也曾出现在古希腊哲人的行文里。例如，哲学家伊壁鸠鲁曾言：“幸福就是身体的无痛苦和灵魂的无纷扰。”个体的两极性似乎意味着他需在既定可能性之中完成某种向上的超越，也需在动态的两端之间构建起平衡的关系。任何失调的偏颇，都会使他走向局限。例如，将自身沉溺于感官性和现世性之中，只关注于有限的可能，并在群体之中放弃了自我（自身与自身联系起来的关系）；或是走向另一个极端，把一切希望都寄托于无限的必然，耽于幻想而忘记自身。前者隐匿了上帝，后者埋没了自我。二者都共同地导致绝望，因为他们都未能正确对待自己本质的设定者——上帝。克尔凯郭尔重新引入了作为造物主的上帝的形象，继而将每个作为“思”的主体

（单个的人）领到了上帝面前。他认为，信仰本身就是一个悖论，“单个的人高于那普遍的，并使得自己无法被任何人所理解”[12]。在这里，克尔凯郭尔所举的例子是“信心之父”亚伯拉罕献子的故事。对亚伯拉罕来说，“爱人如己”这一诫命是相对的，它建立在信仰上帝这一绝对真理之上。当上帝要求亚伯拉罕献祭自己的儿子以撒时，作为信仰之骑士，他沉默了。亚伯拉罕没有像在上帝毁灭所多玛城时那样，站出来与上帝讨价还价。取而代之的是，他背负着心中的恐惧与颤栗，谨守了来自上帝的可怕命令。爱子的伦理义务此时与爱上帝的绝对义务发生了尖锐的矛盾，亚伯拉罕并未作为一份子参与这种矛盾，而是完全出于个人的激情，孑然处在一种与上帝的绝对关系中。亚伯拉罕交付了那所爱的，“在无可指望的时候，因信而仍有指望”[13]，他在对伦理和现世的“无限放弃”上完成“信心的跳跃”，也因独自承受个体存在的全部恐惧和痛苦而获得了拯救。那单个的人到了这里必然是孤独的。个体之人必须保留自己寻觅真相的诚挚性，但对那些情愿隐没在大众里的人们来说，他们不敢去思考什么是“永恒的”，而是对之感到恐惧并逃离它。“单个的人”虽然对罪的现实性怀有恐惧，但他作为精神仍是自由的。他“先分辨自己，就不至于受审”[14]，没有继续将自己的恐惧进行深化。

（二）恐惧与致死的疾病（绝望）

人是一个综合体，是精神，其内心表现为由上帝所设定的“神人二分”的两极性张力状态。精神是“那现世的”和“那永恒的”，“无限性”和“有限性”，“自由”和“必然”的综合。一个综合是二者之间的关系，人需在这样的辩证关系中不断地去获得自身，如果他不能持衡这“非此即彼”的选项，则会走向一个必然的极端——绝望。对于个体，绝望是悬置的，这意味它随时会进入生存的境遇。这种综合关系是不断生成的，需要“自我”的参与，并主动将上帝视为连接自由与必然的绝对的建设力量。克尔凯郭尔认为，“自我是人与这综合发生关系的关系”（这种关系使自己与自己发生联系），并在此过程中使自己去与另一个“其他”发生关系。[15] 如果“使自己与自己发生关系”中的两者关系，经一个“第三者”（上帝）而被设定，那么绝望便是综合关系“使自己与自己发生关系”中的错误关系，即自我与上帝的错误关系。这种错误关系是舍弃上帝，完全依靠自己来设定人与综合的关系。一是来自审美层次，表现为以外在流变之物去设定自身与自身的关系。克尔凯郭尔认为，审美境界的人完全把享乐和感官性当作自己的生存本质。如唐璜，他把当下视为存在的必然，不追问意义和目的，仅将过程比作一切。他毫不掩饰地追求欲望带来的快感，只要生命的天平从满足的一极向上抬升，无聊和厌倦又会驱使他去寻找新的目标，从而日复一日地溺于欲望中，永无止境。二是来自伦理层次，这一层次的人已经意识到：自己于瞬间中把握的并非充实，而是如同西西弗不舍昼夜地推石上山，后又滚落，如此循环往复。他察觉到自己的生存是没有穷尽的荒谬“轮回”，由此倍感绝望。为了超拔享乐和自私所带来的绝望，伦理境界的人认为必须做出选择。这一选择是认识自身，通过认识自身从而承担起自己的责任，完成对他人应尽的义务。克尔凯郭尔认为，伦理层面的代表者是阿伽门农，为了拯救自己的国家和民族，他不惜以自己的爱女作为祭品献给神。他依据了更高的伦理律令，是完全超越个人利益的普遍道德行为。作为道德承担者的个体之人，普遍性被放置到特殊的个人身上，使那作为“思”的主体、精神性的存在借由伦理律令而被揭示出来。

在个体之人身上，审美境界意味着享乐，伦理境界则意味着斗争和胜利。前者发生于流变，会因为享乐的消逝而产生绝望；后者依靠理性，通过对自我的肯定而出离“绝望”，可作为非本真的自我。伦理之人仍不足以将自己作为一个普遍性的例外者，他尚未认识到自己的罪，也没有对那真正“恶的本质”产生恐惧，其后果是“他虽深处绝望但毫不自知”。在审美和伦理阶段，绝望虽带给人来自非存在的压迫，但它在单个人的内心正唤起“悔”，对有罪性和现世性的否定性悔悟所铺陈的是那带领人脱离伦理困境和生存荒谬的信仰之路。绝望意味着，个体之人在生存的境遇下做出了第三次选择，即选择永恒。

作为恐惧的特殊形式，绝望是人与上帝的错误关系，也是人成为精神性存在的起点。精神之人已经告别了感官性和道德义务的藩篱，而全身心地处于宗教境界之中，而宗教之人的本质是受难。宗教境界是克尔凯郭尔所说的能治愈致死疾病的“药方”，人在其中足以把握“单个的人”和上帝的正确关系。宗教之人接受并认同了苦难，他将自己的现世性当作有限性，接受了只有从上帝那里才能得到救赎的至福真理。为了成为精神性的本真自我，宗教之人必须在享乐和斗争上做出“无限放弃”的决定，这一行为很荒谬，却也是纯粹的、充满激情的。它所追求的是一种永福，是一切现世幸福的保证，正因如此，它才是生命最本真的状态。在此境遇中，个体独自与上帝往来，饱尝恐惧的折磨。由于他所面对的是“虚无”，他的恐惧还会进一步深化为绝望。作为交换，如拉撒路般被从“坟墓”中唤醒的个体之人，将从绝望的“罪”中挣脱出来，成为本真的自我。

（三）恐惧与信仰的赎救

当一个人尚处于孩童阶段时，他不知道自己恐惧的是什么，也不知道恐惧对象所带来的威胁是什么，他只是单纯地对那可怕之物产生恐惧，这种恐惧源于经验上的无知。随着个人见识的增长，他逐渐丢弃了一部分畏惧，但这不足以使他对那应恐惧的对象做出正确的判断。如果个体通过一种“无限性”发现自己的“可能性”得到了应有的安排，那么此时他的恐惧将会压倒他；相反，当他认识到自己的“有辜性”，并在信仰中战胜自己的恐惧，明确同上帝“和解”的预期，那么他就能通过对那真正值得恐惧的对象之恐惧而完成对自己的救赎。信仰来自真正的恐惧，是个体身上的最高激情，只能在主观性中得到解释，就像安瑟尔谟所言：“绝不是理解了才能信仰，而是信仰了才能理解。”对个体的存在而言，其本质始终处于不断生成的状态中，自由的可能性在此遮蔽了人与那绝对者的联系。只有当人去相信那作为建设力量的上帝，自由才能获得现实性，个体才能掌握真正关于无限者自身的概念。这种概念不像伦理原则，普遍效用于所有人。信仰完全寓于个体性之中，并要求个体的高于那普遍的。个体要在自身中承认信仰，就意味着接受恐惧，并拒绝那来自享乐和道德的“诱惑”。

克尔凯郭尔认为，“如果一个人通过恐惧而受到教育，那么他就是通过

‘可能性’而受到教育”[16]。因为可能性否认了“有限性”的必然，揭露了它们的欺哄。而现实性则以日常而历史的姿态出现，只能对人进行有限性的教育。两者皆以一种反思性的归纳，使个体偶尔以局外人的姿态在场，它们能使人从绝对意义上得到某种知识，并剥夺他们关于未来的“内在确定性”。此外，克尔凯郭尔间接证明了从中世纪到他所处的时代为止，所有关于“上帝存在”的论证的谬误：没有彻底认识到现实性和可能性、有限性和无限性之间不可逾越的鸿沟。比如，如果一个人只能通过现实性来证明自己是“有罪的”，就证明他迷失在了有限之中。一个人永远不可能通过法院和警察来认定自己是“有辜的”。信仰者的生存就是要作为精神性的本真自我并获取永福，在信仰者面前，恐惧是最大的阻碍，它是人在综合关系和选择中无法把握结果的悲怆心情。恐惧使得企图通过信仰来抓住生存的人在生活的焦虑和未来的不安前退却，但没有经历恐惧的人也没有信仰。恐惧设定了人作为精神的自由本质，它既是造成反感的好感，又是造成好感的反感。在任何人意欲放弃上帝而经由自己的力量来联系现实之自身和理想之自身时，恐惧就会出现，它立即夺走了这种意欲。人越是想规定自己的命运，恐惧越会撤走这种命运。个体若不是真正地走向上帝，并以服罪的方式来承认精神性的本真自我，就永远不能从有限的恐惧中抽离出来。若一个人不是借由自身而放弃对电子游戏的痴迷，而是借由学习为重、不要浪费光阴等他人的建议，他便不可能彻底摆脱玩电子游戏的嗜好。在这里，恐惧是通过上帝这一本原而被消解的。由于上帝是派生之物的规定者，形成对它的恐惧即是获得它给予的永福，并认同感官性和直接性，承认自己身上之罪，乃至于和上帝绝对差别，从而完成个体之人的觉醒。

这样，即便是“有限性”的恐惧使众人迷失心智时，个体之人“在患难中也是欢欢喜喜的”[17]，因为他通过恐惧已经得到了自我的教育：人是“有限性”的，而他所信仰的上帝是“无限性”的。正是因为个体在真正意义上感受到恐惧，才能借由“信心的跳跃”实现“质的跳跃”，从而得到由“真正的恐惧”所带来的救赎。

四、对恐惧概念的评价

在《生存哲学》中，雅斯贝尔斯说道："生存乃是指示现实的字眼之中，它带有克尔凯郭尔所强调的重点，它意味着一切现实的东西，其对我们所以为现实，纯然因为我是我自身。"[18]他将人的存在划分成两个状态，一是生存，二是实存。生存始终处于开放的形式，而实存却是闭合的。对单个的人而言，实存只是一个无可争辩的事实，它诉说着我们存在于这世界上的偶然性。而生存则是要去认识实存的意义，生存的人不仅要认识自身的超越性，还要使自己去与绝对者发生关联。但这种关联在有限的个体身上是艰难的，他需要个体去突破作为有限实存的障壁，这就意味着他在生存的过程中要不断承接来自偶然性的焦虑和恐惧。

神学家P. 蒂利希认为："恐惧（焦虑）是一种状态，在这种状态中，存在物能意识到他自己可能有的非存在。"[19]非存在可以理解为存在的对立，而恐惧就是存在者对非存在的一种省察，绝望即非存在对存在者的"降伏"。死亡是自我的非存在，和命运一样，表达着必然性的因素。人对死亡的恐惧是他作为有限性存在不可抗拒的事实，唯有把人放入精神、放入综合关系，才能在终极关怀中对抗这一必然的命运。恐惧使"单个的人"发觉影响自身存在的可能性威胁，又预备了人在信仰层面的自我意识，使人不断地去克服非存在，从而获得存在的勇气。

综上可知，恐惧情绪是人所独有的极为特殊的情感体验。它潜藏在人的内心，出现时能作为一种不可抗力驱使着人去行动。但"去行动"就是自由的可能性变为现实性的过程，也意味着罪的发生。罪从始至终就是人之自由的天敌，唯有恐惧将自由诠释为"自由本身"。从个体存在的角度看，恐惧的对象在大多数的情况下是虚无的。在基督教哲学的语境中，恐惧的对象不仅是虚无，还能上升为一种具体的罪。同时，恐惧还可以由"认同性"的角度来看待，比如，为了克服恐惧，个体必须努力践行以获得良好的社会人际关系。日常情况下的恐惧是极为消极的，它经常阻挠人的意愿与行动。但本体论意义上的恐惧却是个体实现内在超越，为接近上帝不可或缺的心理体验。进行无限放弃的个体不可能完全摆脱恐惧，除非他作为信仰之骑士，将上帝这一中心纳入自我的生存中来。

结　　语

克尔凯郭尔对个体之生存境遇的体察，既切表而又入微。他深刻地揭示出，单个的人所遇到种种情感体验，如颤栗、恐惧、绝望，并将孤独个体从乌合之众里发掘出来，赋予其超越有限现实的内在激情。在这一层面上，克尔凯郭尔可谓人本主义心理学的开创者。此外，他的信仰悖论说更是为后来的存在主义哲学打下基础。当我们细细品味加缪、萨特等人的作品时，便会发现一种关于现实的充满着绝望和悖论的表达——荒谬。克尔凯郭尔以其独有的鞭辟入里的论辩，将哲学和心理学从体系的桎梏中解脱出来，并引向每一个孤独个体自身。这种引领是双向的，随着人作为精神性存在重新出现时，他也作为派生者与那绝对者发生了联系。在克尔凯郭尔的行文中，个体被作为设定者，始终面向着那绝对的上帝。但他的本质不是预成的，人必须实现从客观存在到主观生存的转换，意识到自己是一个可能与必然的综合。克尔凯郭尔将人进行这种主观意识的行为称作“信心的跳跃”，即通过信仰的内在激情去把握并超越逻辑上的矛盾律，亦如去理解基督教哲学中基督“神人二性”的问题。

反观克尔凯郭尔之理论，他虽然于人之生存的发现上功不可没，但其思想同样具有一定的局限性。首先，他着重强调人的精神本质，而掩盖了人作为自然属性的事实。精神虽将我们同动物相区分，但生命的基本存在才是生存的根基。其次，他独断地将基督信仰的永福视作生存幸福的必然，没有意识到幸福诉求之多样性。于个人而言，信仰的终极关怀应建立在尽人事的基础上，信仰的永福和生活的幸福不能等同，更不能用前者取代后者。最后，克尔凯郭尔虽对个体有着独到的见解，但对大众的认识却极其偏颇。个人幸福的建立离不开良好的社会关系，更离不开群体在生活物质上的相互协作，离开群体的个人是非常片面的。对此，在遥远的古希腊时期，著名哲学家亚里士多德就早已言及："城邦之外，非神即兽。"严格意义上的个人是不合理的，因为我们都或多或少地参与了人类的历史。我们一定要带着批判性的眼光来审视克尔凯郭尔之理论，而非一味地将其思想奉为圭臬。

注释：

[1] 克尔凯郭尔：《畏惧与颤栗　恐惧的概念　致死的疾病》，京不特译，中国社会科学出版社，2013，第 1 页。

[2] 许志伟：《基督教神学思想导论》，中国社会科学出版社，2006，第 142 页。

[3] 尼古拉 • 库萨：《论隐秘的上帝》，李秋零译，商务印书馆，2012，第 41 页。

[4]《圣经（和合本）》，中国基督教三自爱国运动委员会和中国基督教协会，2004，第 172 页。

[5]《圣经（和合本）》，中国基督教三自爱国运动委员会和中国基督教协会，2004，第 2 页。

[6]《圣经（和合本）》，中国基督教三自爱国运动委员会和中国基督教协会，2004，第 174 页。

[7] 克尔凯郭尔：《畏惧与颤栗　恐惧的概念　致死的疾病》，京不特译，中国社会科学出版社，2013，第 190 页。

[8] 克尔凯郭尔：《畏惧与颤栗　恐惧的概念　致死的疾病》，京不特译，中国社会科学出版社，2013，第 194 页。

[9] 克尔凯郭尔：《畏惧与颤栗　恐惧的概念　致死的疾病》，京不特译，中国社会科学出版社，2013，第 233 页。

[10] 周瑞彪：《克尔凯郭尔论恐惧——从基督教神学的角度所作的一个考察》，硕士学位论文，兰州大学哲学社会学院，2014，第 13 页。

[11]《圣经（和合本）》，中国基督教三自爱国运动委员会和中国基督教协会，2004，第 10 页。

[12] 克尔凯郭尔：《畏惧与颤栗　恐惧的概念　致死的疾病》，京不特译，中国社会

科学出版社，2013，第 70 页。

[13]《圣经（和合本）》，中国基督教三自爱国运动委员会和中国基督教协会，2004，第 171 页。

[14]《圣经（和合本）》，中国基督教三自爱国运动委员会和中国基督教协会，2004，第 193 页。

[15] 周瑞彪：《克尔凯郭尔论恐惧——从基督教神学的角度所作的一个考察》，硕士学位论文，兰州大学哲学社会学院，2014，第 8 页。

[16] 克尔凯郭尔：《畏惧与颤栗　恐惧的概念　致死的疾病》，京不特译，中国社会科学出版社，2013，第 395 页。

[17]《圣经（和合本）》，中国基督教三自爱国运动委员会和中国基督教协会，2004，第 174 页。

[18] 高宏刚：《克尔凯郭尔恐惧概念探析》，硕士学位论文，黑龙江大学哲学与公共管理学院，2009，第 37 页。

[19] P. 蒂利希：《存在的勇气》，成穷、王作虹译，陈维政校译，贵州人民出版社，2009，第 103 页。

海德格尔早期的实在论思想研究

作者：王加雪[*]　指导老师：张柯教授

（贵州大学哲学与社会发展学院　贵州　贵阳　550025）

摘要：海德格尔在其思想的早期就对实在问题十分重视，在其学生时代发表的《现代哲学中的实在性问题》中，更是大谈特谈实在问题。他不仅吸收和借鉴屈尔佩的思想，对实在主义面临的敌人——意识主义和现象主义进行反驳，对在坚持实在论基础上取得成功的自然科学表示赞赏，并把规定实在之物的重任交给自然科学。此时的海德格尔毫无疑问地倾向屈尔佩式的批判实在主义立场。而在海德格尔从学生蜕变成弗赖堡大学讲师之后，实在问题在他最早的一次讲课“哲学观念与世界观问题”（其讲稿为《哲学观念与世界观问题》）中有了进一步的阐释和不同的处理，证明外在事物存在这一问题被海德格尔消解了，甚至在他看来，这一问题是荒谬可笑的。本文将通过对其早期两篇文章的分析，阐明海德格尔对实在问题的看法及其立场：实在的东西并不是传统上所以为的自然存在者或绝对化的、片面的理论之物，真正实在的是人与存在活生生的关联活动。在这个意义上，我们认为海德格尔不是传统意义上的批判实在论者，也不是屈尔佩意义上的批判实在论者，而是一种特有意义上的批判实在论者。

关键词：实在论；海德格尔；实在问题；理论态度

---

* 王加雪，女，1999 年 10 月生，2016 级本科生，研究方向：外国哲学。

前　言

众所周知，实在论历来都是哲学界一个十分重要的问题，诸多哲学家对其展开了自己的论述，海德格尔也不例外。在他早期的文章和讲课中，都对实在问题进行了研究。针对哲学界一直存在的难以解决的实在问题——对实在之物的有效证明，海德格尔在总结前人观点和对现象学学习的基础上给出了自己的理解和答案，他把实在问题带回原始哲学的境域之中，并对其做出新的阐释。鉴于对实在问题的处理是海德格尔早期哲学的重要部分，且涉及西方哲学界一些激烈的讨论，本文将尝试整理出海德格尔早期对实在问题的处理，并说明他不是传统意义上的实在论者或观念论者，而是一个不同以往的批判实在论者。

一、传统的实在论思想

（一）传统实在论——本体实在论

传统的实在论思想（古典的和近代的）是海德格尔实在论思想的资源和背景，我们必须对其予以考察，只有进行了这一考察，才能理解海德格尔实在论思想的渊源和新意。实在问题从哲学的开端就一直存在，即人们开始去探索和思考世界的本原是什么。事实上，这一时期的实在论是本体实在论，本体论意义上的实在论是以不依赖于人而独立存在的实在为前提而建构的实在理论，此时的哲学被称为自然哲学。哲学家们对本原问题的思考大多带着强烈的朴素性和直观性，他们从自身的感知经验出发，去寻找世界的本原。

米利都学派的泰勒斯提出水是万物的本原，宣称“大地浮在水上”，之后的哲学家们也纷纷提出气、四根（水、火、土、气）、原子等不同的答案。与这种朴素性对立的是抽象性，如巴门尼德提出的存在学说和柏拉图的理念论。不难看出，实在既可以被认为是物质层面的，也可以被认为是精神层面的。前者被称为自然主义，其思路是根据可感事物的方向去寻找最终构成万物的基本物质元素；后者被称为观念主义，与盲人摸象般地去寻找世界本原的自然主义不同，观念主义怀疑可感世界的真实性，排除感性因素的干扰，发展出精致的形式、理念学说。但实在问题始终作为一个难题存在着，不管是建构起西方哲学史上第一个庞大思想体系的柏拉图，还是作为古希腊哲学集大成者的亚里士多德，实在问题在他们这里都未能得到解决。柏拉图提出的理念论仍存在诸多问题，他提出分有说和模仿说来说明理念如何派生事物：具体事物的存在是因为分有同名的理念，而造物主是以理念为原型来创造具体事物的。[1] 可以看到，理念与事物被柏拉图断然地分离开了。即便后来柏拉图对理念论进行反思，努力想要克服这个难题，但理念世界和可感世界之间如何沟通的问题还是没有得到妥善的处理，理念世界和可感世界是否实在也没有得到解答。亚里士多德提出的作为实体的具体个别事物同样也存在是否实在的问题。

在中世纪，实在问题体现为对上帝的证明。中世纪神学以“上帝创世说”统治人们的思想，宣扬上帝是至高无上的、完满的，万物因它而存在，上帝是一切生命和存在的源泉，赋予宇宙秩序和目的，并运用哲学为上帝的存在提供论证。众多的基督教哲学家们都一直在尝试用逻辑理论证明上帝的存在，但始终未能让人信服。其中，最著名的是托马斯•阿奎那对上帝存在的证明——五路证明。在推论的过程中，托马斯•阿奎那在最后把“第一推动者”“第一原因”“一切事物的必然性原因”“最完善的原因”和“最高的智慧”[2] 都等同于上帝，但这关键性的最后一步并不会被所有人所赞同。归根到底，不管是什么样的论证，只要它本身的出发点是荒谬的，就必定不会被所有人接受，甚至会出现更多的疑难，如“上帝是否是恶的根源”“上帝以及受造物的实在性”等问题。

本体实在论充盈于古希腊哲学和中世纪哲学，其主要目的是回答世界本原是什么的本体论问题，力图为哲学理论找到牢不可破的绝对实在基点。但由于本体实在概念的内在矛盾性，本体实在难以达到完备的经验证实或逻辑推断，加上自然科学的迅速发展，自近代哲学开始，以寻求世界本原问题为核心的本体实在论开始发生转变。

（二）传统实在论在近代的转变

近代哲学有着丰富的历史背景，它是希腊哲学与基督教哲学相互交融的产物，既继承了希腊哲学认识自然、关注知识的精神，也秉承了基督教哲学注重超验世界的内在精神。此外，近代哲学从一开始就与自然科学有着紧密的联系。在自然科学的迅速发展下，人类的生产力水平得到极大提高，物质生活也得到极大丰富。人们提出“知识就是力量”的口号，力求认识和改造自然，为人类自身谋取更大的福利。于是，认识论问题成为这个时期哲学的重要内容，哲学家们围绕认识的来源和基础展开讨论，力求寻找牢不可破的基点。实在问题进而突出表现在认识论中，正如海德格尔所说：“关于外部世界的实在性的问题乃是认识论这门哲学基础学科的难题。”[3] 因此，在某种程度上可以说，本体实在论在这一时期转变成了认识论意义上的实在论研究。

在这种对古希腊哲学和中世纪神学有所继承以及受新兴自然科学影响的背景下，近代哲学在认识论这一问题上，形成了经验论和唯理论两大阵营。前者主张认识来源于感觉经验，一切知识必须建立在经验的基础上；后者则主张认识来源于天赋观念，知识必须建立在理性的基础上。[4] 培根是近代哲学经验论的代表，他强调观察和实验的重要性，推崇归纳，通过对事物中的形式或规律的理解，能认识恒常普遍、唯一实在的东西。笛卡尔代表的是近代哲学唯理论的立场，通过普遍怀疑的方法，笛卡尔在其著作《第一沉思集》中提出了不可怀疑的“我思”这一实在概念，进而证明了上帝和外在事物的存在。经验论与唯理论的争斗一直持续着，当两者还在积极捍卫自身的立场时，休谟的出现让它们一同陷入困境。休谟把知识分为两大类，一类是关于观念的知识，另一类是关于事实的知识。[5] 前者是仅凭思想就能发现的知识，只与观念自身相关，与外部事物无关；后者是偶然的知识，建立在经验基础之上。休谟提出的必然知识和偶然知识让经验论和唯理论都遭受了重创，也使哲学在认识论问题上无法前进。直到康德对经验论与唯理论进行调和，他在对两者进行批判的基础上，提出了自己的认识论思想。他主张知识的内容来自经验，心灵按照其先验的方式来思考这些经验，并承认自在之物的存在，但我们只能思维不能认识。即便调和了经验论和唯理论，康德也未能彻底地解决问题，因为他始终局限在海德格尔认为的由笛卡尔所开创的主体性哲学之中，即主体和客体被割裂开了。只要人们一直秉持这种主体客体二元框架的认识，就始终无法为外在事物提供有效证明，甚至会滋生出更多的问题：主体客体始终是不同的，主体怎么才能正确无误地认识客体呢？主体又如何从主观领域达到对客观领域的认识呢？主客体二分的认识模式让近代哲学陷入困境，两者在认识活动上何者更为基本的问题始终没有解决。与主体分离开的客体成为认识论上难以克服的难题，即便是彻底的观念论者也无能为力。于是，客体被规定为具有客观实在属性的存在。进一步地，就产生了客体如何成为实在这一问题。总之，实在论争论的核心就是围绕对“现实”或“实在”的解释展开，也就是对外在事物的存在提供有效证明。但这份证明一直以来都没有被提供，于是康德便提出我们虽不能提供有效的证明，但可以诉诸信仰。众多哲学家想尽办法去解决这个问题，海德格尔也不例外，其在学生时代就对实在问题十分关注，不同的是海德格尔采用另一种全新的视野来考察实在论问题，试图解决这个难题。

二、海德格尔早期对实在问题的最初探讨

（一）实在之物的设定和规定是否被允许

实际上，国内外对海德格尔实在论思想的研究并不多，因为大多数人往往只关注他的后期思想而忽略了其早期思想。有学者指出，国内的海德格尔研究一般都是从1927年的《存在与时间》开始的，但海德格尔的早期思想对他之后的哲学研究具有十分重要的作用和意义。在海德格尔的学生阿伦特看来，海德格尔的哲学起点是其1919年在弗赖堡大学担任编外讲师的时候。我们绝不能草率地忽视海德格尔的早期思想。

在海德格尔还是一名大学生的时候，就对实在论这个问题展开了自己的研究。他于1912年发表了一篇名为《现代哲学中的实在性问题》[6]的文章，从文章来看，海德格尔倾向于屈尔佩式的批判的实在论立场。在文章开头，

海德格尔就对那些认为实在性不言自明、不成其为问题的观点予以批评，认为要解决实在问题，廓清以往的陈腐意见是必要前提。之后，海德格尔对实在问题的历史及现状都进行了说明。他发现在实在论位置遭受动摇，认识论流派主张与实在论敌对的意识主义和现象主义时，经验性的自然科学研究却在坚持实在论的基础上取得了成功。意识主义和现象主义旨在阐明实在的规定是不被容许的、不可能的，而自然科学领域的研究者们则确信他们是在对实存着的、实在的客体进行设定和规定。两者之间为何出现这种分裂呢？答案来自一种认识论的研究——经验性的自然科学是如何可能的。针对自然科学出现的这一情况，海德格尔发问："对超主观化的这些客体的设定和规定是如何可能的？"但在回答之前还需明白，这样一种设定和规定是否被容许，以及这种研究最终是否会走向与意识主义和现象主义的争辩。最终，海德格尔把它归结为四个问题：一种对实在之物的设定是被允许的吗？对实在之物的这种设定是如何可能的？一种对实在之物的规定是被允许的吗？这样一种规定是如何可能的？海德格尔选择先对第一个问题和第三个问题进行探讨，而对这两个问题的回答来自对意识主义和现象主义的反驳。

意识主义认为，认识的对象是仅仅作为意识的内容而实际存在的，实际性被限定为在意识中被给予的东西。现象主义认为，我们只能依照对象向我们显现的方式来认识对象，而不能依照它自身存在的方式来认识它。感觉或经验的对象只是一种不可知的"物自身"的显现方式。[7]海德格尔主要针对意识主义所依据的内在性原则来进行反驳，即先验性的论证、经验性的论证以及方法论的论证。对先验性论证的反驳：意识主义认为一种独立于思想的"存在"概念具有矛盾，即被思考了的存在着的东西绝不会与思想中的存在相统一。但海德格尔认为实在的存在虽然是通过概念而被思考的，但它绝非因此就被纳入主体中并被改造为一种心理性的存在，心理事件是持续流动的。对经验性论证的反驳：意识主义认为每一种认识都是在意识事实中内在地形成的，并不需要任何一种向度上的超验的要素，存在于思想活动的结合中的实在的规律性就是心理事态和心理事件的因果规则。但海德格尔认为意识主义犯了把心理活动和逻辑内容予以同等设定的错误。知识需要其他规范性的东西，且这种东西不是直接被给予之物，而是超越意识活动又对意识活动具有有效作用的规范性。对方法论论证的反驳：意识主义认为只有意识中的那种直接的、不可驳回的被给予者才能给科学提供唯一可靠的、不可侵蚀的基础，而海德格尔认为这种可靠性是不可以通过纯粹的事实得到规定的，知识是不会仅从意识内容就能得到的。知识性的可靠性依赖可靠的辩护并非纯粹的事实，纯粹所给予的可靠性只是一种事实上的可靠性。

对现象主义持反驳态度的代表人物以康德为主，康德的思想被海德格尔批判为独断论，他认为康德自相矛盾——“当康德把纯粹知性概念和它们的演绎弄成他的研究对象时，康德本人就放弃了他的那一论题，即只有直观的东西才是能够被思想的，知性因而就没有什么特殊的对象”[8]；概念、判断以及推论在逻辑学中都被提升为思想对象，即非直观的东西也被思考了，因而康德那种经验主义的看法，那种关于一切思想对象的直观性的本性的看法就站不住脚了；“康德通过知性而对经验材料的那种加工是在一种与实在化恰恰相对立的意义上进行的，而不是消除了那些主观的附属物，这就导致了，认识对象通过诸范畴所经受的仅仅还只是一种加强了的主观化而已；认识活动愈发地远离了它真正的对象。”[9] 通过对意识主义和现象主义的批驳，海德格尔最终断定设定和规定实在事物都是可能的和被允许的，进一步的任务就是对剩下的两个问题（对实在之物的设定和规定如何可能）进行探讨。

（二）实在之物的设定和规定如何可能

海德格尔并没有对规定实在事物给出明确的答案，不过他在实在主义的两种向度——稚真的实在主义与批判的实在主义之间做出了自己的选择。稚真的实在主义认为外在世界就像它们被感知的那样存在，海德格尔认为这一想法是草率的。[10] 因为我们感知到的呈现在面前的现象的构成物是借助主体产生的，感觉的实存和内容本质性地依赖主观因素，而且感觉印象本身并非已然是实在的东西，它们并不能被直接用来效力于一种实在主义的规定，只有通过经验和思想活动才能得以实施。[11] 在揭示稚真的实在主义存在的不合理之后，海德格尔毅然地站在后者的立场上。批判的实在主义认为，认识与实际性的关系是有疑问的，因为对象始终只是就其依照表象而来的映像而被给予的。海德格尔遵循屈尔佩的思路，要对被设定的实在性做出一种完全有效的和适宜的规定，并将规定实在这一重任交给自然科学，认为自然科学在这个问题上还有待耕耘，对自然科学在此做出的贡献也赞赏有加。[12] 此外，海德格尔明确指出，对实在之物的设定和规定需要经验和理性才能完成，这同样也是屈尔佩的答案。经验内容中具有强制性的定律——事物本身的定律，同时我们又能凭借自己的理性或思维能力把握这种定律，也就是对实在之物进行规定。在《现代哲学中实在性问题》一文中，海德格尔在论述批判实在主义这一立场时，主要是基于哲学家屈尔佩的思想，并在文中十分肯定屈尔佩在实在问题上做出的贡献。海德格尔在文章结尾处写道："即便人们不能完全赞同屈尔佩的观点——这首先指的是他对'归纳的'形而上学的理解以及他对这种形而上学之假设性特征和其论证的理解——，他的功绩也仍然不可磨灭，此即，他把远离正道而陷入迷途的认识论给重新置立于它真正的任务面前了。"[13]

三、海德格尔早期对实在问题的再次探讨

（一）实在问题何以被重提

海德格尔对实在问题的讨论并不就此结束了，他在 1919 年的一次讲课中仍然对实在问题十分关注，在一次名为"哲学观念与世界观问题"的讲课中，实在问题再次得到阐释。此时，海德格尔的立场与之前倾向的屈尔佩式的批判实在论已经发生了微妙的变化。第二次讲课的内容对海德格尔之后的思想产生了奠基性的作用，他后来的名作《存在与时间》中的许多问题就是在这里萌芽的，实在问题也是如此。"哲学观念与世界观问题"是海德格尔为了重新规定哲学所做的讲课，当时的哲学现状令他十分不满，于是他开始了对形而上学的批判，重提哲学的观念问题，对哲学做出自己的全新定义。而就在海德格尔重新定义哲学的这条路上，实在问题成了阻碍其前进的重大障碍。

在讲稿的导论部分，海德格尔说明了哲学与世界观的三种关系：一是世

界观作为哲学的内在任务。世界观更好地表达了哲学的本质和使命，在对世界的理解中，人类的个体生活和社会生活得到了相应的说明，也揭示了作为文化的创造活动的意义与目的。二是世界观作为批判的价值科学的界限。作为价值科学的科学哲学的任务乃是价值体系，紧邻哲学的界限乃是世界观。三是世界观问题的矛盾，哲学与世界具有不可统一性。世界观或许是一种与哲学相比完全异质的产物。前两种都是常见的、已知的观点，而最后一种则是海德格尔新提出来并力图向我们论证的观点，也就是要证明一种世界观的形成绝不属于哲学，它本身与哲学格格不入。这里的哲学指的是原始科学的哲学，而不是一般意义上的哲学，不是世界观哲学。出于对原始科学的哲学的观念的证明，海德格尔提出了三种出路：一是通过哲学史的出路，二是通过哲学家的科学精神态度的出路，三是归纳形而上学的出路。但这三种出路都没有解决问题。之后，海德格尔仿佛发现了另一条可靠的出路——目的论—批判的方法。与前三种出路相比，目的论—批判的方法更加接近原始之思，但始终还是陷在理论之中。于是，占据大篇幅描述的这一方法最后也还是因其自身的局限性而被抛弃。不过，通过对目的论—批判的方法之批判，海德格尔将我们的视野引回前理论之中，他强调理论的统治地位应该被打破，这一视野的转变是为了重新规定哲学。

在海德格尔看来，哲学的历史表明，哲学尽管有其丰富的表达多样性，但总是以某种方式与世界观相联系。但世界观把生命对象化和固定化了，都局限在理论领域里，而哲学作为原始科学的哲学，不是派生的，是本源的；不是理论的，是前理论的。哲学的主题应该是前理论的生命，不是僵化的、固定的生命，这是海德格尔借助其老师胡塞尔的现象学方法获得的洞见。只是两者观点不同，胡塞尔主张回到意识本身，而海德格尔主张回到生命本身。因为现象学态度的原则中的原则是：对一切在直观中原本地给予的东西，要如其给出的那样去接受。这一点不能为任何一种理论本身所改变，因为这个原则中的原则本身不能再是理论性的东西。[14] 他在《哲学观念与世界观问题》讲稿的第二部分中详细地阐述了作为前理论的哲学。对这一问题，海德格尔极为严谨和重视。因为在他看来，这关乎哲学的生死："我们置身于将从根本上决定哲学之生死存亡的方法论的十字路口，置身于一个深渊旁：要么是进入虚无，也即绝对事实性之虚无中，要么就成功地跳入另一个世界，或者，更确切地讲，竟是首次真正进入这个世界之中。”[15] 也正是在这一部分，实在问题被海德格尔重提，并进行了严肃而认真的探讨。

第一章是海德格尔对体验结构的分析，也就是问题体验与讲台体验的分析。在“有东西吗？”这一问题体验中，海德格尔呼吁一种质朴的观审，理解其质朴的意义。体验是自行给出的东西，不能把它当作物和物化了的东西，我们应当理解的是纯粹体验之意义的纯粹动因。[16] 体验与个别的自我并没有关联，但不是类似于主客体之间的关系，也不是理论化地建立知识的关系。海德格尔认为，在问题体验中可以获得本质性的洞见——把体验刻画为“居有的事件”，是带有含义的东西而非实物。通过对问题体验的分析，他力求让我们看清，我们并不是要处理一种实事联系，并没有一个单纯的存在事件是考察的客体。体验不是实事，不是一个像某个过程那样生硬地实存、开始和终止的实事。[17] 进一步地，在讲台体验中，海德格尔向我们说明了所看到的东西都是具有意义的东西，而不是孤立地看到一个棕色的相切的平面，这种在海德格尔看来贴标签似的看法其实是对纯粹观审的歪曲。我们在周遭世界中所看到的东西都处于一种意义中，即是世界化的。含义是原初地、直接地给予“我”的。在体验中，含义从直接的周围世界中向“我”给出，我们看到的东西首先是对我们来说具有某种意义的东西，一切都是有意义的、世界性的。正如海德格尔看到的讲台是对他而言放得较高的讲台，他表示，他几乎是一下子就看见了讲台。在质朴的理解中，这是一个居有事件，而不是一个过程、实物或客体。海德格尔强调的是一种最为原始的东西——前理论的东西。不过在这里我们会发现一个问题，也是海德格尔本人在讲稿中提出来的问题，即“对体验不是作为客体性的存在者的明证性只对‘我’和‘我’的体验有效”，而如果存在一门研究体验的科学，又不得不把体验对象化了，这恰恰与海德格尔之前所做的工作相矛盾，就像他在这章结尾时说的那样：“即使我其实仅仅在谈论我的两种体验，我也已经把它们对象化了，一种和另一种；两者其实都是某个东西。对我想考察的每一种体验，我其实都必须把它孤立起来、提取出来，都不得不把体验本身的联系肢解、分割开来，以至于我尽管极其勉强，但最终获得的却是一堆实物。”[18]

由此，海德格尔明确了自己的目标，即寻求一门把体验当作非客体性质的东西的科学。但在这之前，我们面临着周围世界是否实存这一棘手的问题，这是体验本身的前提。因为我们一直在谈论经历，谈论问题经历、周遭世界经历，但周遭世界是实在的吗？抑或它只不过是我们“内在的”东西？对于这个问题，我们却一直没有过问。但如果我们希望建立一门关于经历的科学，这似乎是我们必须过问的。因为外在世界的实在问题不仅包括非人格东西是否实在的问题，而“一门普遍的经历科学”不能只是关于个人经历的科学，它必须是关于经历的一般科学，如果其他人的经历是否实在还有疑问，谈论“普遍的经历科学”就失去了意义。[19]可见，实在问题成了海德格尔探索哲学路上的一大障碍。于是在第一章中，实在问题重新得到了海德格尔的阐释。相对于在《现代哲学中的实在性问题》中有所保留的含蓄态度，海德格尔这一次的处理则显得果断和坚决。此外，海德格尔不再把实在问题的解决寄托于自然科学。

（二）对批判的实在论和批判的观念论之批判

在海德格尔看来，实在问题是极为迫切的。因为它阻碍任何步伐，持续地存在，并唤起批判意识。每一种周围世界体验都会经历这个课题，不光是非个人性的周围世界状态的实存和实在性，而恰恰是个人性的体验，是人类及其体验。[20]此外，海德格尔还指出实在问题是认识论这门哲学基础学科的难题。海德格尔对解决外部世界实在问题的两种典型努力——亚里士多德与康德都进行了批判。前者代表批判的实在论，后者则代表批判先验观念论，两者具有一些共同点：都要求成为批判的、承认感觉材料是被给予的、遵循自然科学。不同的是他们以不同的方式提出认识论的问题，批判的实在论问如何从感觉材料的“主观领域”达到外部世界的认识，而批判先验观念论则问停留在主观领域的主体如何达到客观知识，海德格尔称两者由此走向了对立。要弄清楚哪一种是真正的解答，就要对两者的所有论据进行一种批判性的检验。针对这两种观点，海德格尔都有扬弃之处。对于批判的实在论，海德格尔认同它“外在世界是实在的眼前存在”的想法，实在论保留了外部世界的实在性，并认为对自在之物的认识是可能的，也指出了实在论纯粹地遵循事实的优点。但实在论却借助尚待证明的自然科学的观点解决难题是有问题的。而对批判的观念论，海德格尔认同它“存在不能透过存在者来说明”的想法，但先验哲学的解答具有一种原则性的缺陷：对认识和对象的片面的、绝对化的限制，因而也就是对实在性概念的片面的、绝对化的限制，把它们限制在数学自然科学上。[21]

通过对两者的批判，海德格尔指出它们都有一个使理论认识受到质疑的难题。为了解决这一难题，海德格尔在第二章的第十七节展开说明。海德格尔看到两种理论的共同出发点都是感觉材料，两者都力求要从一种原始、质朴的合法性的东西出发，但海德格尔认为这一出发点未必像它们所认为的那样坚不可摧、毫无破绽，原初地、直接地被给予的东西需要被慎重考虑。在讲台体验中，首先看到的是讲台，而不是感觉和感觉材料。感觉材料是由于摧毁了周围世界，取消历史性的自我才得以可能，它们从一开始就以理论态度来从事理论，条件是：我已然从事理论，理论态度已经在那里，而按其意义来看，这种理论态度本身只有作为对周围世界体验的摧毁才是可能的。[22]理论态度毁坏和消除了周围世界体验现象的本质特征和意义，一旦我们运用理论态度来说明周围世界，周围世界就不复存在了。批判的实在论正是在理论的基础上进行的，用另一个存在者说明一个存在者，这在海德格尔看来极其荒唐可笑。因为它已然消除了周围世界的特征，且看不到自身的问题，而批判的先验观念论则由于困在片面的目标里不愿意看到。

海德格尔强调，人们自始就在理论之物中，并把理论之物看作不言自明的东西，对理论之物的固执妨碍了人们对周围世界的理解。在理论中，人们远离了周围世界的自在自为的生命本质。海德格尔认为，“被给予性”很可能也是一种理论形式，“被给予性”意味着对周围世界的东西的最初对象化的触动和损害，意味着第一次把周围世界的东西单纯地置于依然历史性的自我面前。如果周围世界的东西的含义特征和真正意义已经被消除，它就已经被当作被给予和被安置的东西，变成单纯的物而黯然失色。[23]海德格尔用一个序列来表达了周围世界的东西被不断摧毁的过程：“讲台、箱子、褐色的、木头、物。”[24]

其中，东西的世界化意义被消除，只是作为一个实存的物。因此，海德格尔认为实在性并不是一种周围世界的特性刻画，而是包含在物性之本质中的特性刻画，一种特殊理论化的特性刻画。这种物之经验是一种脱弃—生命，而在对脱弃—生命过程的动因引发的追踪中，我们获得了对象性的理论形式。在这种领域中，多样的物性形式根据物的观念规定了自己的绝对统一性，这是一种客体化的说明，包含实在性的意义，而实在性的意义在于物性领域。可见，首先被给予的感觉材料未必是真的首先和原初，物性领域本身已经是从周围世界的东西中移离出来的领域了。事实上，外部世界的实在性难题根本就不是一个难题，而是一种荒谬，是“关于我的周围世界的一个理论上的实存问题——而且可以说被拧入周围世界之中了——颠倒了这个世界的意义”[25]。批判的实在论越是要去证明外在事物的实存就越陷入荒谬，而批判的观念论的荒谬之处在于对一般理论之物的绝对化。通过对这两种立场的批判可以看到，海德格尔对传统意义上的实在性的定义是强烈批判的，实在性的真正意义不在于单纯的、冷冰冰的物性领域，而在于富有意义的人与存在之关联。

（三）对“实在性”问题之意义的揭示

在日常生活体验中，一切都是有意义的，所有东西都处于意义的交织中。但理论之物的优先性破坏了周遭世界的意义联结，失去了周围世界原本的本质特征，理论态度也因此无法说明周遭世界体验中的现象。海德格尔强调，周围世界的东西在其自身中有它真正的自行证明，而导致实在论难题的原因在于理论态度的立场。批判的实在论和批判的观念论都采用了理论态度，以感觉材料理论作为出发点，远离了周围世界的真正意义。两者没有看到实在问题只是一个在理论态度下的问题，实在只是在感觉材料理论的观点下推出来的。海德格尔意在表明，我们要将事物的意义与日常活动联系在一起，这对传统的哲学构成了鲜明的挑战，从根本上颠覆了西方哲学两千年来对“什么是最当下直接和最原始性的东西”的看法。

此前的主流意见认为感性知觉是最直接、最当下的东西。而在海德格尔看来，有意义的东西才是最初的、直接的东西，最直接的世界是有意义的周围世界，而不是知觉世界。周围世界不是事物和对象的总体，而是各种意义的总体，事物因它成为周围世界事物，而非纯粹的感性对象。我们生活在周围世界，所有对我们有意义的东西都是因为这个意义总体而对我们有意义。可以看到，海德格尔要重新进行规定的哲学是不需要做预设也决不能做预设的哲学。因为它不是理论，而是前理论的关切生命的哲学。它不是理智的认识活动，而是生命自身的生存活动，是以生命为主题的哲学。并且，此生命不是已经理论抽象化了的生命，而是前理论的生命。可见，《哲学的观念和世界观问题》勾画了未来哲学的图景，哲学的主题对象应是前理论的生命，而它的方法论处理方式是回到生命本身的现象学。因此，我们也才能理解海德格尔所说的："生命是历史性的；决不能被肢解为各个本质要素，而是联系在一起的。质料给予的问题不是一个真正的难题，而只是从理论而来的难题。"[26] 进一步地，我们也才能更加清晰地看到：在海德格尔看来，实在的东西并不是传统上所以为的自然存在者或绝对化的、片面的理论之物，真正实在的是在日常生活中遇见的富有意义的世界化的存在者。在这个意义上，海德格尔不是屈尔佩意义上的批判实在论者，而是一个不同于传统意义上的批判的实在论者，是特有意义上的批判实在论者，即"存在不是抽象名词，而是活生生的关联活动"。

结　　语

海德格尔在实在问题中的立场向来饱受争议，通过对其早期的文章和讲稿进行分析，可以说海德格尔所持的是与传统不同的批判实在论立场。1912年，海德格尔借助屈尔佩的批判实在论对传统实在论进行了清理，此时他更多地看到了屈尔佩思想中的闪光点，取其深意以进行发挥。而在1919年，通过对胡塞尔现象学的学习，海德格尔看到了屈尔佩式的批判实在论的限度，故此时他对屈尔佩的批判实在论进行了激烈批判。但这并不妨碍我们说，海德格尔是一个特定意义上的、并非单纯屈尔佩意义上的批判实在论者。此外，海德格尔在对哲学重新规定的路上对实在问题进行了细致的考察与论述，让我们对实在问题有了另一种全新的理解。而在海德格尔对实在问题的理解中，又蕴含着一条以生存论理解实在问题起源的道路，反映出其哲学的根本立场与诸多思考的原则。可以说，我们从海德格尔对实在问题的处理中可以窥探其根本哲学思想与出发点，这也有助于我们研究和理解海德格尔之后的思想。

注释：

[1] 张志伟：《西方哲学史（第2版）》，中国人民大学出版社，2010，第66页。

[2] 张志伟：《西方哲学史（第2版）》，中国人民大学出版社，2010，第189页。

[3] 海德格尔：《海德格尔文集　论哲学的规定》，孙周兴、高松译，商务印书馆，2015，第89页。

[4] 张志伟：《西方哲学史（第2版）》，中国人民大学出版社，2010，第255页。

[5] 张志伟：《西方哲学史（第2版）》，中国人民大学出版社，2010，第336页。

[6] 海德格尔：《海德格尔文集　早期著作》，张柯、马小虎译，商务印书馆，2015，第1-19页。

[7] 海德格尔：《海德格尔文集　早期著作》，张柯、马小虎译，商务印书馆，2015，第4页。

[8] 海德格尔：《海德格尔文集　早期著作》，张柯、马小虎译，商务印书馆，2015，第12页。

[9] 海德格尔：《海德格尔文集　早期著作》，张柯、马小虎译，商务印书馆，2015，第13页。

[10] 海德格尔：《海德格尔文集　早期著作》，张柯、马小虎译，商务印书馆，2015，第14页。

[11] 海德格尔：《海德格尔文集　早期著作》，张柯、马小虎译，商务印书馆，2015，第16页。

[12] 海德格尔：《海德格尔文集　早期著作》，张柯、马小虎译，商务印书馆，2015，第17页。

[13] 海德格尔：《海德格尔文集　早期著作》，张柯、马小虎译，商务印书馆，2015，

第 19 页。

[14] 海德格尔：《海德格尔文集　论哲学的规定》，孙周兴、高松译，商务印书馆，2015，第 229 页。

[15] 海德格尔：《海德格尔文集　论哲学的规定》，孙周兴、高松译，商务印书馆，2015，第 71 页。

[16] 海德格尔：《海德格尔文集　论哲学的规定》，孙周兴、高松译，商务印书馆，2015，第 74 页。

[17] 海德格尔：《海德格尔文集　论哲学的规定》，孙周兴、高松译，商务印书馆，2015，第 79 页。

[18] 海德格尔：《海德格尔文集　论哲学的规定》，孙周兴、高松译，商务印书馆，2015，第 86 页。

[19] 梁家荣：《本源与意义——前期海德格尔与现象学研究》，商务印书馆，2015，第 101-102 页。

[20] 海德格尔：《海德格尔文集　论哲学的规定》，孙周兴、高松译，商务印书馆，2015，第 88 页。

[21] 海德格尔：《海德格尔文集　论哲学的规定》，孙周兴、高松译，商务印书馆，2015，第 93-94 页。

[22] 海德格尔：《海德格尔文集　论哲学的规定》，孙周兴、高松译，商务印书馆，2015，第 95 页。

[23] 海德格尔：《海德格尔文集　论哲学的规定》，孙周兴、高松译，商务印书馆，2015，第 99 页。

[24] 海德格尔：《海德格尔文集　论哲学的规定》，孙周兴、高松译，商务印书馆，2015，第 100 页。

[25] 海德格尔：《海德格尔文集　论哲学的规定》，孙周兴、高松译，商务印书馆，2015，第 102 页。

[26] 海德格尔：《海德格尔文集　论哲学的规定》，孙周兴、高松译，商务印书馆，2015，第 131 页。

礼理分殊

——试论孔子与亚里士多德中庸思想之异同

作者：叶国满[*] 指导老师：胡嘉明副教授

（贵州大学哲学与社会发展学院　贵州　贵阳　550025）

摘要：道德问题是一个亘古不变、历久弥新的大问题。尤其到了现代——一个重物质轻文明的时代，道德责任就像“克利斯之剑”一样悬在人们头上，让人焦虑得喘不过气，到底怎样才能成为幸福的人？怎样的做法才是合乎德性、合乎行为的？这是伦理学的责任，也是本文探究的重点。随着精神生活的片面化，人对各种优秀文化的认识逐渐狭隘。而欲理解“中庸”，若不溯之源头，重新理解和揭示《论语》中所蕴含的“中庸”精髓，便会产生偏颇。本文从“礼”与“理”这一理路出发，突出其践行“中庸”的实践路径的对比，从而凸显其现代价值，以期促进个人成长，促进和谐社会的建设。

关键词：孔子；亚里士多德；中庸；礼；理；异同

* 叶国满，男，1997 年 10 月生，2016 级本科生，研究方向：伦理学。

前　　言

作为一种思维方法论，中庸在中国流传已久。历代名家对中庸所内蕴的思想看法不一，大体可分为两派。一派主贬，如鲁迅认为中庸是平庸、保守、不求上进的同义词；冯友兰认为中庸是“形而上学反辩证法的”；任继愈认为中庸是折中、调和等。一派主褒，如辜鸿铭将《中庸》一书译成英文，着力提高中庸思想等。随着社会节奏的加快，人们越发地沉浸在物质生活的享乐中，缺少对精神世界的挖掘。随之而来的是人们精神生活的庸俗化、片面化，以及人对各种优秀文化认识的狭隘化和庸俗化，这突出表现在人对中庸的理解上。越来越多的人认为中庸思想就是世故、圆滑或“老好人”思想，殊不知这种对经典的曲解会导致人类思想的贫瘠化和认识能力的平面化。幸有陈来先生力挽狂澜，写《〈中庸〉的地位、影响与历史诠释》一文，详述《中庸》的缘起、发展及在各时代的地位和突出贡献，其经典判断是：“‘中庸’的概念，到了孔门这个时代，已经明确成为一种实践的智慧，这是儒家的一种实践智慧。”[1] 陈来先生通过这篇文章为儒家的中庸思想正名，这一趋势的蔓延才得以遏制。

鉴于此，对中庸思想的再研究迫在眉睫。而欲理解中庸，必须溯之源头，重新理解和揭示《论语》中所蕴含的中庸精髓。本文的核心是追溯孔子思想中所蕴含的中庸之理，并与同是轴心时代的西方哲学家亚里士多德的中庸思想进行对比分析，以期发现孔子中庸思想的真正内涵，进而推动对中庸的深化理解。

一、孔子与亚里士多德中庸思想的形成

任何哲学大家的思想都不是无中生有的，他们对前人都有一定的继承与发展，孔子与亚里士多德作为轴心时期的伟大哲学家也不例外。通过分析二者思想的来源，才可能真正发现其思想发展的独特性，更好地把握其核心思

想。而每一核心思想都有其内在逻辑线索，找到其一以贯之的理论基础，才能从杂多表象中把握其思想精髓。故研究时应分别从来源和理路入手，以便更好地把握孔子与亚里士多德所说的中庸，也为对比二者中庸思想的异同奠定基础。

（一）孔子与亚里士多德中庸思想的不同来源

1. 孔子中庸思想的来源

中庸最早出自孔子，《论语》有云："子曰：'中庸之为德也，其至矣乎！民鲜久矣。'"[2]这是中国历史上第一次把"中""庸"两个单字组合为一个词，是孔子的一大壮举。"中""庸"两个单字古已有之，向前追寻经典首推的应是《周易》，因孔子曾就《周易》创作《十翼》。在《周易》里，"中"是一个重要的概念，《周易》里关于"中"有中行、中正、中道的说法，其大意是中正之意。其次就是《尚书》，《尚书·大禹谟》讲"允执厥中"，简之就是"执中"，这和《周易》所说的中正类似，但它更强调中正不偏。"庸"在古籍中很少谈及。孔子认为，中庸的"中"包括三层含义：一是在中，如"父为子隐，子为父隐，直在其中矣"[3]。这一层的哲学意味较淡。二是时中，如"君子之中庸也，君子而时中"[4]。是否符合中是因时而异的。三是平常，如孔子言："中人以上，可以语上也；中人以下，不可以语上也。"[5]所谓中人，乃平常之人。关于"庸"，孔子只在今本《中庸》中单独使用过"庸"字——"庸德之行，庸言之谨，有所不足，不敢不勉，有余不敢尽"[6]。在这里，"庸"可解释为恒常、时常之意。

2. 亚里士多德中庸思想的来源

古希腊有讲究中庸的传统。毕达哥拉斯在《金言》中提到："一切事情，中庸是最好的。"德谟克利特也曾指出："从一个极端到另一个极端的动摇不定的灵魂，是既不稳定又不愉快的。"[7]亚里士多德在系统总结传统思想的基础上，形成了自己独特的"中庸观"。其渊源是繁荣的希腊文明和源远的西方文化传统。早在毕达哥拉斯学派时期，先哲们就开始探索万物的起源，并将这种起源定义为"数"。毕达哥拉斯学派从数出发追求规则的尺度，从数的属性和目的出发对其进行定义。他们认为，数的属性是正义的，而数的目的是灵魂和机会，和声等词也可以用数字来表达，一切事物的性质都是对数的模仿。毕达哥拉斯学派对世界起源的探索，以数的本质为价值尺度。后来，希腊哲学开始发生根本转向，这一切都归功于苏格拉底。苏格拉底的中庸思想包括两方面：知己知彼和不越界（自制）。同时，苏格拉底也认为中庸来自知识。只要人们有知识，就可以得到中庸的美德。在此基础上，苏格拉底进一步提出恶即无知的观点。亚里士多德以苏格拉底的观点为基础，对其进行了系统的继承和批判。他认为，无论人们的知识如何，行恶行善都是个人后天的选择。由此，亚里士多德的中庸思想得到进一步的丰富和完善。总而言之，梳理整个希腊哲学的历程及重要思想家的目的，是追溯和回顾亚里士多德哲学思想产生的途径和过程，亚里士多德的中庸之道是在批判、继承和发扬古代哲学家思想遗产的基础上形成和发展起来的。

（二）孔子与亚里士多德中庸思想的不同理路

1. 孔子以“礼”观中庸

“对孔子的研究，从‘礼’的概念出发，到‘仁’和‘义’的概念。”[8]这是劳思光对孔子思想的基本判断。中庸思想是孔子思想的重要组成部分，孔子也坚持以礼观中庸。但礼是什么？礼如何在中庸中发挥作用？为什么中庸需要礼呢？要回答这些问题，必须回归《论语》。孔子曰：“克己复礼为仁。”[9]在这里，礼不只是一种仪式或礼仪，其本质是人们对遵守宗法等级差别的自觉意识，即“仁爱”之心。仁是礼的心理基础，礼是仁的行为节度。孔子要使礼外在的强制规定转化为每一个人内心的自觉要求，这需要每个人用心去体验。不难看出，礼是原因，仁是目的，实现了礼也就实现了孔子的目的。那么孔子为什么这么重视礼，甚至把它提高到作为实现仁的手段呢？首先，从历史背景角度看，这与孔子的政治立场是密不可分的。面对东周秩序的崩塌和民不聊生的乱世，孔子想匡扶社稷，使其重新走上正轨，这是他的政治诉求。面对礼崩乐坏的现实场景，最直接有效的途径便是“复礼”，这是当下之需。而作为孔子核心思想之一的中庸思想，便不得不遵循这一原则和前提了。据此，礼便成为中庸的标准原则。其次，从文本分析角度看。孔子说：“君子之于天下也，无适也，无莫也，义之与比。”[10]朱熹《四书章句集注》引谢氏曰：“适，可也。莫，不可也。”“无适”“无莫”正是“无可无不可”。[11]然而，“无可无不可”必须服从礼的标准。孔子还说：“恭而无礼则劳，慎而无礼则葸，勇而无礼则乱，直而无礼则绞。”[12]大意是恭敬而不符合礼就会忧烦不安，谨慎而不符合礼就会畏缩不前，勇敢而不符合礼就会违法作乱，直率而不符合礼就会尖刻伤人。恭敬、谨慎、勇敢、直率本来都是人的好品德，但如果发挥不当或不用礼来约束，结果往往会适得其反。在这里，礼是成就人之恭、慎、勇、直四德而使之适中的规范原则。最后，从礼的作用来看。孔子特别重视“礼”在中庸中的意义和作用，要求君子之行合于礼。合于礼即“就有道而正焉”。[13]在这个意义上，合于“礼”就是“正”。孔子强调“正”，如“其身正，不令而行；其身不正，虽令不从”[14]，“正身”就是行为合于礼。基于此，孔子进一步提出了“正名”的主张——“君君，臣臣，父父，子子”[15]，即以“礼”为规范，衡量人们的等级名分，使人们的等级与其名分相当。名分相当就合乎“礼”，也就是“正”。无论是“正身”还是“正名”，其实质都是“以礼制中”。由此，我们完成了“以礼制中”的论证，找到了理解孔子中庸思想的一条捷径，知晓了“礼”在中庸中的真正意义与价值，为真正理解孔子的中庸思想提供了方法论指导。

2. 亚里士多德以“理”道中庸

从亚里士多德的《尼各马可伦理学》来看，“理”是“理性”“明智”的意思，虽然有人说其中庸的基础是形而上学，但归根结底是理性，因为理性是人的本质。[16]在亚里士多德那里，理性不仅是工具理性，还是以善为导向的。亚里士多德在柏拉图的基础上区分出道德德性和理智德性：“理智德性主要通过教导而发生和发展，所以需要经验和时间。道德德性则通过习惯养成。”[17]因为理性是一种认知能力，理智的对象是可知形式，需要引导和培养。而道德是一种修养，只能通过习惯养成。在这两类德性中，理性起主导作用，是灵魂最宝贵部分的德性，一切选择都离不开思考和策划。道德德性则是关于痛苦和快乐的德性，合乎中庸的品质才是值得称赞的。亚里士多德把道德德性定义为："德性作为对我们的中道，它只是一种具有选择能力的品质，它受到理性的规定，像一个明智人那样提出要求。"[18]通过对理智德性和道德德性的分析可知，它们的对象虽然是完全不同的，但二者在本质上是有关联的。按照亚里士多德的说法，理智德性对应的是灵魂的逻各斯部分的活动，而道德德性对应的是灵魂的无逻各斯，但能服从逻各斯的活动。"逻各斯"或"理性"是二者沟通的桥梁。道德德性（如中庸）是符合逻各斯的行为，人的道德德性以理性为前提。因此，理智德性和道德德性都是符合逻各斯的活动。在《尼各马可伦理学》中，动物、植物和人都有灵魂。植物的灵魂是植物对养分的吸收，动物的灵魂是动物的感觉，人的灵魂是人的理性能力。亚里士多德说："人的功能不仅仅是生命，因为植物也有生命。我们要解决的是人类的独特功能。因此，生长和养育生命不能被看作人类的一种特殊功能，因为马、牛和所有动物都有它。其余的是人类行为的理性生活，按照理性的原则，这是人的特殊功能。"[19]"中庸说"在亚里士多德的德性伦理学中表现为一种理智德性优先论，呈现出理性主义的特点。思考和策划贯穿在全部伦理德性活动中，行为的始点就在于行为者自身，自身是行为主宰，行为都是自愿的。一切都是经过理性的思考，自己应该对自己的行为完全负责。所以说，理智德性是道德德性的导航者。道德德性作为人的第二本性，只有当人发挥自己的理性时才能获得。人的道德德性既使人善，又使人完成其品性，此便是中庸之道。中庸是人们用理性来控制和调节自己的感情与行为，使之既无过度，又无不及，始终保持适中的原则。至此，我们完成了对"理"的探讨和对如何把握中庸的核心这一逻辑进路的解读。下面笔者将要依据文本，探讨孔子与亚里士多德中庸思想之异同。

二、孔子与亚里士多德中庸思想的异同

孔子与亚里士多德中庸思想之相同点与不同点的文本分析，在中外学术研究中已经相当充足，故本文只依据“礼”与“理”的角度，谈谈孔子与亚里士多德中庸思想的异同。

（一）德性的一致——恰到好处

在孔子和亚里士多德看来，中庸就是使之既不过分也无不足，自始至终保持适中的原则。这种“恰到好处”符合孔子与亚里士多德对中庸思想的基本认知，也是孔子与亚里士多德最大的相似点。基于此，孔子与亚里士多德的比较研究盛行不衰。

孔子和亚里士多德都认为中庸的根本精神是要求人们举止得体，因为它体现了人的美德。在孔子看来，中庸不仅是人们在道德实践中必须遵守的重要道德规范，也是一种道德境界。孔子认为，只有按照中庸之道的原则去做，才能产生良好的效果，把事情做过度不是一种优势，而是一种伤害。当人们履行道德时，一旦做过度，就会把原来的道德要求变成错误的行为方向。例如礼貌需要尊重和谦卑，但如果太过分，就会变成恭维和不礼貌。因此，朱熹在解释孔子的思想时曾说：“苟志于仁，未必无过举也，然而为恶则无矣。”[20] 孔子认为，君子若能在仁德实践中运用中庸的方法，便能获得至高无上的道德品质。“中庸之为德也，其至矣乎。”[21] 在这里，中庸之德并不意味着所有的君子都能达到中庸，而是所有的君子都应向中庸努力并尽可能达到中庸，这是君子道德自律的体现。与此相似，亚里士多德的中庸是选择性的，与德性相关。选择与情感感受、情怀密切相关，是通过涵养使情感达到恰好、行为达到合宜。在亚里士多德那里，中庸也没有一个一成不变的标准，而是根据具体情况正确处理行为和情感的一种态度和方法。这与孔子的审时度势不谋而合。亚里士多德把这种审时度势贯彻到其伦理思想和政治思想的各个方面，成为其品评人物、制度的基本准则。他还认为，中庸是人

类的美德，德行是使人成为好人并圆满完成其职能的品质。这种品质也是中庸的或恰到好处的，但很难达到。因为无论是过剩还是不足，都足以使道德腐败，人们便更难达到中庸的境界。中庸显示了美德或德性的高贵，因此孔子和亚里士多德称赞中庸为“至德”。

（二）追求不同——中和与中正

孔子和亚里士多德对政治的追求不同，孔子重“礼”，亚里士多德重“理”，这是一切分歧的开始。

孔子认为，“中和”是一切美德的根源。它不仅是一切美德的目的——人际关系的和谐，也是解决矛盾、实现和谐的途径。人与人之间之所以存在不和谐，是因为人与人之间存在着一种对立。如果人们能够理解各种不同的因素在社会中是有机统一的，他们就会把各种相反的因素结合起来，并坚守自己的立场，履行对彼此的义务。和谐的态度和方法是可以实现的。在教学实践中，孔子提出“不愤不启，不悱不发，举一隅不以三隅反，则不复也”[22]，表明要抓住学生处于懂与不懂之间的关键处，及时予以启发，解开问题的症结。与此同时，孔子还很注重体会“和”的价值与意义：“君子和而不同，小人同而不和。”[23]“和而不同”就是求同存异、恰到好处，也是君子坚持有原则地和睦相处，反对无原则的苟同。这一点在春秋时期齐国著名政治家晏婴的有关论述也有所体现。晏婴认为，“和”是多样性的统一，“同”是没有差别的、绝对的同一，实际上也就是“中”。从这个意义上说，“中”与“和”在本质上是相通的。“和而不同”是中庸追求的以正确、合理为内在精神的整体和谐的状态。

而亚里士多德认为，所有美德的总和是“中正”。一切美德的目的都是社会和谐，社会不和谐的原因是善恶分配不公。只有将善恶公平分配给全体人民，才能实现社会的和谐统一。为了防止社会各阶级追求与其应有权力不符的“僭越权力”，亚里士多德提出应由中产阶级执政并作为仲裁者的政治主张，最优良的政治共同体应由中产阶层执掌政权，凡是中产阶层庞大的城邦都有可能得到良好的治理。合乎中庸的政体是最优秀的政体，唯有这种政体才可以排除党争。若是一个政体缺少了中产阶层，穷人在数量上占绝对优势，内乱很快就会发生，城邦也随即解体。在他看来，只有拥有中等财富者才具有中庸的品德，因为在这种处境下人最容易听从理性。他们不会像穷人那样觊觎他人的财富，也不会像富人那样引起穷人的觊觎，没有人会打他们的主意。他们不想算计他人，也无被人算计的可能性。亚里士多德的中正思想是为了公正地保护社会各阶层的利益不受侵犯，与孔子“中和”思想的出发点和落脚点有明显的不同。

三、二者在如何实现中庸之实践路径上的比较

中庸在理论层面的意义已经揭示得差不多了，但要怎样做才能实现它呢？具体落实到实践层面又该如何践行？孔子与亚里士多德在践行中庸的实践路径上的对比，或许可以给我们提供新的思考，为我们深入理解孔子与亚里士多德的所思所想、了解他们的思想和学术使命提供帮助。

（一）如何践行孔子所说的中庸

践行孔子的中庸思想是一个实践难题。中庸有其内在的思维逻辑，由礼观中庸便能把握其思想精髓，那么是否可以通过践行礼来直接实现践行中庸的目的呢？作为理论层面的假设，这是有一定意义的，至少可以通过分析礼在孔子思想中扮演何种角色来推动对中庸的理解。其一，孔子直截了当地说：“非礼勿视，非礼勿听，非礼勿言，非礼勿动。”[24]大意是不符合礼的事不看、不听、不说、不做，要求个人的行为遵循统一的道德规范和制度，这样就符合了礼，也算是践行了礼。其二，“克己复礼为仁”[25]。首先要学习克己，克己就是胜己，要求对自己的欲求有所节制，它属于道德修养的范畴，由此可以清晰地认识到礼的存在。其次要为仁，为仁是问题的实质，克己、复礼都要以孔子的仁道为准绳。这样践行的礼才不会有偏差。以上是从理论层面推导得出的结果，落实到实践层面该怎么做呢？这就上升到功夫层面——我们应坚持什么原则以更好地践行中庸？一是

“君子求诸己，小人求诸人”[26]。孔子认为，要想成为一个拥有良好德性的人，关键在于个人是否能够努力修养。这种强求自己而不强求别人的精神，是人主观能动性的表现。人由主观努力出发做到严于律己，宽以待人，自然不会遭人怨恨，也不会出现不符合礼的情形，从而失去践行中庸的机会。二是“内省吾身，改之为贵”。孔子曰：“过而不改，是谓过矣。”孔子认为，人是会犯错误的，需要自我反省，及时改正。那些知道自己有过错却仍不知悔改的人，才是真正地犯下大错。如果能达到“知错能改”的境界，中庸也是不难践行的。就个人而言，孔子所倡导的道德选择和道德修养是一种自愿行为。但在严格遵守宗法伦理的基础上，这是否能算作一种自愿行为呢？这与亚里士多德的自愿选择有很大的区别，可能就是中国传统文化值得深思的地方。

（二）如何践行亚里士多德所说的中庸

中庸思想有其内在的理路，但我们可以通过理性自觉地把握中庸。伦理学是实践的学问，中庸包含在实践的学问中。亚里士多德的实践智慧在实际生活中的作用在于：“它是好的生活的谋划、探索和算计。它能‘明察’生活事务，做出明智的判断。它能对最后要决断的特殊事情做出体察，一种正确的、同情的判断，能体谅、同情地了解他人。”[27]这种实践智慧和中庸思想不谋而合，但要很好地践行它需要理性。理性有两大功能：“一是逻辑证明知识的最普遍的初始前提、第一原理，二是实践智慧所处理的最后的特殊、个别的行为事实。”[28]理性能够帮助实践智慧的践行，而中庸则包含在实践智慧中，践行了实践智慧也就是践行了中庸。

在实践层面上应如何践行亚里士多德所说的中庸呢？既然伦理学和政治学都属于实践的知识，那么在政治学中践行伦理学算是践行中庸吗？笔者认为，这一推论是合理的，因为亚里士多德认为对人有益以对城邦有益为前提，离开了家庭和城邦便没有个人的益处，城邦的社群价值优先于个体价值，这也是他的伦理学和政治学理论上的连接点。亚里士多德在政治学中也践行了中庸思想，如“公民是既参与统治又被统治的，不同政体中的公民是不同的，在最好的城邦中的公民应该是在德性上既能统治又能被统治的”[29]。在亚里士多德这里，践行好政治学便是从实践角度完成伦理学，便是实现中庸了。

（三）二者在践行中庸上的不同——德性与德行

孔子和亚里士多德在践行中庸上又有什么区别呢？笔者认为，二者在践行中庸上存在模式的不同（德性与德行）。造成这一区别的原因是礼与理的分殊。孔子谈德性是从君子谈起的。他认为，君子是儒家道德的典范，是和谐社会的外在表现。君子既有内在的道德意识，又有外在的具体行为。君子体现的是人性，是人的典范，是和谐的理想状态。由此，君子之道是天道，是人们追求的最高道德目标。孔子通过君子把人与天、人与地、人与人联结起来，君子是内在德性外在化和固化的结果，也是外在道德行为的标准。因此，百姓有志于君子之道谓之士，实现君子之道谓之贤。志向和德行都以君子之道为目的，以君子的言行为道德规范。此外，君子是功德圆满的人，是仁、义、礼、智等美德的典范。人们应向圣人和君子学习，从而获得和提高他们的道德境界。孔子认为，可以通过两种途径获得美德：一是内在途径，二是外在途径。这两种方式并不是分离的，也不是平等的，而是相联系的。其一，内在是主要的方式。首先，通过内在的道德修养，内在的德性在一定的道德言行中逐渐清晰、独立地表现出来。其次，通过道德言行、道德实践，内在的德性会进一步完善和超越，这一过程表现为以德性为起点的德性—德行—德性模式。其二，外部道德模式是道德行为的标准。通过这一途径，我们可以探索和创造人的内在道德本性，将外在的道德行为内化为道德品质，提高人的道德境界。提升的自觉道德主体将表现出更好的外在道德行为，这一过程体现在道德行为的出发点和落脚点——德性模式上。这两次转化体现了德性实现方式的内在联系和外在联系。德性是先天的，是人自身所拥有的，这就必然意味着内修和功夫的重要性。此外，外在行为有限度，内在修养无限度，无限的内在超越是孔子追求的最高境界，即天道。由此可见，孔子贯彻的是以德性为本的德性—德行—德性模式。

在对美德的本质认识上，亚里士多德和孔子是一样的。他们都认为美德是一种品质和良好的状态。但在德性的起源上，双方的观点不一。孔子认为，美德是上天的恩赐。亚里士多德则认为，人的美德不是自然产生的，而是自然接受的，并通过习惯达到完美，品质来自同一种实践活动。因此，我们必须高度重视现实活动的性质。实践活动的质量不同，美德是通过实践活动获得和形成的。外在的道德修养和实践活动是德性实现的前提，德性由外到内的实现是亚里士多德的首要选择，他坚持德行—德性—德行模式。亚里士多德还认为，求知是人的本性，人的独特功能是“理性的灵魂的现实活动”[30]。孔子是从善良的本性和品质的角度来定义人的，亚里士多德是从活动的角度来定义人的。因此，虽然双方都认为美德本身就是一种品质，但孔子强调拥有品质，亚里士多德则强调使用品质（活动）。前者重视德性美德，后者则强调德行美德。

四、孔子与亚里士多德中庸思想的当代价值

（一）对依法治国与以德治国的深化

德治是把道德教育作为治国的主要手段，追求社会的道德协调，利用道德的内在约束力实现社会的和谐稳定。对孔子来说，德治是人治和礼治，这是儒家政治制度的内在模式，也是其仁政的实现方法。与此不同，亚里士多德强调法治，认为法治是维护社会秩序最重要的手段。他倡导的法律至上的理念和信念是一种具有强制力的外在规范。无论是古代还是现代，无论是中国还是西方，对任何一个国家来说，只要存在政权就存在力量抗衡。但这种力量抗衡以不同的方式存在，占据不同的地位。德治和法治是实现社会治理的不同方式，只有主次从属之分，而无实质之别。

首先要了解孔子的德治思想。孔子的德治思想包括以下内容：一是只要“为政以德”，就能“众星拱之”。孔子总结历代的统治经验，又鉴于奴隶主

暴虐统治的现实状况，认定“尚力”者不得善终，“尚德”者终有天下。孔子认为，实行“德治”的关键在于统治者的德行修养。他把统治者作风的正与不正作为政治好坏的先决条件。二是反对暴与虐，提倡“宽猛相济”的统治方法。孔子主张仁政，认为“不教而杀谓之虐；不戒视成谓之暴”[31]。孔子反对借用杀戮的手段来治理政治，并希望有朝一日能够完全消除诉讼。

接着来谈谈亚里士多德的法治。对亚里士多德来说，法治比德治好。虽然他也看到了法律的局限性，即存在好的法律和坏的法律。但良法和恶法的根本区别在于，实施良法的政府为公共利益而制定法律，而实施恶法的政府为某些人或群体的利益制定法律。因此，亚里士多德不仅强调法律在维护社会秩序中的作用，还非常重视良法的建立。立法是为了城邦的美好生活和弘扬德善。亚里士多德虽然重视法治，认为法治优于人治和一般的德治，但二者都是以善为目的的。

具体而言，孔子不仅以德、善为目的，还以德治为手段，以德为本位，以君子为社会道德楷模，试图在宗法制度的王国中实现仁义、以德治国，希望通过统治者自身的道德修养来实现和平的政治理念。他一方面把道德放在根本的位置，另一方面倾向于让道德成为一切社会行为和生活的准线，把一切问题变成需要解决的道德问题。这种方式给道德带来了过大的压力，德治是否可以在父权制和君主专制的社会中畅行无阻？在崇尚个体自由和民主的今天，德治应该以怎样的方式实现？相比之下，亚里士多德则更实际。虽然亚里士多德也把善作为其伦理学和政治学的目的，但他倾向于把目的和手段分开。换言之，政治学解释了实现善的具体途径和方法，即通过建立良好的政权、法律和教育制度来培养良好的统治者和公民，而使更多的人成为好公民的途径就是法治。从个体和整体的角度看，政治学是伦理学的高级形态；从一般和特殊的角度看，政治学是实现伦理学目的的基础和途径。亚里士多德把善政治化、具体化，最终通过对政治个体、公众的教育来实现善的目的。这样更切合实际，也更顺应社会的趋势。

（二）对构建和谐社会的启示

中庸对构建和谐社会又有什么帮助呢？笔者认为，中庸对社会的和谐具有指导和引领作用。中庸重视适度，强调人与外界的平衡与和谐。孔子和亚里士多德的中庸之道对当前社会发展的作用在于找到一种人与人之间的契合。在日新月异的当今社会，中庸有助于调和人际矛盾，认识到彼此间的相互依存、荣辱与共的契合关系。要怎样实践中庸以促进社会和谐具体化呢？其一，可以通过中庸思想，把人对个人价值和社会价值的追求提高到较高水平，做到自觉地控制欲望，并在适度原则的基础上区分善恶，进而把握处事的尺度，追求灵魂的高尚，实现欲与善的平衡。其二，汲取中庸思想，加强人的价值观培育，并根据当前的社会趋势发展，抵制腐朽思想，增强良知意识，使人从内心认可道德，促进社会内部的和谐。总而言之，中庸之道有助于构建科学的和谐发展观，引导人们的行动，强化人们对善的追寻；有助于人们从思想上、行动上践行和培育美德，从而更好地实现社会的和谐和繁荣。

结　语

之所以重提孔子与亚里士多德并继而研究其中庸思想的践行和意义，是因为道德问题是一个亘古不变历久弥新的大问题。尤其到了现代，道德责任就像“克利斯之剑”一样悬在人们头上，让人焦虑得喘不过气，到底怎样才能成为一个幸福的人？怎样的做法才是合乎德性、合乎行为的？这些都是值得深思的问题。正如廖申白先生所说：“读伦理学著作是人一生中的重要经历。一部好的伦理学著作可以帮助我们懂得什么是真正的善以及当如何做选择。”

在研究孔子与亚里士多德的中庸思想时，笔者发现“礼”和“理”不仅是二者的独特思维方式，更是其中庸思想的立论基础。故从“礼”与“理”这一理路出发，突出其践行中庸实践路径的对比，凸显其现代价值。

此外，笔者有以下几点反思。一是关于伦理学的发展。德性伦理学应有内在的潜力还未被充分发挥出来，尤其是在日新月异的今天。正如麦金泰尔重建德性伦理学一样，我们应沿着他的道路不断探索，继续创新。二是关于“礼”和“理”。“礼”是否只是落后的统治工具？是否还有未被挖掘的现实潜力？作为如今大力提倡的思维方式，“理性”是否有其内在局限性？三是李约瑟难题的出现是否也与礼理模式的分野有关？以上都是值得深思的问题。哲学是爱智慧之学，“学哲学的目的，是使人作为人能够成为人，而不是成为某种人”[32]。希望我们在成为人的基础上成为一个良善的人，成为一个幸福的人！

注释：

[1] 陈来：《〈中庸〉的地位、影响与历史诠释》，《东岳论丛》2018 年第 11 期。

[2] 孙钦善：《论语本解》，生活 • 读书 • 新知三联书店，2009，第 75 页。

[3] 孙钦善：《论语本解》，生活 • 读书 • 新知三联书店，2009，第 164 页。

[4] 陈晓芬、徐儒宗译注《论语 • 大学 • 中庸》，中华书局，2019，第 291 页。

[5] 孙钦善：《论语本解》，生活 • 读书 • 新知三联书店，2009，第 70 页。

[6] 陈晓芬、徐儒宗译注《论语 • 大学 • 中庸》，中华书局，2019，第 307 页。

[7] 罗国杰、宋希仁：《西方伦理思想史　上卷》，中国人民大学出版社，1985，第 194 页。

[8] 劳思光：《新编中国哲学史（一）》，广西师范大学出版社，2005，第 81 页。

[9] 孙钦善：《论语本解》，生活 • 读书 • 新知三联书店，2009，第 145 页。

[10] 孙钦善：《论语本解》，生活 • 读书 • 新知三联书店，2009，第 39 页。

[11] 朱熹：《四书章句集注》，中华书局，2011，第 70 页。

[12] 孙钦善：《论语本解》，生活 • 读书 • 新知三联书店，2009，第 95 页。

[13] 孙钦善：《论语本解》，生活 • 读书 • 新知三联书店，2009，第 8 页。

[14] 孙钦善：《论语本解》，生活 • 读书 • 新知三联书店，2009，第 160 页。

[15] 孙钦善：《论语本解》，生活 • 读书 • 新知三联书店，2009，第 151 页。

[16] 彭丽：《亚里士多德和孔子“中庸”思想的比较》，硕士学位论文，武汉大学哲学学院，2015，第 13 页。

[17] 亚里士多德：《尼各马可伦理学》，廖申白译，商务印书馆，2003，第 36 页。

[18] 亚里士多德：《尼各马可伦理学》，廖申白译，商务印书馆，2003，第 33 页。

[19] 亚里士多德：《尼各马可伦理学》，廖申白译，商务印书馆，2003，第 34 页。

[20] 朱熹：《四书章句集注》，中华书局，2011，第 69 页。

[21] 孙钦善：《论语本解》，生活 • 读书 • 新知三联书店，2009，第 75 页。

[22] 孙钦善：《论语本解》，生活 • 读书 • 新知三联书店，2009，第 80 页。

[23] 孙钦善：《论语本解》，生活 • 读书 • 新知三联书店，2009，第 167 页。

[24] 孙钦善：《论语本解》，生活 • 读书 • 新知三联书店，2009，第 145 页。

[25] 孙钦善：《论语本解》，生活 • 读书 • 新知三联书店，2009，第 145 页。

[26] 孙钦善：《论语本解》，生活 • 读书 • 新知三联书店，2009，第 201 页。

[27] 姚介厚：《西方哲学史　学术版　第二卷　古代希腊与罗马哲学　下》，凤凰出版社，2005，第 787 页。

[28] 姚介厚：《西方哲学史　学术版　第二卷　古代希腊与罗马哲学　下》，凤凰出版社，2005，第 787 页。

[29] 亚里士多德：《政治学》，吴寿彭译，商务印书馆，1965，第 57 页。

[30] 亚里士多德：《尼各马可伦理学》，廖申白译，商务印书馆，2003，第 33 页。

[31] 孙钦善：《论语本解》，生活 • 读书 • 新知三联书店，2009，第 254 页。

[32] 冯友兰：《中国哲学简史（手绘插图版）》，涂又光译，薛晓源绘，中国画报出版社，2020，第 15 页。

权益分析视域下安乐死问题的伦理探析

作者：杨臻圆[*]　指导老师：宋君修副教授
（贵州大学哲学与社会发展学院　贵州　贵阳　550025）

摘要：虽然学术界对安乐死的争议不断，但在当今社会生活中，安乐死仍处于一个尴尬的灰色地带。尽管没有合法化，安乐死事件却频频发生。当下，安乐死不再是一个可以回避的话题，我们必须加以正视。本文通过对安乐死基本内涵的阐释，基于权益分析视域，以安乐死的核心伦理问题“人的尊严”为切入点，为安乐死的合理性给出伦理层面的辩护，为其合法化提供了伦理支持。但思想与行动之间往往无法同步，应然与实然间总是存在一定差距。尽管社会呼声很高，基于中国的现有法律制度、传统伦理观念及现行医疗条件三座大山的阻碍，目前我国尚未具备安乐死立法的实施条件，安乐死合法化在我国仍存在相当的现实困境。

关键词：安乐死；合法化；人的尊严；权益分析

*杨臻圆，女，1997 年 12 月生，2016 级本科生，研究方向：伦理学。

前　言

安乐死作为生命伦理学的热点话题，有关其合法化问题的争论从未停止。而在这个人人都在呼吁维护个人权益的时代，“权益”一词似乎成了人们自我保全的口头禅，每个人都在竭尽所能地维护自己的权益，生怕有所损失。既然“权益”问题与“安乐死立法”问题都是当下必须重视并加以考究的社会实际问题，那么就让我们尝试以“权益分析”为角度，对“安乐死的合法化”问题进行不一样的剖析。

作为一项不同于常规研究方法的新型研究手段，“权益分析”的新颖之处在于：它不仅以“对比、比较”为方式，更是从“法律”“益处”等角度对研究的问题进行阐发，从一些细微之处着手，更能将需要探析的安乐死问题解读到位，分析清楚。

安乐死的立法诉求或者说安乐死权利化是特定时代背景下的产物，在人们的“权益”观念与“尊严”观念日益浓厚的今天，我们必须对安乐死的立法问题加以重视。学术界就这个问题争论了数年，没有任何一方能够轻易地驳倒另一方。但正因为该问题的争议性与迫切性，我们不得不尝试从新的角度去做阐释，以“权益分析”为切入点也许能带给我们一些新的体会和感悟。

一、安乐死的基本概述

由于安乐死是一个涉及多学科、多领域的综合性伦理问题，针对安乐死的概念，国内外学者始终没有达成共识。从安乐死概念的分析出发是探究安乐死问题的第一步，只有正确把握安乐死的基本内涵及相关概念，才能进一步对安乐死涉及的核心问题加以论证。本章阐述了安乐死的定义和分类，列举了赞成与反对安乐死的相关理据，为下文探讨安乐死立法的合理性打下了基础。

（一）安乐死的定义

关于“安乐死”的定义，学术界存在着多种解读。随着时代的更新，“安乐死”的含义也在不断丰富，主要包含以下三种。

第一，解除痛苦说。“安乐死”一词源自希腊语，原意为“好的死亡”或“无痛苦的死亡”。起初，在物资匮乏、劳动力与生产力低下的时代，人人自顾不暇，因此对先天残疾的婴幼儿或时日无多的重病患者，人们往往不会予以帮助，而是“任其死亡”。“安乐死”存在的意义是为了“减轻社会负担，缓解社会压力”。但随着社会生产力的提高，人们的同理心逐步显露，“安乐死”的内涵也逐渐转变为“解除患者的痛苦”。《中国百科全书·法学卷》将安乐死定义为：“对现在医学无可挽救的逼近死亡的病人，医生在患者本人真诚委托的前提下，为减轻病人难以忍受的剧烈痛苦，可以采取措施提前结束病人的生命。”[1]“任何一种对‘安乐死’的解读都不能脱离‘解除痛苦’这一基础，倘若不是为了解除绝症所导致的痛苦，安乐死的存在便失去了它最初的意义。”[2]“解除痛苦”是国内外学者公认的安乐死的基本内涵，是安乐死存在的根本和基石。

第二，维护尊严说。除了“解除痛苦”这一基本内涵，有学者提出，安乐死还包含着另一种含义，那便是“有尊严的死亡”。这是在缓解患者肉体痛苦的基础上，对安乐死与人的精神层面相关联的深层次解读。“现代医学不可挽救的濒临死亡或无法医治的绝症患者，由于精神和躯体受疾病折磨极度痛苦，在本人和家属的强烈要求下，经过医生鉴定及有关部门认可，采用医学的方法，使患者无痛苦地、安逸地快速死亡，这个过程称为安乐死。”[3]学者熊新文对安乐死的这一定义，不仅强调了安乐死能解除身体的痛苦，还指出了安乐死具有减轻精神痛苦的作用。与单纯的生理痛苦相比，许多濒死病患在生命最后阶段面临的精神摧残更为可怖。当我们逐渐无法掌控自己的躯体，大脑也无法清醒思考时，对丧失自主行动能力的无力感会一步步增强，甚至超越人类对死亡的恐惧。当人无法在自我意识的支配下生活时，实则已经失去了其作为人应有的尊严。作为一种理性的生物，人应该是自由的。当人处于濒死状态时，应该享有按自我意愿选择死亡方式的权利。人强调尊严，不仅强调活着的尊严，也同样重视死亡的尊严。当死亡逼近时，能否自我选择一种离开的方式，将是生命不被他人操纵的最后尊严。

第三，生命环节说。因为涉及死亡这一人生大事，许多人对安乐死总是讳莫如深。尽管安乐死加速了死亡的进程，却减轻了患者在迈向死亡的这一阶段本会承受的痛苦。将“死亡”解读为一项生命的环节和一个必经的过程，是对“安乐死”定义更深层的解释。自古以来，人类总是习惯将新生看作希望的起点，将死亡视为生命的终结，因而流传着“好死不如赖活着”等俗语。正因死亡的不可逆性与对未知的恐惧，人类对死亡总是带有本能的排斥与反感。但作为无法避免的自然现象，死亡的存在有其必然性及合理性。它是生命过程的一个固定环节，人们应该将其视为一个过程来思考，而非仅仅将其看作瞬间的终结。生命环节说所提倡的正是要人理智地面对死亡，理智地迎接死亡。当一个患者已确诊无法被治愈，且承受着肉体与精神双重痛苦的折磨时，他的生命便开始倒计时，他便已进入了“走向死亡的过程”。这意味着他的生命所剩无几，只有“好死”或痛苦地“苟活”两个选择。“安乐死”的存在便为“好死”提供了选择，无痛苦地离开是缩短“走向死亡的过程”，缓解在此过程中所需承受的痛苦。缓解并缩短这一过程的痛苦是安乐死存在的最大意义。

（二）安乐死的分类

按照归纳角度的不同，人们对安乐死的分类也多种多样。通过对相关文献资料的收集分析，笔者主要梳理出以下三种安乐死的分类方式。

第一，主动安乐死和被动安乐死。主动安乐死又称积极安乐死，是指采取某种医学措施使濒死患者无痛苦地迅速死亡的手段。被动安乐死又称消极安乐死，是指终止对濒死患者的医疗措施，放任其自然死亡的手段。二者的主要区别在于其实施方式的不同。在我国，虽然二者均未具有合法性，但与主动安乐死相比，被动安乐死并未带有强烈的主观故意性，因而在医疗实践中通常处于一个被默许的状态，尚未受到确切的法律约束。而主动安乐死却是现阶段我国法律所禁止实施的。但在严格意义上，被动安乐死属于一种不作为行为，它通过终止、撤销绝症患者的医疗措施以达到加速病患死亡的目的，而这种不治疗的行为仅仅缩短了濒死患者痛苦的时间，并未减轻其在等待死亡中的痛苦，这与安乐死的本意“无痛苦的死亡”存在相悖之处。

第二，自愿安乐死和非自愿安乐死。自愿安乐死是指濒死患者在其仍保持清醒意识时，自愿地提出主动安乐死或被动安乐死的请求，由医护人员采取相应措施的行为，可分为自愿性主动安乐死和自愿性被动安乐死。非自愿安乐死是指在特殊情况下丧失了自我意识和表达能力的濒死病患，由其家属代其提出主动安乐死或被动安乐死的请求，由医护人员采取相应措施的行为，也可分为非自愿主动安乐死和非自愿被动安乐死。自愿安乐死与非自愿安乐死的主要区别在于是否征得患者本人同意，即执行安乐死是否基于患者本人的真实想法。前者基于患者本人的意愿，无论主动与否，都是患者真实意愿的表达，符合伦理道德规范；后者则一直存在较大争议，由于情况特殊，无法明确患者本人意愿，可能导致违背伦理的情况出现，面临巨大的伦理道德挑战。

第三，听任死亡、仁慈助死与仁慈杀死。听任死亡是指在现行医疗水平无法再对濒死患者提供帮助时，主动停止治疗，任其自然死亡的过程；仁慈助死是指为遭受身心双重折磨，想要摆脱却无力自杀的濒死患者提供的一种快速助死方法；仁慈杀死是指在无法征求患者本人意愿，并由医生判定的“部分丧失自我意识的病患”生命不再有意义的条件下，结束患者生命的行为。三者的主要区别在于其实施对象状态的不同。尽管这种分类不是非常恰当，但从其适用对象状态的角度来看，该分类揭示了安乐死实施对象的个体特殊性。正是由于这种特殊性，我们很难找到一个安乐死适用的完美标准。例如，如何判断一种病是不是绝症？何种痛苦才能认定为极度痛苦？临终的时间节点如何界定？我们该如何去确定这一标准及其合理性？等等。这些都是安乐死合法化必须思考并加以解决的问题，倘若不加以解决，安乐死在中国的合法化终究只能是纸上谈兵。

至此，笔者对本文所讨论的安乐死做出界定：本文所讨论的安乐死主要是由濒死病患本人在清醒状态下按照个人意愿自主提出的主动安乐死，属现阶段法律尚未许可的安乐死。

（三）安乐死的争论

作为伦理学最前沿的课题，学术界对安乐死是否具备合理性的争议从未停止。尽管赞成者的呼声很高，但反对之声也从未停止。

1．赞成安乐死的理据

安乐死合法化的赞成者主要持以下理据：第一，生命质量论。随着生活质量的提升，人的寿命得以延长，人也更加重视生命质量。人的生命应是健康、愉快、有价值的，而对饱受折磨的濒死患者而言，其生命存在的质量已基本丧失。我们不必以延长“走向死亡过程”的痛苦为代价去换取生物学意义上生命的短暂延续。安乐死是对死亡过程的一种优化，是特殊情况下对生命质量的捍卫。第二，自由选择权。自由是指一种免于限制与拘束，实现自我价值的和谐心理状态。个体的自由需要被承认，本质上，它意味着人类对不同行为和客体事件可以做出自己的选择。在“好死”与“苟活”之间的抉择属于个人的充分自由，个人有权选择安乐死，选择一种折磨与痛苦较少的死亡方式来缩短其死亡过程。第三，新型医德论。面对遭受双重极度痛苦的濒死患者时，医生唯一能做的是尽可能地减轻与及时解除其病痛折磨。在生命的最后阶段，患者应被允许赋予自由选择死亡方式的权利，以一种相对更有尊严的方式走完这一生。医学的真正目的是“治疗疾病，维持健康”。但医学本身并不能阻止死亡，在特殊情形下，医者唯一能做的是满足患者的最后心愿，借助安乐死维护其死亡尊严。第四，社会公正论。社会资源是有限的，随着人口的急剧增长，人对社会资源需求的不断增加和资源自身有限性之间的矛盾不断增大。为了保持整个社会分配与回报的相对公正，必须优化医疗资源配置。出于对社会整体的考虑，安乐死的推行是有必要的。安乐死的实施能缓解患者家庭与社会的压力，为社会节约一定的医疗资源，使其获得更合理的运用。第五，人的尊严论。人的尊严性要求人应当体面地活着，而非在屈辱状态中保全生命。人的死亡尊严也是人的尊严的一部分。生存并不是生命的全部，当一个丧失了生命尊严的濒死病患处于生命的最后阶段，他能做的莫过于捍卫自己死亡的尊严。死亡尊严最简单的表达形式便是体面地离开。安乐死是濒死患者丧失更好的选择时，尽可能维护人的尊严的最佳方式。

2. 反对安乐死的理据

安乐死合法化的反对者主要持以下理据：第一，生命神圣论。人在自然中拥有得天独厚的地位，人的生命神圣不可侵犯，具有绝对价值，保障人的生命是人道主义的基本原则。任何人都无权以任何理由、通过任何方式剥夺他人的生命。安乐死的实施是对生命的轻视和怠慢，以“致死”为目的的安乐死，实则为变相杀人。该行为不但违背了传统伦理观，而且与人道主义思想相冲突。第二，传统医德论。救死扶伤是医务工作者的职业道德，医生的职责是要不惜一切代价挽救和延长生命，而非采取人为措施加速患者的死亡。安乐死观念的提出与上述职责相冲突。允许安乐死的实施，就好比将患者的生命处置权交给了医生，这与新型医德论针锋相对。第三，医学阻碍论。医生的诊断并不是万无一失的，安乐死的实施可能会使患者错过自我调节康复与医疗新技术所带来的治愈机会。对不治之症的研究和探索，坚持由失败到成功才是医学实践应有的态度。面对当前的“不治之症”，只有思想上不畏惧，行动上去努力，才能推动医学科学的进步。第四，道德滑坡论。事实上，在见证过历史上的“纳粹大屠杀”后，有关死亡的任何立法都会使人产生一定压力。安乐死的合法性一旦被承认，便有可能不受控制，甚至引发一场新的大规模谋杀。少数别有用心者可能在“安乐死”这一幌子的庇护下实施“合理谋杀”，由此增加脆弱人群的死亡，从而导致无法逆转的滑坡趋势，其后果将不堪设想。

二、尊严：安乐死的核心问题

作为伦理学的焦点话题，安乐死涉及众多伦理问题，由于个人能力有限，笔者仅从安乐死涉及的众多核心伦理问题中选取“人的尊严”问题，尝试在伦理层面为安乐死立法寻求理论上的依据。本章将在权益分析视域角度下，从“权利”和“利益”两个层面，对“人的尊严”与安乐死的关系进行深入阐释，为安乐死的合理性提供伦理层面的辩护。

（一）人的尊严的概念界定

自古及今，人的尊严问题都是伦理学的不衰主题。要研究人的尊严问题，首先得明确人的尊严概念。要明确人的尊严概念，首先要研究尊严的一般概念。

1. 尊严

将“尊严”一词进行简单拆分，便可得到“尊”“严”二字。其中，“尊”囊括了“尊严”一词的主要内涵，为主义字；“严”更多地起到补充作用，属辅义字。“尊”源起甲骨文，为双手捧酒器之态，原意为祭祀时所使用的器皿。“尊”既可用作名词，也可用作形容词和动词。“尊”当名词使用时，指饮酒使用的器皿。在等级制度严苛的古代，百姓是没有资格使用“尊”的，只有身份显赫的权贵才有机会享用“尊”。转而，“尊”也就变为彰显权力、地位高贵的标志。由此可知，“尊”当形容词使用时，多为尊贵、显达之意；“尊”当动词使用时，多表示崇拜、敬重之意。“严”的出现则要比“尊”晚得多。虽是补充字，“严”也具有多种含义。“严”当形容词使用时，多为威严、肃穆之意；“严”当动词使用时，多表示尊重、畏惧之意。不难发现，“尊”“严”连用本就包含权利之意。

在当今社会中，人们通常把“尊严”简单理解为尊贵、庄严的形象或不容侵犯的地位。在《伦理百科辞典》中，“尊严”的相关释义是“尊严，伦理学的范畴之一，是个人或集体对自身的社会价值和道德价值的自我意识。指在社会生活中，个人或集体庄重而有威严，独立不可侵犯的地位和形象”[4]。人的尊严性，往往源自人的道德性及其特有的理性。“人通过理性来规定自己的目的，在理性的存在中，人能获得完整而真实的尊严。”[5]尊严的价值基础是其理性内涵的体现，缺乏较高价值地位的事物不能被赋予“尊严”这一含义。正如我们承认铅笔是有价值的，却不会认为铅笔具有尊严，更不会提出关于铅笔的“尊严”这一说法。动物亦然，与人相比，动物的价值地位相对较低，因而我们通常不会将“尊严”一词用于常规动物范畴。无论中外，学界对尊严的伦理论述最初探讨的都是人与人之间的关系，强调尊严是属人的，研究尊严实际上是要探究人的尊严。

2. 人的尊严

关于“人的尊严”的内涵阐释，学术界主要包含“人性尊严”和“人格尊严”两大主流观点。人性尊严是指人类社会中每一个理性存在者都具有的不可剥夺且无法转让的价值。这是人类的种属尊严，具有其普遍性和绝对性，是人之为人的根本，与动物相区别。作为特殊的社会存在者，每个人都有其特定的社会价值，人人都有权利维护自己的尊严，并受到他人充分的尊重，我们不能以任何理由和方式侵害他人的尊严。人性尊严的享有主体只能是抽象意义上的人，而不能是具体的、附带任何条件的人。人性通过人的自然属性和社会属性赋予人的生命以意义和尊严，由此确立人性尊严的存在。人性尊严是人类一切外在尊严的根源与基础。人格尊严则是人在其人格上所特有的一种社会性精神特质，具有不可冒犯、不可亵渎、不可剥夺等特点。这种人格指的是一般意义上的人格，是人的道德性、主体性和价值性的统一。作为人格权法保障的一项基本权利，人格尊严在法律上具体体现为各种具体的人格权，例如人对其生命、健康、名誉等多种具体人格利益享有免受他人侵害的权利。此外，人格尊严还包含个人基于其人格所造就的自尊心理，即个人的自尊心与自豪感。这就要求我们在保证自我尊重的同时，也要获得来自他人的尊重，即人格尊严的完整实现不仅要依赖于个人的作为，还需要依靠社会的支持。

至此，笔者要给本文的“人的尊严”做出界定。本文中的“人的尊严”

是包含“人性尊严”与“人格尊严”在内的总概念，不仅具有人类尊严的抽象概念，还包含个人尊严的具体层面，将抽象与具体相联系。这样一来，实现人类尊严的大目标也可借由实现个人尊严的小目标来加以体现。在本文中，人的尊严指“人基于所处的社会关系和人自身的需求，通过一定的形式而具有或表现出来的一种不可冒犯、不可亵渎、不可剥夺的社会存在状态、价值和权利”[6]。

（二）作为权利的人的尊严

“尊严”一词本身就包含权利之意，指的是人所应享有的且应获得他人尊重的权利。人的尊严作为一项权利，主要体现为三个方面。

第一，人的尊严不受他人侵害的权利。人人都有权享有人的尊严，享有权利的首要体现就是享有该权利不受侵害的权利。尊严不受侵害就意味着个人人格不受侮辱及个人维护其尊严不受他人阻碍。死亡尊严是人的尊严的重要组成部分，维护人的尊严就意味着必须要维护人的死亡尊严。而安乐死作为濒死患者面对死亡的一种新选择，可以带给患者更多的选择自由，在帮助患者更充分地表达其内心的真实意愿，维护其“死亡尊严”、使其人格尊严免受再度侵害的同时，降低了患者因外界舆论而影响自我抉择的可能性，即安乐死在一定程度上减少了人的尊严受到他人侵害的可能性。

第二，要求他人不得损害自身尊严的权利。在保障尊严不受他人侵犯的前提下，个人本身也不能做有损自身尊严的事，这是尊严权利对人的内在要求。尊严作为一项人的权利，我们不能仅从外界去获得保障，更要守好该权利对我们的内在要求。自古以来，关于自杀行为一直存在不小的争议。尽管安乐死行为和自杀行为在“按照本人自我意愿选择死亡”这一点上达成统一，但笔者并不赞同将安乐死行为等同于自杀行为。因为自杀属于心甘情愿的主动行为，而安乐死属于心甘情愿的被迫行为，其行为人并不一致。且就“致死”这一结果来说，二者均对人的身体尊严造成一定伤害，但自杀单纯地以“死亡”为目的，在很大程度上损害了人的身体尊严；而安乐死则以“解除痛苦”为目的，是在极端情形下为了维护人的精神尊严和死亡尊严不得不采取的措施。比起身体尊严，人的精神尊严与死亡尊严显得更为重要。当在病痛的折磨下，个人的生活意义完全被剥夺，生存理由已全然消失，人的精神尊严和死亡尊严已然受到严重损害时，安乐死不失为濒死患者的最佳选择，毕竟人不能过无意义、无尊严的生活。

第三，要求他人以有尊严的方式做出行为的权利。除了不损害自身尊严，尊严权利还要求人的行为要以有尊严的方式展开。这实则是要求我们将尊严落实到生活的方方面面，时刻提醒自己要保持尊严。人因自尊而受到他人敬重，在日常生活中，我们也要注意自己的方式是否符合尊严的要求。倘若人不自尊自爱，便会在面对权高者时卑躬屈膝，在能自给自足时伸手乞讨，在行不道德之事时丧失羞耻感，或是在一味地追求物质中迷失自我……以有尊严的方式做出行为固然是我们享有的权利，但也必须是我们所做的选择。保障人在任何环境下能自由地表达本人的真实意愿诉求，是给人说话表态的机会，是对人本身的基本尊重，是以有尊严的方式来做出行为的基本要求。随着日渐高涨的呼声，安乐死越来越成为多数濒死患者的心声。选择安乐死的方式不仅能让患者离开时更加体面，也不失为以有尊严的方式来做出行为的一种行为。

在现代社会中，公民要想有尊严地活着，就必须承担起相应的社会责任。只有当每个人彼此尊重，社会也尊重所有个体的尊严时，公民的尊严才有可能得以实现。人的尊严不仅包括人的生命尊严，还包括人的死亡尊严，因此“社会对个体尊严的尊重”也需体现为社会对个体死亡尊严的尊重。而死亡尊严的最终意义是人能够根据自己的价值观选择自己的死亡方式并支配自己的命运。长期的病理痛苦会导致患者丧失其尊严感、伤害其自尊心，在此类情形下，安乐死已成为有效维护患者尊严的最终手段。

（三）安乐死体现人的尊严

作为安乐死的核心伦理问题，“人的尊严”与安乐死密不可分。人的尊严从伦理层面为安乐死的合理性提供了辩护，安乐死维护了人的尊严。我们不仅要通过实现安乐死的可选择性来保障个人的尊严，而且要学会尊重他人选择安乐死的决定以维护他人的尊严。

1. 选择安乐死体现了个人尊严

人的尊严是个人精神内涵的重要组成部分，具有不可替代的地位。人不仅是社会存在物，更是精神存在物，人的幸福感极大程度源自个人精神层面的满足。人之所以区别于动物，有很大一部分原因在于，在骨架躯壳之外，人还有着丰富的内在精神世界，其中最核心的精神特质便是人的尊严。只有当尊重和自我实现的需要被满足时，个体的尊严才会得到体现，人才能真正体会到生活的价值。获得并维护自我的尊严是人对所处环境的基本要求，该需求远比其他需求更为持久。实现人类尊严的大目标必须落实到个人尊严小目标的具体实现上。对濒死患者这类群体而言，有权选择安乐死便是他们维护个人尊严的最佳手段。安乐死为人的精神尊严与死亡尊严的维护提供了一种新的可能，在满足个人精神生活需要的同时，也保障着个人的权利。可以说，推进安乐死立法与选择安乐死做法都是人对自身个人尊严的保护。

2. 尊重安乐死维护了他人尊严

作为社会的一员，人存在于社会这个大关系网之中，被赋予社会属性。人是社会中的人，人的本质属性是社会性。我们在社会中生存，不仅要注重保护个人的尊严，也要注意维护他人的尊严。实现人的尊严是建设和谐社会的价值目标。当人们越来越重视个人的尊严，社会上也就随之出现了安乐死合法化的呼声。因为濒危的患者往往需要承受常人无法忍受的痛苦，为了减轻由病痛带来的痛楚，有些患者还会选择自残的方式。作为一种通过自虐来宣泄心理压力的方式，自残不仅侵犯了公民的生命健康权，还损害了人的身体尊严，威胁了人的生命尊严。倘若还有别的选择，多数濒危病人也不会愿意以自残的方式来获取身心痛苦的短暂缓解。对这些丧失基本生活自理能力而又无力改变现状的病患来说，其最大的心愿就是“可以选择安乐死”，以保全自己在这世上的最后尊严。安乐死固然不是一项必然选择，但我们能做的是让安乐死起码变为一个“选项”，一个合法合规的“可选项”。或许有一天，我们不幸地处于渴望安乐死合法化的那些弱势群体中，到那时，我们再来呼吁安乐死立法就太迟了。安乐死虽是服务于少数病患的需求，但其保障的却是全体公民的死亡权利。选择安乐死自然使我们的个人尊严得以直接体现，可尊重患者的安乐死决定才能间接地维护他人的尊严。

总之，尊严在人的日常生活与社会交往中具有不可比拟的作用。我们只有清楚地认识到这一点，深入了解人的尊严的重要性，才能更好地维护自己和他人的尊严，才能学会用合适的方式和手段去保护人的尊严，进而确保每个人基本尊严的实现。

三、安乐死立法在中国的现实困境

前文在对安乐死的基本内涵具备一个清晰认知的前提下，展开了关于安乐死的核心伦理问题“人的尊严”的详细论述，为安乐死的合法化提供了伦理层面的支持。但我们必须清楚应然和实然间存在的差距，安乐死合法化还需要一个过程。“权益分析”包含三个基本角度，即“权利、法律”层面、“利益、好处”层面与“权衡、比较”层面。本章将以“法律”“益处”与“权衡”为出发点，揭示现阶段安乐死合法化在中国现行法律、传统伦理及医疗现状等方面的三大困境。

（一）安乐死与现有法律制度——法律基础的空缺

在中国现行法律制度下，安乐死并未被规划为公民的个人权利。安乐死在我国缺少必要的立法依据，甚至与部分法律存在矛盾，缺乏相应的立法环境，且这一状况在我国短期内无法改变。

其一，就我国目前的法制状况而言，我国宪法和法律均未对安乐死行为做出相应规定，二者并不支持安乐死立法。宪法是国家的根本法，其法律效力和地位是最高的，其他一切法律法规的制定必须以宪法为基础。从宪法来看，《中华人民共和国宪法》（简称《宪法》）第四十五条规定：“中华人民共和国公民在年老、疾病或者丧失劳动能力的情况下，有从国家和社会获得物质帮助的权利。国家发展为公民享受这些权利所需的社会保障、社会救济和医疗卫生事业。”即我国宪法保障公民的生存权，但并未涉及对生命权与死亡权的规定。从刑法来看，尽管安乐死并不具有社会危害性，但对安乐死行为进行客观分析却不难发现其基本满足《中华人民共和国刑法》（简称《刑法》）中故意杀人罪的基本要件。在《刑法》的适用和解释过程中，相关法律并未严格区分故意杀人行为和安乐死行为，因此在处理此类问题时，司法机关的裁决主要依据《刑法》的相关规定。此外，其他部门法也未曾涉及对安乐死问题的规定。

其二，安乐死合法化与我国的现行法律制度相冲突。首先，安乐死与我国刑法的规定相冲突。我国《刑法》第十四条明确规定："明知自己的行为会发生危害社会的结果，并且希望或者放任这种结果发生，因而构成犯罪的，是故意犯罪。故意犯罪，应当负刑事责任。"故意地非法剥夺他人生命的行为构成故意杀人罪。"在我国，救死扶伤是公民的道义责任，是医务人员的职业责任。对生命垂危、痛不欲生的患者，应尽量给予医务上的治疗和精神上的安慰，以减轻其痛苦。人为地提前结束患者生命的行为，违背社会主义道德准则和法律规范，具有犯罪的社会危害性。即使被害人同意，也不能排除这种杀人行为的社会危害性和刑事违法性。"[7] 安乐死行为的确故意剥夺了他人的生命权利，尽管刑法尚未明确将其定罪为故意杀人，但在中国的实际案例中安乐死行为多以故意杀人罪量刑。其次，安乐死与我国宪法的规定相冲突。依据我国《宪法》第三十七条及第四十五条规定，我国现行《宪法》并未规定公民的生命权，也未确认公民具有死亡权，但其保障公民的生存权。因而，即便是出于患者本人意愿的安乐死，我们也必须承认其的确剥夺了病人的生命，侵犯了患者的生存权，安乐死行为是违反《宪法》的。最后，安乐死与我国民法的规定相冲突。《中华人民共和国民法通则》第九十八条规定，自然人享有生命健康权。中国民法确定生命权是自然人所固有的，不能自由转让、抛弃，也不能被继承。即在中国，公民只有维持自我生命的权利，并无结束生命的权利。人不可随意处分自己的生命，生命权不可被放弃。在我国，自杀作为一种侵犯公民生命权的消极行为，是不被提倡的。但在特殊情形下，个别案例中的自杀行为却也能在情感上获得理解。因而，只要自杀行为不危害社会安全、造成社会恐慌，就不构成我国法律层面的犯罪，法律并未明令禁止自杀或追究自杀者的相关责任。同样，尽管法律上没有赋予公民安乐死的权利，但在极端情况下，安乐死在道德情感层面往往是被人们默许的。这种情感与现实的冲突恰好说明了，安乐死现状尚且存在可改善的空间。我们并不主张随意处置自己的生命权，安乐死虽然不属于无故结束个人性命的行为，但其对公民的生命权采取了非法处置的手段，与我国民法的规定相悖。

要推动安乐死在中国立法，我们需要进一步完善相关的法律体系或者制定相应的法律法规，改善安乐死的立法环境，为安乐死的合法化提供良性的法制氛围。

（二）安乐死与传统伦理观念——新旧观念的碰撞

思想是行动的先导和动力，政府要想推动一项新政策必须先让群众了解和接纳它。作为一种意识形态，根植于骨子里的中华传统伦理道德和价值观念深刻地影响着每一个中国人。安乐死作为一种外来的新思想，它的实施与生死、孝悌、医德等传统观念均存在相悖之处。当新观念与旧思想发生强烈冲突时，安乐死立法究竟该何去何从？

其一，传统生死观念与安乐死观念的碰撞。数千年来，中国传统文化受儒家思想的影响颇深，认为人的生命神圣且至高无上，推崇儒家好生恶死的生死观。人与自然和谐共处，其生老病死要顺应自然规律，以达到“天人合一”的境界。中国人在生死问题上始终怀抱着重生恶死、安生乐命的传统观念。然而，安乐死采取相关医疗手段加速了患者的死亡进程。就其结果而言，这种剥夺他人生命权的行为完全背离了古人好生恶死的传统生死观，从而引发了激烈冲突。作为一种外来新观念，当安乐死与我们的传统观念发生激烈碰撞时，自然会引发人们对传统生死观的重新思考。由于古代物质与思维条件的局限，或许延长生命的长度是保障生命价值最简单的方式。但随着社会的发展，生命的价值已经远不能只用生命长度来体现了。当生存完全丧失其意义，人选择安乐死来结束生命，借此保全生命的质量也不失为一种好的抉择。当安乐死开始走进中国人的视野，生命质量更加引起人们的重视，符合当下时代的新型生死观也就应运而生。

其二，传统孝悌观念与安乐死观念的碰撞。古语有云："百善孝为先。"与西方国家不同，在中国，孝是一种集体意识，是社会伦理道德的核心，在中国社会延续了几千年，深深根植于每一个中国人的心中。面对安乐死的抉择时，因为无法承受这种传统观念带来的社会舆论压力和内心的折磨，在"不孝"的罪名和"尽孝"的美名间，人们往往会选择后者。但随着时代的进步，越来越多绝症患者的子女会开始反思坚持"传统孝悌"真的是对父母的最大"孝道"吗？为了避免自己背上"不孝"的骂名而选择让亲人在生命最后的日子里饱受折磨，丧失属于他们的人格尊严，这样的行为究竟是"愚孝"还是"自私"呢？难道不是时刻以父母的愉悦为首位才是为人子女应尽的孝道吗？当人们一味地追求"尽孝"的美名时，往往会忽视患者的实际需求。我们在批判后期儒家以"理"杀人的同时，也不该以"名"折磨人。当安乐死变为减轻患者病痛的唯一途径时，或许尊重并支持亲人的"安乐死"抉择才是濒危患者家属应尽的"孝道"吧。安乐死虽然冲击着传统孝悌观念，但却引发了我们对"孝"的重新思考，理解了真正的"孝"是要尽其所能地满足亲人的真实诉求与心愿，而非顶着"孝道"的帽子干着"非人道"的事。安乐死给我们带来的"新型孝道观"，也不失为思想碰撞的另一种收获。

其三，传统医德观念与安乐死观念的碰撞。作为安乐死的主要实施者，医者对安乐死的认识与感受往往比常人更加深刻。我国传统的医学伦理认为，医生的唯一职责是"救死扶伤"，应尽一切可能来维持人的生命。"救死扶伤"在警醒医者的同时，也变为一种精神理念束缚着其行为。尽管安乐死的出发点是好的，但其的确加速了患者的死亡，就结果而言，它与传统的医学伦理和传统医德背道而驰。生与死的两种结果，使安乐死在医学界的争议不断。然而，医学本身就并非为了阻止死亡而出现。"治病救人"是医生的职责不假，但治病救人的前提是要保障患者本人的利益。当"治病救人"不再是衡量医者品德的唯一标准，继续生存本身对患者而言已丧失其意义时，满足患者安乐死的心愿或许是当下医护人员唯一能做的维护患者利益的事。安乐死虽与传统医德相悖，却能引发我们对医生职责本质的思考，推动了新医德观念诞生的进程，为其增添了新内容。

长期以来，我国社会思想的宽容度与包容度不足。作为一种外来思想，安乐死与我国传统思想的碰撞在所难免。要想让民众先在思想上接纳和认可安乐死，势必会存在不少困难。但社会在进步，人的观念在更新。安乐死与传统观念碰撞所带来的新型孝道观等新思想，并不是对传统思想的全盘否定，而是在新时代的背景下对传统观念的推陈出新，是以一种全新角度对其进行的更合理的解读。人的意识形态对其行为模式具有不可小觑的影响力，努力使安乐死思想加入国民集体意识的行列中，才是安乐死立法思想层面的正确进路。

（三）安乐死与现行医疗条件——基于医疗的权衡

安乐死要想得以实施，医疗条件的保障是物质前提。缺乏强有力的物质保障，安乐死立法只能是空想。基于我国当前的医疗卫生水平，安乐死立法尚不能推行。

首先，我国当前的医疗保障制度尚不健全，医疗保障体系存在漏洞。作为社会生产力不断发展的产物，安乐死实施的前提必须包含完善的医疗保障体系。近年来，虽然我国医疗卫生事业在不断发展，但由于管理体制和医疗水平的制约，与发达国家相比，我国的医学发展在各方面仍存在较多不足，且因医疗保障范围小，还无法实现地区平衡，经济状况常常会变成我国患者被迫放弃治疗的决定性因素。在此种背景下，倘若安乐死通过了立法，很可能会导致多数由于家庭经济有限而无法承受高昂医疗费用的病患选择安乐死。这与安乐死维护人的尊严的立法初衷相悖。因此，医保体系的不健全制约着安乐死立法。

其次，我国当前的医疗技术水平还相对落后，国内许多大型医院的系统设备和相关的医学知识水平与国外相比仍有不小差距，且我国多个地区不一样的医疗机构的具体情况也大不相同。鉴于我国医疗技术水平有待提高的现状，安乐死立法也不得不推迟。在安乐死的实施方面，医生必须做出精确无误的判断，这个判断需要依赖技术及医疗设施。作为一个发展中国家，我国与发达国家在这一方面还存在较大差距，无法保证医者诊断结果的绝对准确。加上不同地区的医疗卫生水平参差不齐，现阶段我们无法保证安乐死相关诊断的正确与实施技术的达标。安乐死在全国性的实施必须以强有力的技术、设备为支撑，这是对百姓负责的基本要求，也是预防安乐死负面效应的现实要求。

最后，除了医保体系不健全与医疗水平未成熟之外，我国医务人员的素质也有待提高。目前，我国医务人员的业务水平与社会对他们的期望还存在一定差距。现实中总有部分医者丧失医德，唯利是图，进而加深了我国的医患矛盾及医疗纠纷。因此，当医务人员的业务素质和道德素质尚未获得公众的普遍信任时，人们在面对危重病情的诊断时就难免会持怀疑态度。在一个患者无法信任医务人员的时代，我们用什么理由去说服自己推行安乐死的立法？当医者与患者之间产生信任鸿沟，我们该如何去规避安乐死可能出现滥用的情形？因而，在当下这一阶段，医务人员应以传承优良医德为基础，以为患者服务为中心，以对患者高度负责为道德准则，通过自身素质与能力的提升，力求早日迎来医患互相信任、和谐共处的新时代。

作为涉及全体民众切身利益的社会现实问题，安乐死的实施推行必然要以坚实可靠的医疗条件作为硬件保障。我们要努力完善现行的医疗保障制度，提高现有的医疗科技水平和医务人员的道德素质，争取为早日实现安乐死合法化打下坚实的基础。

结　　语

在关于安乐死的争议仍未平息的今天，我国安乐死合法化的道路任重而道远。本文由安乐死的基本概念出发，以“权益分析”为角度，剖析了安乐死的核心问题——人的尊严，为安乐死寻得伦理层面的辩护。理想很丰满，现实很骨感。我国目前要实现安乐死合法化还存在许多阻碍因素，主要包括法律体制的不完善、传统伦理观念的冲击、现行医疗条件的不健全三个方面。但以上因素的阻碍都只是暂时的，无论是现实的迫切需求、伦理层面的合理性论证，还是民众对“安乐死”观念的理解与接纳，都在一步步推进安乐死的合法化进程。安乐死的合法化指日可待，但又不能一蹴而就，我们必须具有足够的耐心与谨慎，立足于当下，夯实安乐死的理论基础，加强安乐死观念及其合理性的宣传，完善安乐死的立法环境，以加速推进安乐死合法化进程。

注释：

[1] 谢可君、杨关生：《安乐死非罪化探讨》，《法制博览》（中旬刊）2013 年第 8 期。

[2] 王涵墨：《我国安乐死合法化的伦理探究》，硕士学位论文，沈阳工业大学马克思主义学院，2019，第 9 页。

[3] 熊新文：《浅谈安乐死立法》，《法律与医学杂志》1996 年第 3 期。

[4] 徐少锦、温克勤主编《伦理百科辞典》，中国广播电视出版社，1999，第 1054 页。

[5] 张艳：《人的尊严探究》，硕士学位论文，湖南师范大学哲学系，2011，第 10 页。

[6] 张艳：《人的尊严探究》，硕士学位论文，湖南师范大学哲学系，2011，第 13 页。

[7] 李洋、刘鑫：《我国安乐死立法的障碍分析》，《中国医学伦理学》2005 年第 1 期。

基因编辑的伦理反思

作者：潘世莲[*] 指导老师：郭晓林副教授

（贵州大学哲学与社会发展学院 贵州 贵阳 550025）

摘要：人类的幸福前景依赖于不倦的科学探索，而人类无穷的求知欲又可能造成社会伦理道德的堕落。基因科技是分子生物学重大技术的进步，合理地应用可增强人类福祉，不当地应用则会导致公共安全和人类社会的危机。人类对基因科技的研究由来已久，由于2018年贺建奎基因编辑婴儿诞生事件和2019年俄罗斯科学家宣布的基因编辑计划，基因科技迅速成为法律、伦理学界的热点议题。本文通过基因编辑技术人体试验对社会产生的影响进行伦理反思，以宽容的伦理基准为保障，提出加强科学家与相关科研人员的伦理教育，提高其底线意识，从而使基因科技在法律范围内、伦理认同下进行基础性研究。通过这类基础性研究，基因编辑技术的安全性和有效性能够得到保障，从而突破技术和伦理难关，有望对其进行临床转化，以增进全人类的共同福祉。

关键词：基因编辑；伦理挑战；道德宽容

---

* 潘世莲，女，1998年6月生，2016级本科生，研究方向：伦理学。

前　言

20 世纪以来，随着各个国家、民族间联系的日益密切，科学技术在增进经济的繁荣、社会的进步和个体的全面发展方面的影响更加明显和深刻。但科学技术在给人类带来福音的同时，也引发了社会道德缺失、精神空虚等现象，从而激发了我们对科学技术的伦理反思。科技绝不仅仅是实验室里的探索，它关乎人类的命运和发展方向。近年来，有关基因工程的科学研究成果有了新的突破，基因工程技术逐渐引起人们的伦理反思。目前，有关基因工程伦理问题的研究早已超出了它原有的狭窄范围，由于生物医学的发展与应用，医学活动及其行为方式在社会上的角色变得复杂起来，使其与传统的道德观念对其赋予的角色内涵不相容。基因工程伦理学更多地涉及人道主义、未来人权、平等权等现代伦理学核心议题，是当代伦理学最主要的前沿性课题之一。

关于基因工程伦理的争论主要涉及两个核心问题：首先，人们究竟有没有权利（如果条件允许的话）对未来人类的遗传特征进行人为干预？即不是对可能导致遗传疾病的基因进行修正，而是人们根据自己的意愿（他们认为这是善的）对未来人的肉体和心灵特征进行遗传物质方面的修改。其次，人们是否应该对出于善良目的的基因编辑予以道德宽容？一方面，这是旨在增进人类福祉的科研活动；另一方面，这一科学研究和技术在实践上可能会侵害人们应该享有的自决权，这对人的尊严与基本人权都是一种严重的侵害。在“编辑者”与“被编辑者”的层面上，被编辑者已经成为编辑者的一个产品或附庸，基因编辑技术违背了平等的原则。

我们需要反思的是：是坚持对科学研究中的伦理禁区，不越雷池一步？还是应给予相应的科研活动一定的宽容？以基因编辑为例，基因编辑研究对人类来说究竟是福音，还是不可触碰的伦理底线？

一、“基因编辑”的学科渊源及伦理争议

（一）基因编辑的优生学渊源

随着现代生物医学技术的进步，人们在享受科技所带来的便利的同时，也面临某些科技对既有伦理秩序提出的激烈挑战，而基因编辑技术就是其中的典型代表。实际上，基因编辑是优生学理念在现代生物医学上的技术选择，而关于优生学的理论预设则是一个有着漫长历史的话题。柏拉图在其关于“理想国”的设想中，将人分为公民、士兵、卫国者三个阶层，并要求男女之间要按照“最好的与最好的，最差的与最差的”这一原则相结合繁衍。按照这个原则，人们根据基因的优劣来配对，是一种基于自然生殖的基因选择，能有效地培育新的人种，以此为基础建成“理想国”。然而，柏拉图的理想却一直没有实现。

直到宗教改革时期，托马斯·莫尔又重新提起柏拉图有关未来国家蓝图的一些想法。进入启蒙运动时代后，人们才坚定了关于创造一种更好的人类的信念。19 世纪初，法国空想社会主义者傅立叶幻想，人们未来将按照严格的规则生活在乡村公社里，身高可达 2 米，体重可达 200 公斤，寿命可至 144 岁，世界人口可达 30 亿，且人们的天资极高，具有荷马水平的诗人就达 3700 万人，牛顿式的数学家也能达到同样的数量。19 世纪下半叶，尼采把这种理想的图景描述为“超人”，即对人种本身的改良，这种改良甚至可以为了造就更高等的人种、贵族而牺牲少部分人的利益。这为二战后某些科学家和医务人员打着科学的口号去研究违反人类伦理纲常的实验提供了“依据”，他们宣称这些实验是为了建立更加美好的世界。与此同时，高尔顿提出了“优生学”这一概念，他将优生学定义为通过人种培育使未来人类在遗传特征上得到改良的科学。到 20 世纪初，优生学专业协会在国际上普遍建立，越来越多的科学家投入优生学人种改良实验中，引发了因将先进技术用于生命科学和医疗保健领域而产生的诸多伦理难题。[1] 生物医学的应用和发

展对传统道德观念提出了挑战，产生了许多前所未有的道德问题，促使人类重新思考其行为的道德底线，也使生物医学领域的伦理问题成为社会关注的焦点。

（二）生物医学领域的伦理学议题

涉及生物医学领域的伦理问题被称为“生命伦理学”，它源自人们对第二次世界大战后灾难性后果的反思。生物医学的发展和生物医学技术的进步加速了生命伦理学的兴起，由生物医学技术进步引发的直接或间接的道德问题是推动生命伦理学发展的重要动力。首先，生物医学技术的发展产生了关乎人类未来的重大生命伦理问题；其次，随着人类文明演变和科技进步，人们在精神上的享受要高于物质上的体验，生物医学技术在临床应用时往往会产生很多道德问题；最后，随着医学技术的发展，医学的活动方式和社会地位都发生了很大的变化，如社会医学化、医学专业化、医疗活动技术化、医务活动技术化等。[2] 总之，二战后科技的蓬勃发展带来了医疗实践的深入，由此引发了一系列的伦理问题，这让人类不得不在使用科技的同时思考一个维系社会长治久安的根本所在——道德问题。

生命伦理学的研究议题可划分为十大主题：一是生命伦理学理论，如现代生物科学与伦理学的关系、生命伦理学的模式等；二是遗传与发育，如对遗传的干预（包括基因改造、基因治疗等）、生殖生育问题（包括人工授精、克隆人等）；三是人体试验；四是人的行为控制；五是健康保障；六是死亡和濒死；七是人口控制；八是生态伦理学，包括对未来的义务和生态道德规范等；九是科学研究，如研究的限制和管理等；十是其他问题，如自杀、医患关系。[3] 基因工程技术涉及以上多项伦理议题，但基因科技的应用使人类同时拥有了对人的受孕、出生、身体构造、心灵健康、生命历程、预期寿命等加以控制和把握的能力，使人类有可能达到“完美”，从而改变整个人类的未来图景。在凭借基因科技扮演上帝角色的同时，人也需要承担更多的道德责任和伦理考量。近年来，基因编辑技术的迅猛发展在生物医学领域引起了广泛关注，基因伦理学在生命伦理学中异军突起。

基因编辑技术的发展并不是一蹴而就的。1981 年，第一株小鼠胚胎干细胞系建立，科学家靶向基因编辑动物模型取得成功。1997 年，体细胞克隆羊多莉问世，使产出靶向基因编辑的动物模型成为可能。2013 年，基因编辑技术成功应用于哺乳动物细胞从而成为研究热潮。2014 年，南京大学的研究人员成功创造出定向突变的基因工程猴，这是有记录以来首次在非人类灵长目动物身上成功使用此项技术。2015 年 4 月，中山大学黄军团队首次实现了人类胚胎基因的编辑。2016 年，四川大学华西医院肿瘤学家卢铀率领的团队开展了全球首例对人体使用革命性基因编辑技术的试验。需要指出的是，这一试验不编辑基因种系，其影响不会被遗传。2018 年 3 月，靶向 RNA 的基因编辑工具诞生，并成功用于校正一名痴呆症患者细胞中的蛋白不平衡；7 月，光触发的基因组编辑方法问世；8 月，我国科学家在全球首次获得了首例特定长寿基因敲除的食蟹猴模型。尽管这些多多少少都与胚胎技术有关，但并未引发巨大的伦理争议，因为这些研究与试验大多用于动物胚胎或带有治疗性价值的范围。2018 年 11 月，中国南方科技大学副教授贺建奎宣布，一对名为露露和娜娜的基因编辑双胞胎婴儿在中国诞生，震惊了世界。2019 年 6 月，俄罗斯科学家丹尼斯·雷布里科夫也宣布了他的“基因编辑婴儿”计划，同样引发了热议。这两次人体胚胎试验事件在全球范围内引发了争论，让“基因编辑”走入了大众舆论场，使伦理学家们对基因伦理学进行了深刻的伦理思考。基因伦理学又称基因工程伦理学，它是根据道德价值、伦理学理论和原则，对科技的蓬勃发展引起的基因工程研究及其应用领域内的人类行为进行的评价和研究。基因伦理学涉及克隆人、基因隐私、基因歧视、基因改造、遗传病信息处理、遗传病国际合作研究等问题，拥有独立的理论框架，其研究领域始终是开放的，并随着实践的不断深入而走向成熟。

对每一项科技的发展，人们都会有各种不同的评价。而基因编辑技术的变化引起的伦理问题不是某个国家、民族所特有的，它关乎人类的未来命运和发展方向，关系到每一个个体的生老病死。20 世纪末以来，人们就开始对基因伦理进行重点探索。基因编辑技术是以改变基因序列为目的，实现定点突变、插入或敲除的技术。它通过科技的手段来改变人的自然禀性，从而达到改变劣质基因、优化人种的目的。基因编辑技术是遗传工程的一种，能在活体基因组中进行 DNA 插入、删除、修改或替换。这项技术不同于早期的遗传工程技术，早期的遗传工程技术是在宿主的基因、基因组中随机插入基因物质，而基因编辑技术是在特定位置插入基因片段，从而能够高效率地进行定点基因组编辑。基因编辑技术在基因研究、基因治疗和遗传改良方面展示出巨大的潜力，科学家们已经开始探讨如何操作和编辑人体 DNA，试图通过科技手段进一步地改善人类生活，按照某种规则对未来人类的身体与精神重新进行塑造，使人类更健康、更优美、更有能力、更幸福。基因编辑技术被用于人体试验所引发的伦理议题不同于其他社会问题，它涉及人之为人的本质问题，由此引发了巨大的争议。

（三）支持与反对基因编辑的伦理理据

基因编辑技术是一把双刃剑。一方面，它给社会的进步带来了福音，如有望治愈遗传性疾病、具有重塑生物圈的潜能等；另一方面，基因编辑技术自身存在很多问题，如是否跨越伦理禁区？技术自身的安全性和有效性如何保障？是否会引起社会不公？是否会损害人类尊严问题？是否会影响人类未来的命运？等等。任何一项新兴科技的出现都会引发大众的讨论，其中不乏支持者和反对者，但大多数人的最终目标都是人类利益的最大化，促进全人类的共同福祉。

1. 反对者的理据

第一，人类胚胎基因编辑技术的出现，意味着人类可以通过科技手段去改变甚至控制人类的身体构造和生命进程。如果基因编辑技术成熟且被随意地使用，那么当人们对某个基因有所不满，就会任意地“查找并替换”它，导致每个人都成为“复制人”。这听起来似乎每个人都变完美了，但却会造成人与人之间丧失个体差别，进而损害了人的独特性。

第二，基因编辑技术所影响的不仅是现在的人类，而且更多地指向未来的人类（一个暂时还不能称为“人”的人类胚胎，但将来很有可能作为现在的人类的后代继续生存）。这就涉及人的自由权问题，基因创生者（胚胎父母）是否有权利替胚胎做决定？对于接受基因编辑技术胚胎试验的父母，一旦产生人无法承担、无力逆转的后果，该由谁来买单？该怎么样买单？

第三，基因编辑技术的发展图景目前只是一个方向，只是人类对未来科技发展的一种美好愿景，其风险目前无法预估。倘若对人体胚胎做出超范围的试验，其结果是无法逆转的，它将改变后代的遗传信息，也不能保证该胚胎基因序列的其他基因组是否会因此受到影响。

第四，基因编辑技术本身具有巨大潜力，它可以矫正遗传缺陷、修改致命基因，但其工具理性价值也会随之改变。这项技术一旦成熟，就很可能被用于非医疗目的的增强行为，这时就会产生阶级差异。因为需要支付高昂的费用，只有富人才能享受到改造服务，富人便优先彻底改变后代的遗传基因，使贫富差距越来越大，这个社会就没有公平可言，又何谈社会稳定呢？[4] 如果这项技术发明不能达到增进全人类福祉的基准，我们就必须禁止。

2. 支持者的理据

第一，技术有限制，但科学无禁区，科学探索不能止步于禁区。人类生殖系基因编辑技术从研究到应用的整个过程，至少可分为三个阶段：基础研究、临床试验、临床应用。基础研究包括动物试验和人类细胞体外研究。基础研究并不包含将基因编辑后的胚胎移植到人类或其他生物体内，并严格控制胚胎的体外培养时间。[5] 根据这一界定，基础研究并不直接涉及人类受试者，不会对人类个体造成直接伤害。由于基础研究本身不会产生可存活的人类个体，即使当前基因编辑技术存在脱靶突变率高、成功率低等问题，基础研究也不会给后代造成任何直接伤害。当然，获得这一结论的前提是胚胎不具有与人相等的道德地位，即胚胎不是人，这一观点在生命伦理学界已被普遍接受。因此，从技术本身的缺陷和对未来后代造成的伤害出发，建议暂停或禁止基础研究是不合理的。

第二，从父母的角度来看，很多孩子患有遗传疾病的父母会对基因编辑充满期待，他们不希望自己的孩子遭受病痛的折磨，便会试图通过科技手段去改变可预想到的悲惨结果。科学研究是无法预知结果的，结果有利有弊。如果利大于弊，自然是最好的；如果弊大于利，则证明这条路走不通，也能为后人提供经验与教训，防止后人前赴后继地进行错误尝试。

第三，自 1981 年被发现以来，艾滋病就是人类难以攻克的难关。截至 2020 年，全球已有 3000 多万人死亡，还有 3000 多万的艾滋病感染者，这些感染者每天都要面对生存的挑战和社会的歧视。艾滋病这个极具杀伤力的瘟疫波及了无数个家庭，是人类健康问题的最大挑战者之一。[6] 科学研究表明，基因编辑技术能对人体基因进行有效的定点修饰和改造，10% 的欧洲人对艾滋病具有天然的免疫力是因为他们天生就缺乏 CCR5 基因。CCR5 基因的缺失使艾滋病病毒无法进入他们体内，但对全球绝大多数人并不具备这样的条件。那么基因编辑技术的出现对世界各地的大多数人来说便是一个福音。基因编辑技术的发展为治疗遗传性疾病、肿瘤等疑难杂症带来了希望。一方面，基因编辑技术对胚胎细胞能进行基础性研究，有利于人类实现早期疾病治愈的目标；另一方面，由于技术的安全性尚未得到保障，基因编辑技术可能会对人类繁衍的后代及其生存方式产生很大的危害。但基因编辑技术今后会在多个科学家和多种学科交汇融合的情况下不断进步，变得更加高效、精确、简便。

2015 年 12 月 1 日，香港科学院、伦敦英国皇家学会、美国国家科学院和美国国家医学院在华盛顿特区召开了为期三天的“人类基因组编辑国际峰会”，来自世界各地的顶级学者达成了以下共识：基因编辑技术在伦理道德层面、技术层面、社会层面还存在各种问题，其安全性无法估计，一旦我们允许它进入人类基因库，造成的后果将是无法逆转的。本次峰会鼓励基因编辑技术用于基础研究而不是临床应用。虽说基因编辑技术的临床转化言之尚早，反对者的理据确有合理之处，但基因编辑技术本身具有巨大的潜力，我们不能因此否定它的研究价值。随着文明发展的进程加快以及人类面临的医疗难关增多，人们对基因编辑技术的认识会有所改变且将不断进行新的尝试，终归会突破伦理局限，促进医疗个体化的发展。基因编辑技术终将冲破技术难关和伦理难关，其临床转化和应用值得我们拭目以待。

二、基因编辑与生命科学的伦理底线

（一）伦理底线的含义

我们要固守伦理底线，首先需要明白何为伦理底线。伦理底线的基本定义是："伦理是关系人与人之间的规范，底线伦理就是处理人与人之间关系的最低的道德规范要求，也是维护人类文明河流延续的堤防。"[7] 伦理底线意味着道德的最低限度。一般来说，伦理底线可分为生存之底线伦理、个人之底线伦理、社会之底线伦理和政治之底线伦理，这四种伦理底线表明了人作为一种社会性动物抑或是政治性动物的四个不同生活层次的维度，向我们展示了社会最低限度的道德要求。

近年来，全球各国的政治、经济、文化等都在稳步提升，科学技术也在稳步发展。然而，一些由于人类文明进步直接引发的社会现象直接导致人类道德文明的沦丧，这不得不引起人们深刻的哲学反思。2015 年"人类基因组编辑国际峰会"曾明令禁止人体胚胎基因编辑的临床研究，且多个国家也已制定相关法律法规来限制该项技术的越界试验，结果还是出现了 2018 年贺建奎"基因编辑婴儿事件"以及 2019 年俄罗斯科学家丹尼斯·雷布里科夫宣布"基因编辑婴儿计划"的局面。如今，科技的发展日新月异，大众的道德观念也在潜移默化地发生变化，我们不能再用以前的伦理基准来衡量科技发展的步伐了。随着科技的进步和文明的演进，人类所依赖的文化信仰应顺应形势的发展。伦理底线的基准必然会随着文明水平的提高、社会的发展而不断改善、走向理想。况且，基因编辑技术目前又取得了更多的成效。在科学技术领域，基因编辑技术可以快速构建模式细胞或模式动物，节约大量科研时间和经费；在农业领域，基因编辑技术可以人为地改造基因序列，使之符合人们的要求，如改良水稻等粮食作物，增加产量，提高抗病抗虫害的能力等；在医学领域，基因编辑技术可以更加准确地构建疾病模型，深入了解疾病发病机理和探究致病基因的生物学功能，进而通过改造人的基因达到基因治疗的目的等。[8] 基因编辑技术在农业、畜牧业和生物医学等诸多领域具有极其广泛的发展前景和应用价值，这为其在人体胚胎试验的推进提供了切实可行的基础。但很多遗传疾病等医疗问题还没有得到解决，为了人类的生存底线，也为了人类未来的共同福祉，基因编程技术的伦理基准应该有所调整。我们不能为了尚未可知的风险而放弃仍在与病魔斗争的患者，这同样是对人权的侵害。

（二）生命科学研究的伦理学底线

当今世界，科学技术迅猛发展，新兴学科与交叉学科不断涌现。20 世纪后半叶以来，生命科学研究的广度和深度都获得了飞跃式的发展。人类在认识生命、控制生命和改造生命方面取得了辉煌的成就。但人类毫无底线地对生命进行干预和介入，将生命当作可操作、可控制的对象进行研究，由此引发了对生命的理解和对生命科学的讨论。将生命物化、工具化，导致人类失去对生命敬畏之心的行为，引发了一系列伦理学争端。[9] 针对此类现象，诸多学者提出应恪守生命科学研究的伦理底线。关于生命科学研究的伦理底线，诸多学者由于学派不同也存在分歧，缺乏统一的判断标准。本文站在“功利主义”[10] 的立场来诠释伦理底线。

生命科学研究是人类认识世界、改造世界的重要的推动力，也是人类毁灭自己最有杀伤力的武器。我们可以利用科技造福人类，但不能对科技进行无休止的探索，生命科学研究亟需伦理规范。所谓“无规矩不成方圆”，人类社会一刻也离不开规则，规则是处理人与人、人与组织、组织与组织之间关系的行为规范。因此，要建成一个有秩序、和谐的社会，必须遵守人与人之间关系最低的道德要求规范，即必须坚守底线伦理。底线伦理能够通过最基本的道德准则为人们设定一种普遍主义的道德底线，这种道德底线不可随意突破，否则就会违背社会的基本道德原则，冲击社会主流价值观，造成社会公信力受损，违反者也将受到舆论的谴责乃至法律的惩罚。可以说，底线伦理是人们必须遵守的一种基本道德义务与社会行为规范，也是道德规范中不可逾越的临界点。从现实角度看，底线伦理是所有公民必须遵守的，也是对当前社会道德缺陷的一种补救措施；从哲学角度看，底线伦理设置的基本目的是避恶而不是趋善。避恶虽是比较低的要求，但却是符合实际的，容易让人达成共识。作为人类进程的重大事件，生命科学研究的研究进度、发展进程并不是一个科研人员所能决定并实施的，其每一项进展都应该在伦理委员会的审查之下，在法律的范围之内，符合社会道德的认知水平，这是生命科学研究必须恪守的伦理底线。

不可否认，科技在人类探索未知世界的进程中占据着重要地位，每一次科技发展所带来的生产力的提高和生产方式的改变都会促进时代的变革。归根结底，科学就是对未知世界的探索、对客观规律的揭示以及对实践的总结，科学使我们更进一步地认识世界、改造世界。随着人类文明水平不断提高，越来越多的人从繁重的劳动中解放出来，可以轻松解决温饱问题，对精神生活的要求也变得更加挑剔、敏感，才出现了一个又一个的“伦理禁区”。值得我们深思的是：对于基因编辑技术，我们应该先干了再说，还是严防死守？二者可以相容吗？

在笔者看来，由于科研活动的特殊性，大多数的科研成果被大众得知总是在科研活动结束之后，伦理的评判也因此总是滞后于科学活动。要调和二者的关系，就必须使宽容的伦理基准成为现实，而这需要国家法律法规的控制、社会的监管，以及科研人员具有强烈的责任意识。在此基础上，我们才能给予科学领域道德宽容和一定的研究空间。比起某些科学家打着为科学献身的旗号，进行不符合伦理的研究，这种道德宽容的行为更能为大众所接受。目前，人们还不能接受某些用作科学目的的科学手段，但我们不能因此放弃对某些科学领域的探索，否则就难以谈论对未知世界的认识和改变。底线伦理是传统社会的基本道德与现代社会相结合的产物，处于转型时期的社会不可避免地会出现一些道德失范的现象。但与此同时，人们的意识也在不断地觉醒，对基本道德的认知观念也将达到一个新的高度，我们对底线伦理的建构便有了新的意义——实现人类自身利益的最大化，实现社会利益的最大化。

基因编辑技术的发展对人类促进自身幸福具有一定的积极意义。在基因编辑技术面临如此重大的伦理争议的前提下，我们是否能在对其发展加以相应限制的前提下予以适当的道德宽容呢？任何一项科学技术的出现都有其必然性。既然基因编辑技术已经出现在人类发展史上，我们就不可能也没有办法抹去它的痕迹。我们应该以更加开明的态度和更加开放的姿态去包容、接受它，而不是将它作为不可触碰的禁区。当基础性研究成果逐渐显著、安全性得到保障、风险评估机制逐渐完善时，我们是否可以进行基础性的临床研究探索？

三、可否对基因编辑进行道德宽容？

道德宽容不是道德纵容，不是一味地支持，而是恰到好处的适度。道德宽容是道德理性的重要表现，道德宽容的适度是道德理性健全的重要标志。然而，基因编辑技术中所蕴含的巨大能量，使道德宽容可能成为一把杀伤力巨大的双刃剑，我们对基因编辑技术应给予高度审视。对于一些已经发生的有关基因编辑的不良事件，我们在反思的同时，更应该考虑后果以及如何让其往好的方向发展。这不仅需要法律的强制手段与社会的监管，更需要科研工作者加强自身道德意识与责任意识。

（一）宽容的伦理基准是全人类的共同福祉

科学发展的速度总是超越大众对社会的认知现状，伦理基准也会滞后于科技的步伐，甚至停滞不前。每当发生技术革命时，总会有人站出来对某些激进的科学家评头论足，或赞成，或反对，以表他们对社会、人类尊严和权利的人文关怀。这些人对基因编辑技术也是如此，但大多数人对基因编辑技术都抱有消极的抵触态度。实际上，科学技术是中立的，科学技术之所以被视为一把双刃剑，是由于操作者的目的受自身恶善所影响。科技对人类社会具有不可磨灭的贡献，我们应着眼于其造福人类的一面。因此，应合理地运用基因编辑技术，将基因编辑技术的运作置于法律的框架、社会的监管和道德的自律之下，有效规避其有害的一面。在这一层面上，人类完全可以对基因编辑技术进行持续研究，促使人类追求最佳的生存状态。笔者认为，基因编辑技术应继续研究的原因有以下几点：

第一，基因编辑技术若得到有效利用，其发展就很有可能加速人类遗传研究的进程，人类将来对疾病的处理措施就会以预防为主，即通过事先在人体或胚胎内将有害的基因删除或抑制，将健康的基因通过其他方式注入体内，改变人的体质，从而能够有效地预防疾病。

第二，基因编辑技术有望彻底清除病根。因运作细胞对象的不同，基因治疗可分为体细胞基因治疗和生殖细胞基因治疗。按治疗的目的不同，基因治疗又可分为以防治疾病为目的的狭义基因治疗和以增强人类性状和能力为目的的基因治疗。大多数科学家赞同体细胞基因治疗，因为这是符合逻辑且关怀人们的伦理诉求的。也有科学家赞同生殖细胞基因治疗，他们认为生殖细胞基因治疗所采取的置换基因或基因修复方式比体细胞基因治疗所采取的添加方式更能有效地规避风险，能够彻底地清除疾病。

第三，基因编辑技术可以通过对人类基因的修改，加速人类进化的进程，给人类带来福利。被基因编辑技术成功编辑的胎儿会把自己身上的优质基因传给后代，使未来人类在身高、智商、气质上优于现在的人类，这类似于达尔文的“自然选择”。困扰了人类几十年甚至上百年的疑难杂症通过人类自身的努力得到了或多或少的解决，这本身就是一个自然选择的过程。只不过这是通过人工的手段，而不是自然压迫所引起的生理变化。目前，人类通过自然进化的方式似乎已经达到一个饱和的状态，人类开始利用科技寻找新的合适人类的居住地的同时，也可以借助科技的力量改变自身的基因来适应日益变化的地球环境。

第四，基因编辑技术的逐渐成熟有望突破伦理难关。首先，实验技术的不成熟导致的胚胎损坏或胚胎畸形，是人类所不能接受的。因为胚胎不同于其他动植物，它涉及人类尊严、人性、人身权利等问题，而这也恰恰是基因编辑技术发展的不完全所导致的。当基因编辑技术足够成熟，人们已经大量利用基因技术对自身进行治疗、选择、增强等，人们就会重新整合现有的伦理观念去适应、习惯这些事实，然后形成新的伦理观念。其次，在目前看来，违背伦理规范的技术终将融入我们的生活，基因技术的研究也许会对某些先行的个体造成伤害。从功利主义的角度来看，生物的生存方式表现出生物种群的整体性，个别生物可以为整个生物种群做出贡献。生物进化（尤其是人类进化）都是以整体进化为目标的，社会整体生存发展的利益要远远高于先行试验个体的利益，且先行试验对象也会有一定的利益优先性。如果先行试验对象自愿寻求基因编辑技术的帮助，其他人的干预是否侵犯了受试验对象的自由权呢？

基于以上四点，基因编辑技术并不会产生独特的道德危机，基因编辑技术的法律规制应以该技术所带来的个体与人类命运的紧密同构性为伦理基点，我们应在此基础上建构一种开放性的基因编辑技术适用的伦理框架，即“放宽伦理基准”[11]，宽容的伦理基准是全人类的共同福祉。

（二）宽容的保障机制是伦理委员会的审查制度

科学研究应在社会的监管、道德的自律及法律的规范下进行。实际上，每一项技术在开始投入研究时，都会受到伦理委员会的审查。近年来，迅速发展的基因编辑技术因其简洁、高效等特点，在诸多领域都有广泛应用，也因此存在较大的“脱靶”风险，故国际上达成了一个共识：禁止将基因编辑技术应用于人生殖系统细胞的基因编辑试验。2018 年 11 月 26 日，世界首例“免疫艾滋病”基因编辑双生婴儿出生事件的曝出在全球范围内迅速引起轩然大波。为何一项如此重大的科学技术可以如此隐秘地开展，以至于被媒体披露之后才引起整个社会的广泛诟病呢？这反映出我国在基因编辑技术应用的伦理审查制度上有待加强，伦理委员会存在监管缺失等问题。因此，我国需要建立一个较为完备的伦理审查机制。

第一，对每一项涉及敏感技术的实验，伦理委员会都要进行审查：这个实验是不是必须要做？应不应该做？不仅是关于人的实验，即使是关于动物的实验，实验者都需要提供充足的理由。所有的实验流程都需要事先报备，等伦理委员会通过了才能进行实验。第二，需要科学家们进行自我约束。尽管在实验之前都获得批准，但科学家们在进行实验时仍然需要自律。第三，需要有一个监督机制。在前两者都没有发挥有效作用的情况下，社会的监管也许是对科学家们最大的约束。[12]

事实上，我国大多数的伦理委员会都能做到以上几点，而我们所要讨论的是伦理委员会的审查机制环节，是伦理委员会应该如何评估那些较为先进且伦理评判意识薄弱的科学研究领域的问题。促进科学技术发展是造福全人类的首要前提，伦理委员会在对关乎人类命运前景的科研项目进行审查时应给予道德宽容，反对基因编辑的理据确有合理之处，但不能因此就全盘否定它的研究价值。

科技发展取得实质性进步和突破，依赖于科学和技术领域的共同努力。但科技究竟如何用于人类福祉的提升、疾病的治疗和健康的促进，却是一个涉及社会伦理和法律的问题，是一个如何对基因科技的研发和试验、对人体健康和生命施加影响的各种活动进行道德上的好坏判断的问题。伦理学属于哲学，而在某种程度上哲学就是科学，其目的都是让我们认识世界，进而改造世界。伦理不应成为科研的绊脚石，而更应成为人类探索未知世界的阶梯。或许有人会问那么设立伦理委员会的意义何在？存在即合理，伦理委员会的建立是为了保障所有实验都能有序地进行，保障所有相关实验的成果和对人类的贡献都得到妥当的处理。因此，对于某些争议较大但对人类的发展进程又有里程碑意义的科学技术，伦理委员会在保证持续追踪其实验流程及结果的前提下，应给予科研工作者较为宽裕的尝试空间。

（三）国际伦理共识是基因科技研究规范化的保障

给予科研工作者较为宽松的试验空间，并不意味着所有的科学领域都能够随意地进行探索、尝试，科学家们对未知领域的探索必须符合国家法律法规以及国际伦理规范。2015 年在华盛顿举办的“人类基因组编辑国际峰会”已经明确指出：禁止出于生殖目的而使用基因编辑技术改变人体胚胎或生殖细胞。2018 年的贺建奎事件更加引发了广大科研工作者和立法工作者的深思与反省。2019 年 1 月 21 日“基因编辑婴儿事件”调查组公布调查事实：该事件系中国南方科技大学原副教授贺建奎为追逐个人名利，自筹资金，蓄意逃避监管，伪造伦理审查书，私自组织有关人员，实施国家明令禁止的以生殖为目的的人类胚胎基因编辑活动。[13] 对人体胚胎进行基因编辑是违反国际伦理共识和国家相关法律法规的，贺建奎等研究人员违背法律，藐视国家权威，正是受到其内心薄弱道德伦理意识的影响，我国更应加强对科研人员的道德伦理教育的培养。关于基因编辑技术的道德伦理规范，可从国际伦理共识应具有的前沿性、科学性以及凝聚和指引作用层面探索如何对基因编辑技术进行规制。

1. 国际伦理共识应具有前沿性

推进科学研究规范化的立法进程是推动基因编辑技术发展的大前提。利用 CRISPR-Cas 进行基因组编辑以来，基因组学及生物医学等在过去几年中取得了相当大的进展和突破。这些技术为建立研究、诊断和治疗工具提供了基础，具有前所未有的简单性、精确性和多功能性。把人体胚胎基因编辑技术置于相关法律法规的框架下，将加深我们对疾病机制的理解，扩大我们对生物基因网络的认识，消除许多无法治愈的疾病，如癌症、先天性遗传疾病等。[14] 生产力决定生产关系，产生于我们这个时代的东西，都是由现实状况所决定的。从科学技术发展的实践需要中产生的伦理规约和试图赋予科学技术以应然精神的价值内涵，在科学求真的探索中，一定隐藏着某种合理性的因素。作为人类文明进步的两大基质，科技与伦理、科学精神与伦理精神是相辅相成、辩证统一的。尽管目前这些技术尚处在初级阶段，但随着科研人员的不断探索和发现，这些新技术终将带来真正的价值和效益。

2. 国际伦理共识应具有科学性

目前，我国对基因编辑技术研究成果的临床应用还言之尚早，一方面有待于技术的提升，一方面有待于伦理层面的突破及相关法律法规的完善。技术与法律层面的问题急需刚性规制，而人们关于人体胚胎基因编辑技术却需要伦理关怀来维护人的尊严。关于基因编辑技术的人体研究，目前没有明确的法律规范，而贺建奎事件的披露则让我们看到科学技术不完善所带来的恐慌与后果。我们可以鼓励科研工作者在国家法律的规范下进行基础性研究，针对基础性研究的国际伦理规范要做到以下几点：第一，加大对科学家科技伦理的教育力度，提高科学家道德伦理自律性，强化科学家的社会责任担当；第二，完善伦理审查制度，推进跟踪审查；第三，健全科技发展的伦理审查和风险评估机制；第四，完善突破人类道德底线的科技立法，加快相关法治建设，增强执法力度。

人体胚胎基因编辑技术伦理层面的忧虑不应是科学技术的障碍，而应成为科技进步的动力。对基因编辑技术的研究，我们必须要有推进的空间。目前，人类对基因编辑技术的掌握和应用还不够成熟，人类还不能成功、自由地选择自身的基因，但人类不应停止有关基因编辑的基础性研究，而应站在全人类的视角去审视基因编辑技术。

3. 国际伦理共识应发挥其对科研的凝聚及指引作用

人类的幸福前景有赖于不倦的科学探索，而无穷的求知欲又可能造成人类伦理道德的堕落。涉及人类生命的技术进步是把双刃剑。2012 年诞生的简便而强大的基因编辑技术是分子生物学的重大技术进步，合理应用可增强人类福祉，不当应用则会给公共安全和人类社会带来危机。宽容的伦理基准是全人类的共同福祉，但对基因编辑技术的鼓励性研究也应遵守国际伦理共识，相关科研工作者和医务人员必须严格遵守法律法规和伦理规范。缺乏法律法规和伦理规范的基因编辑技术研究可能会带来国家间的基因竞赛，因此需要国际伦理共识发挥其对科学研究的凝聚与指引作用，便于国际社会协调国际公约，并将国际公约转化为各国的法律，以保护全人类的共同利益。

深刻认识基因是人类智慧高度的体现，合规操作基因是增加人类福祉可能的途径。只有通过国际伦理规范在国际范围内达成共识，才能使人们真正地对生命产生敬畏，进而对科学研究产生伦理道德自律，使我国今后不出现或少出现因科技发展而惊世骇俗地突破伦理底线的事件，预防危害人类社会安全的行为。

结　　语

随着知识的积累和技术的进步，基因编辑技术终将达到合理化的程度。当基因筛选与伦理观念发生冲突时，伦理抉择会随着人们观念的改变而选择给予科学技术宽容，针对生殖细胞的临床试验和应用终将被开放，而将基因编辑技术合法用于人类胚胎指日可待。我们不应让基因组工程领域成为不可逾越的禁区，而应该让伦理观念重新整合、顺应时代发展潮流以寻找最有利于人类的生存状态及生活方式。但这并不意味着科学发现和技术进步改变了伦理学原则，而是前者的发展满足了后者制定的原则。在此基础上，伦理学基准与科技目标都是促进人类进步的福祉。

注释：

[1] 甘绍平：《应用伦理学前沿问题研究（第二版）》，贵州大学出版社，2019，第35-36页。

[2] 王正平：《应用伦理学》，上海人民出版社，2013，第212-213页。

[3] 高崇明、张爱琴：《生物伦理学十五讲》，北京大学出版社，2004，第2页。

[4] 王冕、张洪江：《人类胚胎基因编辑技术的伦理考量》，《医学与哲学》2019年第4期。

[5] 张迪、周思成：《人类胚胎基因编辑研究引发的伦理思考》，《基础医学与临床》2017年第10期。

[6] 史宣玲、张林琦：《“免疫艾滋病基因编辑婴儿”的问题与危害》，《医学与哲学》2019年第2期。

[7] 秦行音：《底线伦理、最低限度的道德与当代价值观教育》，《教育学报》2011年第5期。

[8] 赵钦军、韩忠朝：《基因编辑技术的发展前景及伦理与监管问题探讨》，《科学与社会》2016年第3期。

[9] 赵晴：《对生命伦理学的哲学反思》，硕士学位论文，黑龙江大学哲学学院，2018，第 1 页。

[10] 约翰·穆勒认为，功利主义符合常人的理性——合乎道德的行为或制度应当能够促进“最大多数人的最大幸福”，功利主义的最终目标是追求全人类的幸福最大化。

[11] 郑玉双：《生命科技与人类命运：基因编辑的法理反思》，《法制与社会发展》2019 年第 4 期。

[12] 陈凌懿、张弘：《基因编辑与科学伦理》，《社会科学论坛》2019 年第 5 期。

[13] 肖思思、李雄鹰：《广东初步查明“基因编辑婴儿事件”》，《人民日报》2019 年 1 月 22 日，第 12 版。

[14] 李文、曹俊国、曹满园等：《基因编辑技术的发展及其应用》，《特产研究》2019 年第 1 期。

论实验动画电影对视觉素养的培育

——以 *Loving Vincent* 为例

作者：高童宇* 指导老师：林早教授

（贵州大学哲学与社会发展学院 贵州 贵阳 550025）

摘要：视觉时代来临，技术的高度发展催生了奇观影像的浪潮。奇观影像中的消费意识形态作祟，实现对人视觉欲望的刺激和满足，动画电影亦表现为奇观影像。这是否意味着动画电影并不利于大众审美素质的提升？其实不然，实验动画电影以自身的先锋性反抗着消费意识的挟持。本文从视觉文化研究的语境出发，以 *Loving Vincent* 这部实验动画电影为实例，通过对其个性化视觉呈现形式的探究，分别从感官、心理、境界三个层面分析实验动画电影如何完成对观众视觉素养的培育。观众在视觉素养培育中获得了诗化真实，并能以这种诗化真实去解构图像的"超真实"。作为动画领域十分重要的角色之一，实验动画电影在与商业动画电影的竞争与交流中，以及在大众的审美教育上产生了不容忽视的作用。

关键词：实验动画电影；视觉素养；诗化真实；*Loving Vincent*

---

*高童宇，女，1997 年 10 月生，2019 级硕士研究生，研究方向：美学。

前　言

视觉文化时代来临，奇观影像成为这个时代的主要特征，动画电影的视觉形式亦表现为奇观影像。奇观影像是通过各种技术手段的运用，来展现各种我们日常生活中难得一见的场景，这些场景是被想象和幻想放大的，是“超真实”的。动画电影意为赋予行动以生命，是一种创造性的活动，其视觉形态是从无到有的。这种创造性的手段通过对创作者幻想和想象的发挥，呈现出超越真实的画面，其本身是“超真实”的。动画电影的本质是奇观影像，而人们对动画电影这一本质的质疑从未间断。德波指出，“奇观即商品”的现象无处不在，人们消费奇观影像本身而不再能看到图像背后的深度；穆尔维在《视觉快感与叙事电影》中指出奇观电影的魅力在于“对视觉快感的那技巧娴熟和令人心满意足的控制”[1]，等等。奇观电影刺激人的感官欲望和需求，这也意味着作为奇观影像的动画电影因创作的“超真实性”沦为商业逻辑的奴隶，人们在观看动画电影时被奇观影像所统治，这种奇观影像只能满足观众浅层次的感官需求，人们在观看动画电影时只能专注于影像本身而无法挖掘图像的内在深度。

但无论如何，动画电影有了新的发展，这种新发展在实验动画电影中的表现尤为突出。实验动画是在形式或内涵上还在探索和创新的动画，处于具象形成的前期；而实验动画电影在此基础上完成了自身的具象化，即实验动画电影在对形式和内涵探索与创新的基础上，以商业化的形式进行运作，从而进入大众的视野，成为大众能够观看的动画，例如 *De Profundis*、《天书奇谭》等。作为一部实验动画电影，*Loving Vincent* 以手绘油画为视觉材料进行创作，影片集成约 120 幅凡•高原作，沿袭了凡•高的艺术表现风格，以凡•高生命最后 67 天为主题叙事，巧妙利用“罗生门”式的手法，通过对凡•高之死的调查上升到对人性的追问。*Loving Vincent* 还没大范围上映时，豆瓣评分 9.1，至今仍高达 8.5。下面笔者将以 *Loving Vincent* 为实例，通过分析实验动画电影在视觉表现形式的探索和创新，来阐述实验动画电影从感官、心理、境界三个层面对观众视觉素养的提升，并由此在“奇观社会”[2]中完成对商业逻辑的反抗。

一、个性化的视觉表现形式

实验意味着探索与创新，也意味着开放性和不确定性。实验动画电影最大的特点就是在艺术表现形式和艺术媒介的运用上没有固定的模式和方法，具体表现为对视觉创作材料、视觉表现手法等方面的探索与创新。

首先，不同于商业动画电影对大众观看和消费需求的依赖与满足，实验动画电影的视觉表现形式呈现出一种独立的个性。“实验动画电影，是一种带有广泛个人色彩的电影，从拍摄理念和发行方式上看，首先归属于（非商业性质或工业性质的）艺术或手工艺领域创作。”[3]实验动画电影是作者类型的动画，艺术家将充满个性的艺术风格融入动画创作之中，致力于对动画视觉表现形式的探索：绘画时间性的讨论、各种感官结合的尝试、诸多艺术媒介的交互使用等，这是对动画影像本身价值的探索。绘画样式和艺术风格在实验动画电影中可以不受拘束地展示，保证了实验动画电影在视觉形式上的探索和创新。

其次，这种视觉表现形式上的探索与创新主要表现在两方面：一是实验动画电影的视觉表现形式从各类艺术中获得了语言和方法。动画材料是实验动画电影视觉语言的物质载体，为了摆脱传统视觉语言的禁锢，实验动画电影十分注重对视觉材料的探索与创新，灵活多变的材料成为艺术家尝试创新的艺术语言。在实验动画电影中，动画电影往往与绘画、雕塑、装置艺术等产生交叉和互动，对独特视觉材料的探索、创新、灵活运用不仅突破了实验动画电影固有的艺术思维范式，不同的艺术媒介与动画电影的结合也在视觉形式上赋予其更多的可能性。动画电影对艺术视觉材料的运用使其能在动画电影中更好地呈现不同视觉材料的特性，充分挖掘材料的潜能。沙画、泥塑、水墨等各种视觉材料在实验动画电影中的运用，让视觉材料在实验动画电影中获得了“生命”，即在实验动画电影中有一个更好的视觉呈现。二是实验动画电影在对视觉表现材料进行探索和创新的同时，也十分注重在视觉形式下电影文本内涵的表达，“前者直接给观众提供视觉快感，后者则可以诱发、刺激、维系、发展视觉快感”[4]。实验动画电影在文本内涵表达上主题鲜明，而文本内涵往往是艺术家自身哲思的表达，这种哲思是潜藏在视觉形式下的内在深度，是对人性的解读和思考、对社会现象的关注与批判等。这些深度内涵不仅表达了艺术家对世界的感知和体验，还能够引起观众的共鸣，让观众重新认识、思考、理解世界，刷新并调整自己的视觉经验。由此，实验动画电影文本内涵上的深刻思想和情感得以激发观众更深层次的视觉感受。

二、培育视觉素养

实验动画电影视觉表现形式的探索和创新不仅表现为视觉呈现形式从各类艺术中获得语言和方法，还表现为艺术家对视觉呈现形式内在深度的哲思性表达。影院是大众选择观看图像时不可或缺、独具特色的场域。在影院里，观众、电影与空间重新建立了一种临时的关系。在这个场域里，观众置身于电影设置的景观式剧场中，实验动画电影以个性化的视觉表现形式呈现给观众，有利于观众在影院中提升视觉素养。

1969 年，J. 戴伯斯首次指出：“视觉素养指一个人通过看与此同时产生其他感觉，并将看与其他感觉经验整合起来的一类视觉能力。发展这些能力对人类正常学习来说是根本的。当这些能力得到发展时，他们使有视觉素养的人能区分和解释视觉行动、视觉物体以及自然的或人造的视觉符号。创造性地运用这些能力，他能理解和享受视觉交流的杰作。”[5] 这一定义被提出后，国内外学者对视觉素养的概念亦有不同的定义。例如，1978 年平克尔指出，视觉素养是通过视觉素养基本要素理解图像的意义和构成的能力；1983 年赫顿指出，视觉素养是理解和使用图像，思考和学习有关图像方面的能力；1999 年瑞泽比指出，视觉素养是正确地解释和创造通过视觉传达信息的能力。目前，较为公认的定义是由视觉素养协会给出的：视觉素养是指一个人在观察的同时产生其他感觉，并将观察与其他感觉经验整合起来的一类视觉能力。发展这类能力对大多数人的学习来说是必要的。当这类能力得到发展，具备视觉素养的人便能区分和解释视觉行动、视觉物体以及自然的或人造的视觉符号。创造性地运用这类能力，我们得以与别人交流；带有感情地运用这类能力，我们得以深切地理解和享受视觉交流的奥妙。

基于以上定义，笔者认为视觉素养指的是观众在感知直观可感的图像时，通过观看图像等去理解其背后信息并思考信息含义，最后应用自身的知识储备整合成新知的能力。从感官、心理、境界三个层面来看，视觉素养的培育即视觉在“看”“思”“用”三个方面的培育。当观众观看实验动画电影时，实验动画电影通过个性化的视觉呈现使观众完成了视觉素养在视觉感知、视觉理解、视觉运用三个方面的提升，并在这三个方面的提升中完成了对商业逻辑的反抗。

（一）感官层面：辨别图像形式

视觉感知能力是对作品的视觉形象（如呈现形式）直观感受的能力。视觉感知能力的培育即观看视觉呈现形式能力的培育，其提升意味着直接观看图像能力的提升。实验动画电影在视觉材料上的探索性运用、在视觉表现语言上的创新性表达、在视觉呈现风格和多媒介结合运用上都易于使观众获得直观性感受，观众在获得视觉上美感体验的同时，视觉感知能力也得以提升。

人们能对图像形式之美有所认识，就意味着观众对图像呈现形式有了辨别能力。一方面，这种视觉辨别能力体现在对相关实验动画电影作品视觉形象的感知上。因 *Loving Vincent* 以油画作为视觉材料，通过每秒 12 帧的帧率进行视觉呈现。动画电影若要像真人电影般流畅播放，必须达到每秒 24 帧。而 *Loving Vincent* 每秒 12 帧的呈现不同于降格镜头，降格镜头每秒 12 帧的呈现是对画面进行 0.5 倍速的播放，且每一帧画面前后都有承接性。*Loving Vincent* 每秒 12 帧，画面与画面之间的切换首先得考虑最大化地呈现一个动作的流动感。电影让凡 • 高的画作得以动态呈现，将后印象派画作的流动感进行发挥。在电影中，观众确实可以感觉到画作的流动，且电影的整体色调是凡•高惯用的黄色。*Loving Vincent* 从高饱和度的色彩到笔触的变换采用了凡•高画作的视觉样式，这种对图像的辨别能力体现在观众观看电影后对凡•高画作及画作样式广告的直接观看上。就观看凡•高画作而言，电影让人“看”到凡•高一幅幅油画作品，实验动画电影对凡•高画作本身的视觉样式进行了阐释，也就为观看凡•高画作本身做了准备。就之后观看与凡•高画作相关的广告而言，观众对凡•高的视觉呈现形式有所认识，故在之后观看相关广告时能以警惕的目光去追问其视觉表面形式背后的内在深度。另一方面，就观看其他图像而言，实验动画电影中多媒介（油画、音乐、动画）的运用给观众带来视觉上的冲击，观众会在无形中沉醉于动画电影本身的视觉效果呈现。这种震撼的视觉体验让观众对奇观社会中其他图像带来的冲击有了承受能力，视觉感知能力让我们能够带着批判性的眼光去看奇观社会中的图像。在观看 *Loving Vincent* 后，受影响的人能对图像的好坏有所区分，对商业动画电影的视觉呈现形式有所警惕。当然，这并不意味着看一部实验动画电影就可以立刻形成良好的视觉感知能力，这需要长时间的熏陶、培养和训练，而 *Loving Vincent* 能为观众形成良好的视觉素养打下基础。

（二）心理层面：发现自身意义

视觉理解能力是对视觉形象的理解和评估中，从所感知的视觉形象发现意义的能力，视觉理解能力的培育即观众发现意义能力的培育。在观看中，观众在建构了视觉形象意义的同时也发现了自身的意义。用巴赫金的“镜像”理论来说，纯粹从自我眼中来认识自己无法认识完善的自我，自我的建构必须要借助他人的视角，不能仅仅通过自我审视，还必须以他者的眼光对自己进行审视。通过自我和他者进行主体间的对话，从而实现对自我的发现与建构。实验动画电影以艺术性的视觉材料创建视觉形象，艺术家通过对视觉呈现形式背后的内在深度完成对视觉形象的建构。观众在观看中与视觉形象作为自我和他者进行主体间的对话，在对视觉形象建构后回归对自身的反思，从而完成对自身意义的建构。

Loving Vincent 主要通过两个他者让观众借以完成对自我内心的审视及自我本质的理解。第一个他者为阿尔芒，动画电影以阿尔芒的第三人称视角进入，观众进入电影，“成为”阿尔芒，并通过阿尔芒的眼光审视自身。影片中的阿尔芒平凡且真实，他通过送信拜访不同的人一步步接近凡•高死亡的真相，从不愿意送信到主动探寻凡•高之死，从醉酒闹事到对生活抱有期望，这是阿尔芒的转变，也是观众不断审视自我内心的过程。观众不仅完成了对阿尔芒这一视觉形象的建构，还通过这个与多数人相似的形象完成了对自身意义的建构。比起颓废地活着，我们不如“成为”阿尔芒去直面这个光怪陆离的世界。第二个他者为凡•高，电影视觉形式呈现为凡•高的画作风格，全片以凡•高的视角来看世界，观众和艺术家进行对话，观众“成为”凡•高，观看色彩明丽且富有律动感的风景和人物，而凡•高本人却只出现在几个用素描关系表现的黑白镜头之中。对观众来说，黑白有过去、回忆之意，凡•高在黑白的世界中挣扎、创造，却将最温暖、最明媚的色彩留给后世。艺术家感召着观众，观众产生出超越技术的心灵上的感动。在这种感动中，观众完成了对凡•高这位伟大艺术家的重新认识，同时认识了真实的自我。实际上，凡•高也不过是一个饱受生活之苦的普通人，但他永远对生活怀有热情，观众“成为”凡•高审视着自身，在完成对凡•高这个美学形象意义建构的同时完成了对自身意义的建构。即使被生活所欺骗，我们也应像凡•高那样对生活保持热情。

（三）境界层面：反抗商业逻辑

视觉运用能力是在自身意义建构的过程中，观众能够深层次地辨别、理解、分析、评价、表述、使用视觉信息，从而使自身审美境界获得整体提升的能力。实验动画电影不仅依靠表面的图像形式来刺激观众的快感，还依靠形式下的内涵来维系和发展这种视觉快感。实验动画电影以其内在深度的表达促使观众获得诗化真实，并能主动地将诗化真实加以运用，反抗奇观社会中的商业逻辑。

诗化真实不是现实主义的真实，这种诗化是有迹可循的。在谈及波德莱尔的现代性时，卡林内斯库指出："诗人动身去探索邪恶的领域，他理当去发现并采摘其危险地美丽的花朵，艺术家的使命类似炼金术士从泥土中提取黄金，或者如果我们把这一典型的波德莱尔式隐喻转译过来，就是解释隐藏在最惊人的社会现代性反差后面的诗歌。"[6] 诗是对邪恶的反抗，但这种反抗并不是与邪恶领域相疏离，而是在领域中进行探索并寻找诗歌。实验动画电影的诗化真实亦如此，这种诗化真实并不与"超真实"的社会相疏离，而是要在图像与商业逻辑无法回避的矛盾中对商业逻辑进行反抗，以此寻求解决之道。诗化真实是实验动画电影本质的表露，实验动画电影以其视觉形式的创新调动观众的想象，使观众在想象中获得诗化真实。

技术与艺术结合、对原作精确细致的还原、细腻的画面和丰富的镜头表现使 *Loving Vincent* 这部改编作品没有受到油画这一媒介的限制，反而充分发挥出凡•高原作的表现力，流露出微妙而细腻的感情，呈现出凡•高画作的风格和意境。实验动画电影 *Loving Vincent* 的诗化真实是对凡•高画作真实的呈现，后印象派油画中的艺术真实不仅仅是对现实的临摹，更多的是通过现实的描述表现个人主观的真实情感，哪怕是凡•高唯一卖出去的《红色的葡萄庄园》也因其简单的笔触、火红的色彩展现了他的诗意和热情。作为一部动画电影，*Loving Vincent* 虽然无法完全以油画的方式表现凡•高对生活的热爱，但这在动画电影特有的叙事结构中得以表现。阿尔芒去到凡•高生活过的乡村，去体会凡•高生前所描绘的自然景色——麦田、星夜、乌鸦等，去拜访死前与凡•高相关的居民，从不同居民的口中得知凡•高的日常生活的细节——"他连乌鸦都不舍得赶走"等，由这些拼凑出一个孤独却对生活永远怀有爱意和热情的凡•高。这无疑是电影中的真实，也是凡•高画作中的真实。观众在看完这部电影后不仅对作品的色彩、光线等视觉形式上的美感有所感知，还对其背后蕴含的思想、情感和意义有所认识。观众在笔触和色彩的视觉表达中，获得了这部电影的诗化真实——对生活的极度热爱。

观众在电影中获得诗化真实后将诗化真实加以运用，这种运用不仅体现在观众看到凡•高的画作时更能理解凡•高画作的深意，更体现在观众能以获得的诗化真实反抗商业逻辑。在商业逻辑统治下的图像时代，图像是"超真实”的。鲍德里亚在研究大众媒体时，用“仿真”“超真实”来描绘高度媒体化的现代社会，并对当下社会与视觉图像之间的关系进行了批判。在商业逻辑下，图像原作消失，事物的图像形式成为真实，人们生活在图像制造出的幻觉世界中，事物的内在深度在视觉形式表象中消失，实验动画电影的诗化真实是对图像“超真实性”的揭露。海德格尔认为，诗即是对“存在”的解释，作为新时代的语言，诗的思考是存在真理得以显现的地方，是一个敞开的领域，实验动画电影的诗化真实是对现实的“去蔽”。在诗化真实中，存在的意义得以显现，现实世界的真实存在是被遮蔽的，是无聊且乏味的，而实验动画电影运用各种视觉材料和表现技巧对现实世界进行重塑，观众获得了一个新奇的视角。通过这个视角，艺术家对现实世界的非真实性进行揭露，使观众对日常生活质疑。

Loving Vincent 采用最简单的仿真技术，其所拍摄到的真实画面有意对现实进行了变形，让人更清楚地意识到在实验艺术动画中包含的超越现实的思路。这种对现实的超越体现了电影的诗化真实，观众在影院这个公共空间中获得了新的观看视角，看到一个超越现实的世界。在这里，实验动画电影不仅向观众展现了作品本身的真实，更通过叙事隐蔽地拷问着人与时代的关系。这种拷问超越了作品真实本身，是对现实的真实揭露。*Loving Vincent* 对凡•高之死的追问使每一位观众陷入沉思，结尾没有对谁应该为凡•高之死负责给出答复。观众进入这一敞开的领域中与作品进行对话，就电影本身给出自身意义性的解读，引发对自身存在境域的思考，从而获得一种开放性的审美体验，同时创造了新的意义。

此外，观众以诗化真实反抗商业逻辑并不意味着对商业逻辑的抛弃。动画电影无论以何种期许而成，在消费社会中都无法脱离商业运作的影响。为了获得回报和吸引观众，实验动画电影的创作者会选择吸纳大众文化运用的生产和消费手段，这也符合诗化真实的本意。一方面，这些手段保证了实验动画电影能有利润回报从而确保自身在“超真实”图像中存在和发展；另一方面，实验动画电影以这些手段吸引着大众，大众在这种消费手段的宣传下能够进入影院去观看实验动画电影，从而为自身视觉素养的培育提供机会。

Loving Vincent 上映后口碑和票房业绩不俗，作为实验动画艺术电影，它之所以在商业上能成功，是因为凡·高艺术的伟大为全社会认可，观众为它消费的行为被宣称为对凡·高的致敬。于是，大众纷纷进入影院为这部电影买单。这种商业宣传手段的运用使观众能去影院观看这部电影。在观看中，观众通过电影对凡·高油画的呈现和对凡·高、阿尔芒等美学形象的建构完成了自身视觉素养的培育。

三、实验动画电影的前景

在奇观社会中，复制技术、光电技术等技术的高度发展带来的是人们观看模式、观看媒介的更替，信息以图像的方式通过多种途径快速传播，图像成为大众日常生活中不可缺少的一部分。在日常生活中，大众多以享乐的心态对图像进行消费，“超真实”的图像刺激着人的感官，满足人庸俗化的需求，大众可以不假思索地获得视觉快感。在这种消费中，大众放弃了自身的主动性，成为彻底的观众。他们在生活和行为上不再想象和思考，转向依赖于图像带来的感官刺激，从而沦为感官欲望的奴隶。大众没有形成良好的视觉素养，难以批判性地面对日常生活中的大量影像，图像对受众视觉轰炸使视觉素养的提升与培养刻不容缓，正如阿尔文·托夫勒在《第三次浪潮》中写道：“人类社会正在孕育三种文盲，即文字文化文盲、计算机文化文盲和视觉文化文盲。”[7]

就当前图像的发展趋势而言，良好的视觉素养在人们有效的生存和交流中必不可少。实验动画以其个性化的视觉表现形式给观众带来全新的视觉体验，同时完成了对观众视觉素养的培育。在观看实验动画电影的过程中，观众的视觉感知、视觉理解、视觉运用在多层次的不断深入中提升视觉素养。商业动画电影不能完成深层次视觉素养的培育，商业动画电影中的图像被商业逻辑所统摄，图像本身成为消费对象。商业逻辑下的图像是观众视觉欲望的狂欢，注重的是视觉形式上的刺激与满足，缺少视觉形式背后的内涵，其图像的直观性易使人愈发浅薄化和平庸化。因此，商业动画电影难以完成对观众视觉素养在多个层面的深入培育，难以完成对大众自身审美境界的整体提升。

在这种情况下，未来实验动画电影能否取代商业动画电影成为主流？纵观实验动画电影的发展，从20世纪初期的盛行一时到如今被商业动画电影压制，实验动画电影承担了动画行业先行者的作用。这不仅给商业动画电影提供了新的视觉表现形式，还为主流商业动画电影指引着方向。无论是对人审美教育的作用，还是对商业动画电影的引导作用，实验动画电影在动画艺术领域具有举足轻重的地位。实验动画电影在视觉素养的培育上固然具有十分重要的作用，可商业动画电影亦在不断发展之中，后者能从前者中不断吸收实验性的元素和创新性的视觉表达形式。例如，华特迪士尼时代的《幻想曲》对音乐剧和动画电影的结合、《怪物电力公司》对毛发技术和视觉形象的结合等。而实验动画电影的创作者们为了赢得观众和利润，也在尝试着运用商业手段。如果说实验动画电影偏向对视觉素养的培育，那么商业动画电影则偏向商业利润的回报。未来实验动画电影与商业动画电影的界限可能不再那么明显，未来的动画电影可能既完成了视觉形式中对诗化真实的表露，又完成了商业收益上的回报。在未来，大众判断一部动画电影是否成功，不再只看其在商业上是否获得成功，还要看其在大众审美教育上是否获得成功。

总之，实验动画电影视觉素养的培育得益于对实验动画视觉表现形式探索与创新的继承。这种个性化的视觉呈现形式表现为动画从艺术中获得语言、方法以及发展、维系视觉快感的文本内涵的哲思性表达，两者结合将以丰富的表现力和强大的冲击力给观众带来全新的视觉体验。这种艺术性的视觉表现形式不同于商业动画电影的“超真实性”。商业动画电影仅注重对观众感官欲望的刺激和满足，实验动画电影对视觉素养的培育则是在图像表面认识的基础上加深观众对图像内在深度的认识，观众通过观看得以培育自身的视觉素养，获得诗化真实并能以诗化真实去反抗商业逻辑下图像的“超真实性”。由此，实验动画电影指引着动画电影的前进方向，为商业动画电影的发展起到一定的借鉴作用。

注释：

[1] 周宪：《论奇观电影与视觉文化》，《文艺研究》2005 年第 3 期。

[2] 在本文中，奇观社会指媒体对人的影响力深刻、持久，且媒体构建起的“奇观”（被媒体放大的事件）开始塑造人的日常体验和生活的社会。

[3] 塞巴斯蒂安 • 德尼斯：《动画电影》，谢秀娟译，浙江大学出版社，2013，第 28 页。

[4] 塞巴斯蒂安 • 德尼斯：《动画电影》，谢秀娟译，浙江大学出版社，2013，第 337 页。

[5] 厉国刚：《大众传媒文化》，浙江工商大学出版社，2011，第 225 页。

[6] 马泰 • 卡林内斯库：《现代性的五副面孔》，顾爱彬、李瑞华译，商务印书馆，2002，第 60-61 页。

[7] 厉国刚：《大众传媒文化》，浙江工商大学出版社，2011，第 225 页。

虚拟歌姬文化流行原因的探析与反思

——以当红虚拟歌姬洛天依为例

作者：李卓然* 指导老师：林早教授

（贵州大学哲学与社会发展学院　贵州　贵阳　550025）

摘要：近年来，以语音合成引擎和数字技术为基础制作的虚拟偶像在年轻人中越来越受欢迎，新型偶像逐渐进入大众的视野，虚拟歌姬的代表人物洛天依也通过全息投影的方式在各大文艺舞台与歌手们合作演出。在技术的帮助下，无肉身的虚拟偶像获得了当代文化境域下的“身体”，以特殊的出场方式获得大量粉丝，从而风靡亚文化圈。本文从身体、心理、社会伦理三个角度，以虚拟歌姬代表人物洛天依为例进行分析，意在探究其风靡亚文化圈及拥有强大粉丝群体的内在原因，深入探索并反思当下这一视觉文化。

关键词：虚拟技术；身体；心理；社会

---

*李卓然，女，1994 年 11 月生，2019 级硕士研究生，研究方向：美学。

前　言

哲学家鲍德里亚曾说：“原始社会有面具，资产阶级社会有镜子，而我们有影像。”[1] 随着数字化技术的不断发展，影像逐步升格为看似真实的存在。在信息化的当今社会，虚拟技术发挥着越发重要的作用，并以其独特的表现形式影响着人们的生活。在当代媒体全球化的发展进程中，虚拟技术的触角已经伸到人们生活的每一个角落，我们的生活正不断发生变化。虚拟技术不断更新着人们的生活娱乐体验，人类的交流方式、情感世界也在虚拟技术和虚拟产品的参与中悄悄发生改变。

洛天依是借助日本 VOCALOID 软件设计制作的带有中国文化特色符号的虚拟歌姬，其声库的使用基于日本雅马哈公司开发的 VOCALOID 歌声合成引擎，VOCALOID 编辑器是洛天依声库工作的载体。VOCALOID EDITER 是使用 VOCALOID 声库进行音乐制作的基本应用软件。使用者通过输入音符与歌词来合成歌声，调整并改变语调，配合加载的伴奏数据来完成音乐制作，可以添加自己喜欢的声库，创作只属于自己的歌曲。早期的洛天依仅仅在网络进行线上表演，在全息投影技术的迅速发展下，洛天依被赋予了一种新的表演形式和在场的可能性。2016 年 2 月 2 日，洛天依以全息投影的方式出现，登上湖南卫视小年夜春晚与杨钰莹合唱歌曲《花儿纳吉》，成为首位登上中国主流电视媒体的虚拟歌手。之后的几年，洛天依也邀约不断，活跃于各大晚会，表演形式也在不断丰富。2017 年 12 月 31 日，她与周华健在江苏卫视跨年晚会上合唱歌曲 *Let It Go*。在此次江苏卫视跨年晚会的首秀中，洛天依首次使用英文演唱。2018 年 3 月 31 日，她与京剧名家王珮瑜在中央电视台综合频道《经典咏流传》跨界合唱歌曲《但愿人长久》。值得注意的是，2021 年 2 月 11 日，洛天依在中央广播电视总台春节联欢晚会与月亮姐姐、王源共同表演少年歌舞《听我说》；6 月 7 日，为配合做好中俄科技创新年宣传报道，她与俄罗斯虚拟歌手共同发布单曲《出发向未来》，这是洛天依首次用俄语献唱。从出场方式到表演形式再到表演赋予的意义，洛天依的演艺生涯可谓在不断地丰富，这更值得我们去思考这一现象存在的内在原因。

一、以少女的身体作为“性”符码

由“它”到“她”，虚拟歌姬洛天依被赋予极具中国风的名字——洛天依，意为华风夏韵，洛水天依，代指洛水北岸美丽动人的洛水女神。她的发饰配碧玉，腰间挂着中国结。从名字到外在形象，洛天依无一不展现着浓浓的中国元素，这是她成功打入中国市场的重要因素。虽然洛天依在服饰风格和名字上被赋予中国风元素，但她真的是中国少女的形象吗？从洛天依的外形和人设上来看，她年龄 15 岁，身高 158 厘米，有着与漫画女性角色一样的大眼睛和窈窕身材，身着中国风的蓝色短裙。这个“非人类”已经被包装成为一个具有指向性的“人类”——尚未完全发育成熟的 15 岁中国少女。可以看出，洛天依不再只是一个虚拟歌姬，而是被技术真正地“类人化”，作为一个非生命体的女性而存在。不过，她的形象却又与中国古代少女形象有所出入。中国古代女子服饰大多趋于保守，其经典着装是“襦裙套装”。中国古代女子向来以举止端庄、内在温厚、知书达礼为荣，这与洛天依的设定存在冲突。这是否是日本二次元美少女文化以虚拟技术为载体的遮蔽式传播呢？究其根源，日本动漫产业多年来以市场为切入点积极地探索美少女动漫创作的商业运行模式，并取得了很大的成功，目前是亚文化的主流之一。

日本亚文化产业善于将流行文化与美少女文化相结合，将日本美少女形象偶像化，走在潮流文化的前沿，并将这样的时尚气息传播到世界各国。而今，美少女的形象不再止于动漫。虚拟数字化技术的不断创新，使“美少女”与技术相结合，拥有了自己专属的声音、3D 投影出来的身体以及声色效果俱佳的专属舞台。洛天依也继初音未来在日本和海外市场的成功“出道”后应运而生，登上中国的各大舞台。受日本少女歌姬理念的影响，洛天依以少女的形象和体态出现在公众视野，实际上是以其带有中国特色符号却又贯彻日本美少女身体形象理念作为“‘性’符码”[2] 的一种在中国市场的投射。这样的文化之所以流行，是因为它无理且任性地承载了当代一部分人心中的文化诉求。它借助于大量且反复的传播符号，逐渐成为大众的观念。作为一种“性”的符码，少女的身体在现代高科技的条件下采取了视觉图像的传播方式，利用现代科技成果带来的视觉范式转换引领大众观念意义上的身体消费。虚拟歌姬的少女形象设计符合以瘦为美的现代审美，小巧挺拔的鼻梁、灵动的大眼睛、娇小的面庞、纤瘦的体型等更能受到大众的认可。对其受众群体中的女性来说，面容姣好、身材挺拔的女性看起来更有活力也更独立。虚拟歌姬不仅在身体形象上被赋予了少女的体态，在性格与象征意义方面，也展现了纯洁、活力、积极向上的正面形象。

符码一词最早出现于索绪尔的普通语言学理论中，指可能传递的信息。而后符码一词被绘画、音乐、设计、流行文化等领域大量使用，探究“性”作为符码的转向，要从传统文学到视觉文化的读图模式再到如今科学技术发展下带来的动态传媒表现模式。在这种视觉文化的转向中，我们可以看到人类解读世界的方式越来越呈现出图像化的特征。从文字到图片再到动态的视频，视觉经验越来越重要，通过看似乎才具有更大的权力。图像所带来的巨大“诱惑”使我们不再被理性的语言所约束，我们的思维转化为一种视觉之间的对接，一种“言不达意”而身在“意”中的视觉的主动快感。而女性的肉身也在新时代下获得“解放”，关于女性身体的道德论述不再像中世纪社会那样道德说教，也不像古代中国那样含蓄隐藏。在资本的兴起和冲击下，图像甚至采取了一种非道德的表现形式，脱离了女性的身体和欲望，在网络和媒体的施压下被规训。女性身体的各部位被设定好所谓的“美”的标准，其衣食住行在无形的注视下追求流行文化所显示的潮流之美。这已经不再是“身体的在场”，而是一种超越单一的物理刺激，被信息图像不断保存定格下的女性肉身偶像化的设定，从而激发男权消费模式中的象征和隐喻。其目的是借助身体的修辞方式制造出男性欲望的刺激，并通过想象或联想机制加以唤醒，再生产父权制所需要的文化观念。女性身体成为对象化的“性”符码在现代社会的传播仅不满足男性，还规训着“心甘情愿”的女性。洛天依的少女身体以独特、新颖且伴着传统文化少女保持贞操和现代文化中肉体展示的冲突，给人们带来了更强烈的视觉快感。

以虚拟歌姬在读图时代下的身体形象和表现形式来究其实质，是父权制文化下消费语境刺激的产物。女性的身体作为一种符号受到父权象征秩序的编排，当女性的身体图像展示于男性的目光之中，身体器官被无数次观察和放大，便会再次生产出父权制所需要的文化观念。约翰·伯格在《观看之道》中谈及女性被观赏的现象时说："生而为女性，命中注定在分配给她有效的空间内，身不由己地领受男性的照料。"[3] 可以看出，站在受众中男性的角度来看，虚拟歌姬的身体和形象的图像与观看方式之间实际上是一种互动关系，大众传媒在受父权象征秩序文化的影响下源源不断地为我们的欲望提供已经编码好的女性身体图像。正如美少女这一形象在为人们提供身体图像的同时，也在不断塑造着我们的观看方式。此外，约翰·伯格还提到："女性把内在于她的'观察者'与'被观察者'，看作构成其女性身份的两个既有联系又是截然不同的因素。她必须通过观察自己和自己的行为，因为她给别人印象，特别是给男性印象，将会成为别人评判她一生的关键。别人对她的印象，取代了她原有的自我感觉。"[4]

站在女性受众的角度来看，我们一方面竭力地寻找自身所需求的美的东西，另一方面却又用男性的眼光来塑造我们所追求的对象。虚拟歌姬正是承载了男性和女性在不同心理状态下对这种身体及偶像化的美好追求，以少女年幼的"身体"和天真可爱吸引着男性的目光。这样完美的结合体正是其在当今流行文化浪潮中受大量青少年和二次元爱好者追捧的重要原因。在这样技术化的展现中，虚拟歌姬将少女的身体肉身化和性欲化地呈现给观众。在信息化社会中，感性解放等代名词在某些程度上成为父权意识形态的面纱。

二、粉丝从自我到群体心理认同感的建构

虚拟歌姬这样的流行文化并不仅仅是一种纯经济的物质现象，其复杂的文化思想和感情结构在此基础上不断发展和运动。虚拟歌姬的粉丝在心理认同上的构建度极高，他们一方面具有自身的独立性，另一方面又深受所处社

会环境的强烈影响。对此，个人既要尽量保持其尊严、个性独特及优异性，又要尽可能地适应、调整与社会心理结构的关系。个体的认同和群体的认同都十分重要，虚拟歌姬这一文化现象的出现正好对此进行了完美协调。

结构主义者拉康曾着重研究“自我认同”这一心理行为。从哲学的语境来看，“自我认同”可解释为一种意向性概念。他所提出的“镜像阶段论”被视为一次自我认同——“我”的功能构型。他认为，从内在世界到外在世界的环路断裂给人的自我求证带来了无穷无尽的困扰，而镜像带来的自我认同则是一种欲望的投射和自我的凝视，甚至从哲学层面可阐释为一种主体世界的“本体论结构”。[5] 不可否认，人在现实生活中存在许多拘束和限制。为了逃脱现实，一些人只能通过虚拟空间来实现自己的欲望宣泄和自我认同，缝合自己内外的缺失。具体来看，一方面，虚拟歌姬洛天依长相清纯可爱，性格软萌，形象非常完美。对粉丝来说，如今的洛天依已经不是毫无感情的虚拟人物，而是真实存在的偶像。她正如一面镜子，是受众对美好事物和理想自我的投射，他们甚至期望这个完美的偶像能在虚拟的时空中实现自己的愿望，替自己勇敢地活着。如果生命对没有信仰和缺失自我主体性的年轻人来说只是一场荒诞的戏剧，那么虚拟偶像的出现便是他们坚持下去的期待。他们凭借着幻想，在虚拟的时空中倾注感情，将虚拟歌姬当作自己的偶像，实现了自我认同建构的第一步。另一方面，虚拟歌姬独有的创作形式进一步深化了粉丝的自我认同感。以洛天依的歌曲为例，作为一种音乐，洛天依的歌曲能够吸引大量粉丝的原因在于其能表达粉丝的情绪，尤其是表达对社会现实的不满。洛天依的词曲都由粉丝或相关爱好者创作后与其声音合成而来，这些歌曲在社会大背景下与青少年产生了强烈的共情，深入当代青少年的内心世界，吸引了大量的青少年粉丝。

由自我认同到群体认同，虚拟歌姬偶像这一流行文化实现了很好的衔接和深化。提及群体的自我认同建构，弗洛伊德在《群体心理学与自我分析》中提到，在一个没有领袖的群体中，群体成员可以先通过一种自恋认同，然后通过认同一个共同的理想形象而结合为一个整体。[6] 虚拟歌姬这种亚文化成为个体自恋认同的纽带，其粉丝群体也就成了在认同和共通的理想生成的文化造物，并被吸纳到社会各个领域及意识形态之中。虚拟歌姬的粉丝们通过在其身上投射的自我认同行动的相互认识，形成了“想象”中极具认可度的群体，既符合他们想展示自身独立性的特点，又满足他们在一个社会群体环境中获得认可并在集体中生存的要求。虚拟歌姬与其他二次元偶像的不同之处在于从自我到群体之间的区分，像初音未来、洛天依这样的“歌姬类”虚拟偶像，其粉丝群体大多数是歌迷和歌曲创作爱好者，因此也构建了“粉丝—偶像—粉丝”这一共同体。塑造认同让人们产生对内群体的偏爱与对外群体的逃避、无视抑或是歧视，促进人们对群体间差别的关注，从而使人的心理有更明显的边界感。当粉丝心安理得地进入这样一个安全地带并将自己代入这个群体的角色之中时，粉丝作为观众的身份也许会被不断地抽空、剥夺，这样边界式的认同感也许会更加“异化”人性。

虚拟歌姬是极具“安全感”的偶像。偶像（idol）来自拉丁语“idolum”，指“形象、影像、神像”。实际上，虚拟歌姬更接近一种完满的虚幻偶像形态，也是众多“他者”群体的精神投影。人类曾将从自身分离出的权力托付给宗教，即使生活在无宗教信仰的群体中，崇拜活动也是需要维持的。可现实中的偶像并不是完美无缺的，层出不穷的负面消息打破了他们在粉丝心目中的形象。而虚拟偶像具有“纯粹性”和“精确性”，融入了创作者投射在其表演中的精神理想和情感，可根据粉丝的意愿和喜好形塑形象，无“人设”崩塌的危机，真实地生活在虚拟空间中。在网络营造的独特虚拟现实空间中，虚拟偶像能够不忘初心、勇往直前，通过角色的塑造，戏剧性地表达粉丝群体内部成员心中的所思所想，将现实的威胁和挫折在虚拟世界中消解，帮助人们在虚拟空间中暂时遗忘真实存在的痛苦。对粉丝来说，其现实的理想可投射并依靠虚拟歌姬的表演来表达，虚拟歌姬成了粉丝心中一个固有的难以坍塌的偶像。她们不再是毫无感情的人工智能，而是真正富有生命和信仰的偶像，更是一种技术时代的新型人文关怀。

受众群体在对这种视觉文化认同的同时也获得了极大的心理满足。他们通过偶像认同自己、认同自己的群体、认同自己的虚拟偶像，从自我到群体再到偶像，就像一个永不坍塌的铁三角。在这样一种文化中，粉丝被赋予可以构建偶像表演形式的权利，可以共同维持和肯定偶像的“生命”形式，偶像同时也给予其稳定关怀。虚拟歌姬文化的传播在一定程度上具有亚群体彰显自身独特性和反抗主流文化的特征。这种反抗不意味着永不平静，也不是胡作非为，而是视觉文化和艺术的宣泄，这也是虚拟偶像流行和受追捧的又一原因。

三、虚拟技术与社会伦理的碰撞

近年来，以洛天依为代表的虚拟歌姬逐渐出现在公众视野中与歌手们同台合作演出。2016 年以来，洛天依就以全息投影的方式在舞台上表演，在各大晚会、漫展、演唱会上出现。其表演现场有灯光、舞台、歌迷，与真人歌手的表演无异，她甚至与真人歌手有多次合唱且有专业的评委点评。无论在粉丝、合作的歌手还是评委面前，洛天依都已经是一个活生生的偶像了。全息投影技术塑造出的虚拟歌姬的逼真表演，进一步加深了她的真实性。在科技的辅助下，虚拟歌姬进一步地完成了“类人化”。歌迷们为她感动，为她欢呼，不会认为她只是由机器操控表演的偶像。

在面对虚拟偶像这一文化现象时，技术和伦理是我们必须思考的问题。因为虚拟偶像是承载艺术与科学的产物，在科学技术中实现了独特的艺术和文化。不同于其他科技产品，虚拟偶像被技术赋予了非人类的生命，以其特殊的存在方式成为另一种“人类”。我们不禁思考，在技术中人又是如何被规定的？正如海德格尔所说：“我在技术之中，也即在其本质之中，发现人处于某种势力支配下，迫使人应付它的挑战，面对这种势力，人并不自由。”[7] 在技术的控制力量中，究竟是虚拟偶像以“类人”的存在方式控制了我们，还是我们在用技术控制着虚拟偶像的发展？虚拟歌姬这一视觉文化现象与传统的伦理形成了这样的碰撞。

当下，科技成了人不能缺失的外在“器官”。我们依靠媒介交流着，通过科技产品认识世界，借助科技产品便捷地生活着。技术不仅是一种工具，还体现了人和物的关系。随着科技的发展，时空中的一切距离都在缩小。对当下人和物的关系，海德格尔也提到："人类把最大的距离抛在后面，从而以最小的距离把一切都带到自己面前。不过，这对一切距离的匆忙消除并不带来任何切近；因为切近并不在于距离的微小。"[8] 技术的发展拉近了人与人沟通的距离，但人与物的关系并不在于时空距离的缩短。在虚拟歌姬这样的视听文化下，我们不能只看到高科技展示带来文娱产业的发展，也不能只通过解释来暴露人对技术发展的被动和匮乏。一方面，虚拟歌姬使新偶像文化的展示多了一种可能性，或许关照了某个特殊的群体；另一方面，这导致青少年对"现充"[9] 的拒绝和对二次元虚拟偶像的追逐。随着技术的发展，青少年越发地沉浸于完美、纯粹、精确的偶像文化，是否也逐渐扩大了内心的空洞与不安？开放性的网络让青少年过早地接触社会，又在他们心智尚未发展成熟时潜移默化地改造其审美认知并将其生活目标压缩到极小的范畴。这种审美和认知的单一终会使人走向对客观之物的极大肯定和对自身的否定，从而进入索然无味的虚无世界。

生活在轻松、能获得认可的虚拟世界，满足了年轻人对理想世界的一切幻想。虚拟歌姬的完美形象和治愈性，满足了青少年对难以驾驭的现实社会的理想化涂抹，这种舒适感和安全感成为虚拟歌姬受追捧的原因。首先，在这个被重新构筑的虚拟空间，技术的展示对青少年粉丝是最具有吸引力的，对先进、潮流的偶像的追求会催生出一种不经思索的消费行为。其次，这种在技术控制下极具个性的完美偶像，正悄然地改变着年轻人的感情观。在先于我国兴起虚拟偶像文化的日本，年轻人中早已出现了与虚拟偶像结婚、恋爱的情况。这是我们在这种流行文化中需要思考的社会伦理问题。最后，虚拟歌姬很容易被当作一种特殊的符号以满足资本的需要，创造出一种等级分明的意义体系和地位身份体系。在青少年对世界和社会的认知不足时，虚拟歌姬会对其意识形态产生巨大的影响。我们应该思考，当虚拟技术构造的虚拟世界和虚拟人物不断地与现实的生活世界发生碰撞时，如何才能让人保持本真且不断丰富自身地活在现实社会。

虚拟歌姬是其受众群体无数个"他者"无意识的投射，在这个无意识的镜像世界中，无数个"小他者"又形成了一个"大他者"，映射出更具有象征的内容。以洛天依为代表的虚拟歌姬是一种视觉符号和流行文化，本身承载着一种无形而强大的象征权力，能投射当下年轻人的心态。虚拟歌姬逐渐出现在公众视野中不仅是一种娱乐方式的改变与娱乐技术的进步，还是年轻人具有批判精神和创新精神的后现代文化的体现。

虚拟歌姬的无意识投射在身体、心理和社会伦理现象等方面均有体现。在由视觉表象构成的现实世界中，存在着一个自相矛盾之处，即由于快感意识形态普遍造成的自我迷失、精神困惑和不断膨胀的权力欲。笔者认为：其一，在这样的视觉文化的享受下，现代人应该完成主体的自我救赎——关怀自身。身处一个不耻旧束缚也不缺新东西的时代，人一味地随心所欲或避世并不是关怀自己的方式。我们应该做的是在这种文化娱乐产业下建立自身独特的价值体系，学会判断和审美。其二，新媒介和电子娱乐与传统媒介和娱乐并不是颠覆与对抗，这是当下年轻人生活和交流所不能缺少的，应予以正视，并意识到美育的重要性。社会文明的不断发展会带来人性的裂变，使越来越多的人生活在一种奇特的简化和伪造中，或是单向的感官，或是单向的理性，给予了一张通行证，好让他们通向一切肤浅之物，让人不假思索地保持无知和愤怒，逐渐在怯懦、怠惰、单一中失去自我，而美育能使人改善自身的审视力，加强对其所生活的世界的关怀。其三，意识形态的作用无处不在，对身处文化洪流、价值观尚不成熟的青少年而言，虚拟歌姬会导致各种无法预估的结果。这种亚意识形态潮流文化的传播与普及正是生活审美的范畴，易对青少年的生活造成显著影响。

在这样的情况下，应注意意识形态问题，防止资本的过度利用，消费文化及资本的利用应在意识形态伴随生产的过程中得到合理控制。值得注意的是，从参与中国风歌曲的表演到登上春晚的舞台，再到中俄科技创新年的合作演出，洛天依逐步利用自生优势在传播正能量。

本文无意将虚拟歌姬文化现象丑恶或妖魔化。在全球化、现代化的背景下，成功的文化产业都有其共性和个性的一面。对这种文化一味地否定只是一种不理解和思考的匮乏，我们更应该深刻地认识当代科学技术下的文化环境和发展前景。

注释：

[1] 罗岗、顾铮主编《视觉文化读本》，广西师范大学出版社，2003，第 76 页。

[2] 赵卫东：《妇女身体：作为“性”符码的生产和消费——以文字文本和图像文本两类文本为例》，博士学位论文，首都师范大学文学院，2012，第 27 页。

[3] 约翰•伯格：《观看之道》，戴行钺译，广西师范大学出版社，2005，第 46 页。

[4] 约翰•伯格：《观看之道》，戴行钺译，广西师范大学出版社，2005，第 46 页。

[5] 吴琼：《雅克•拉康：阅读你的症状　上》，中国人民大学出版社，2011，第 125 页。

[6] 吴琼：《雅克•拉康：阅读你的症状　上》，中国人民大学出版社，2011，第 118 页。

[7] 海德格尔：《海德格尔选集（下卷）》，孙周兴译，上海三联书店，1996，第 885 页。

[8] 海德格尔：《演讲与论文集》，孙周兴译，商务印书馆，2018，第 176 页。

[9] 现充（“リア”ル，英文 real 的片假名写法），网络流行词，源自日本网络论坛，主要指在现实世界中生活得充实的人们，全称是“现实生活很充实的人生赢家”。

“科学大战”之哲学反思

作者：关曾玮[*] 指导老师：胡娟副教授

（贵州大学哲学与社会发展学院　贵州　贵阳　550025）

摘要：“索卡尔事件”在全球范围内触发了一场科学与人文的大论战，在后现代的语境下，科学与人文的交锋在某种程度上也是传统形而上学与后现代各种新思潮的交锋。传统形而上学世界观的地位在后现代的丧失是不言自明的。但这绝不代表虚无主义和相对主义是后现代的主旋律，恰恰相反，否定的解构本身也是一种肯定的建构。基于这一立场，本文以古释今，通过对西方传统形而上学由开端到终结——从柏拉图到黑格尔的巡视，来重审“科学大战”这一后现代时期的关键问题。

关键词：“科学大战”；哲学；理论物理；后现代

由索卡尔事件而引发的“科学大战”反映了后现代时期科学精神与人文精神、绝对主义与相对主义、表征论与建构论等观念之间强烈的对立与排斥。在世人眼中，传统哲学（尤其是纯粹的形而上学）的地位远不及两千多

---

* 关曾玮，男，1998 年 11 月生，2017 级本科生，研究方向：科学哲学。

年前在古希腊诞生时如日中天。如今，人们更愿意相信单纯以在经验域中证实或证伪命题为操作原则的学科，而指向超验领域的哲学则鲜有人问津。但在两千多年前的古希腊却并非如此，甚至可以说是完全相反。在古希腊人看来，一切学科都应遵循哲学（形而上学）和逻辑学的规律，其与哲学的关系就如同树枝与树干一样。如果某种学科仅仅停留在经验层面而不能指向形而上超验的终极根据，这样的学科就是低级的；如果某种学科不能仅仅以一种先验的、稳定的思维模式或框架（如逻辑学）在理念思维的模式中运作，还必须拿到经验的、变动不居的、实存的现实世界去操作，同样也是不可靠的，是与哲学相悖的，并不能指向终极的真理。

事实上，科学的原始形态正是哲学。古希腊并不存在哲学和科学的区分，现代意义上所有科学研究的对象都已包含在古希腊人对哲学的定义之中，科学最初同样是一门纯粹思辨的学问。如果忽视了哲学向度对科学的考察，就已经和科学诞生的初衷背道而驰了。无论是早期的知识社会学、中期的科学社会学，还是晚期的科学知识社会学（SSK），虽然其内部也有自身的发展脉络，但与古希腊人对一门学术的最高形态（哲学）的看法相比，其仍然只停留在经验层面（社会的诸种现象）对科学的考察，并未转向纯粹思辨的领域。因此，开启对科学的反思的哲学向度的转向就显得尤为迫切。

一、开端：古希腊哲学——社会学考察方式的限度

我们当下最迫切的任务是要将流行的对科学的外在社会学向度的考察转变为对内在纯粹哲学（形而上学）向度的考察，那么有无此种考察向度转换的必要？倘若社会学向度的考察已面面俱到，又何须为其画蛇添足？按照“强纲领”SSK 的主张，“所有知识都包含某种社会维度，而且这种社会维度是永远无法消除或者超越的”[1]。根植于此种信念，其学说往往显示出强有力的相对主义倾向。在社会建构论者看来，科学并非纯粹的绝对真，反之，由于其会不可避免地受到社会因素的影响，对科学问题的探求不应通过科学家内部自发的手段来证实或证伪，而是“希望获得历史性的答案”[2]。因此，

SSK 的学者采取了一条向经验层面（社会）开放的研究道路来为科学定性，由于社会整体是形而下的经验事物，必然地具有相对性且会因时因地而改变。但“科学大战”的事实告诫我们，尽管当下的社会建构论对传统科学地位进行狂轰滥炸，我们不可迷失在对科学考察的社会学向度的苍茫大海中，对内在纯粹哲学向度的开启或许能给我们指明前进的方向，因此我们将哲学起源的古希腊哲学作为思维的指针指向，以期在那里找到破解当下谜团的答案。

诚如古希腊哲学家巴门尼德对形而上的“存在”与形而下的“存在者”所做的区分一样，只有“存在”能永远在其既定形式里常驻不动，而“存在者”只会流于意见，陷入相对主义的桎梏。[3] 实质上，“强纲领”SSK 将科学先前在人们眼中作为先验形式的“存在”的不可置疑的地位挪到了作为“存在者”的社会层面，使以一种相对主义的视角看待科学成为可能，科学从形上跌落到形下，从真理变为了意见。因此，迪尔凯姆、曼海姆、默顿等一以贯之地对知识或科学进行社会学考察的传统并不新鲜，其运作机制早已在作为整个西方文明源头之一的古希腊哲学家巴门尼德那里就日趋成熟。巴门尼德通过“真理之路”和“意见之路”的区分宣告形而上学的问世，“真理之路”便一直被后世所追捧。直到后现代，这条路的局限性才逐渐暴露出来，人们逐步转向对“意见之路”的追寻，但“真理之路”的被遗忘并不代表其可能性的全然崩溃，或许这只是在某种程度上说明当下人们对此道路的义理尚未完全参透。

通过对古希腊哲学的考察，我们更为迫切地了解到用纯粹哲学的向度去考察科学的方法的被遗忘以及重拾它的可能性。诚然，巴门尼德以极具独创性的思想开创了形而上学，但其最终的成熟和完善还须归功于苏格拉底和柏拉图。《理想国》是一部正义论兼善论，类似于 SSK 对科学的考察，《理想国》全书都在对“正义”进行考察。“正义”在此前作为一种道德规范，长期栖身于约定俗成的世俗教条中，而苏格拉底的工作力图将“正义”由道德规范转变为哲学范畴，“正义”的纯粹性就得到了彰显，社会层面对“正义”所做的世俗性约定就得到了清扫，对“正义”做形而上学的研究也就成为可能。在《理想国》第一卷中，柏拉图就借苏格拉底之口对“正义就是欠债还债”“正义就是助敌害友”“正义就是强者的利益”[4]等大众对正义的各种看法做出了驳斥。与SSK宗旨不同的是，在柏拉图看来，大众对“正义”的成见都是社会建构的，是社会法则趋利避害、因地制宜的产物，不具有真正的至高真理性，而对“正义”的真正定性必然要将其置于“永远停留在自己单一的既定形式之中”[5]“几何学和同几何学相近的学科”[6]的层次上。古希腊哲学是数理性的哲学，古希腊先哲将数理中存在的确定性等同于世界本原的实存奠基，事物之所以为事物是因为其“既定的形式”——理念，而非经验社会现实层面对其的“模仿”或“分有”。

基于古希腊纯粹哲学的考察视域，我们可以看到，当今社会建构论的主张早已在古希腊时就被思考过，但立刻就被打入万丈深渊，直到后现代纯粹理性的势力逐渐衰退时，它才被重新重视。假如我们能找出科学本身恒常不动的“理念”，即找到科学本身不包含社会维度的既定的纯粹先验形式，而非企图从变动不居的经验域中给科学定性，在此种意义上，是否可以弥补社会建构论的不足？

二、发展：近代哲学——科学自因性的找寻

近代哲学是主体性的哲学。从笛卡尔说出那句石破天惊的“我思故我在”时，整个近代哲学的理路便已得到奠基和昭告。如果说古希腊哲学的探索是对事物背后终极根据的追问与发掘，近代哲学则是在此基础上进一步地将思辨的着眼点投射于事物背后终极根据何以可能的发问上。简而言之，古希腊哲学找出了作为哲学研究终极目标的“实体”，近代哲学则是在此基础上进一步追问“实体”能称作“实体”的原因。如果我们将近代哲学的考察用于科学，那么作为一种描摹世界客观规律的“实体”的科学体系何以自洽，也成了贯穿这个时代的基本线索之一。按照海德格尔的归纳，在笛卡尔那里，实体最本质的规定是“无须其他存在者的存在”[7]。而此种宣告是对近代哲学主体性的深刻叩问，实体到笛卡尔这里变成了完全自为的存在，无须依靠他物来认识（如“我思故我在”）。斯宾诺莎认为，此种对实体的主体性考察以其“自因说”而被

一锤定音，他指出：“所谓‘自因’，就是说实体（客观世界）是自己存在的，实体自身是自身的原因，而不是其他任何东西作它的原因；对实体的认识也只有通过它自身来认识，而不能通过别的东西来认识。”[8] 基于此，无论是笛卡尔还是斯宾诺莎，整个近代哲学都在寻找一种能够自洽、自为、自圆其说的，不被外物所决定的自因性事物来承担作为世界本原的“实体”的使命。

文艺复兴以后，近代哲学和近代科学几乎是同时起步的，此时社会上的诸多名流既是哲学家又是科学家，此种在哲学上对“自因性”探求的思想脉络必然波及科学界。在某种层面上，近代科学的兴起与发展必然是以科学“自因性”的找寻为志趣的求索之路。众所周知，科学在近代才获得了独立的地位，得以离开哲学的掌控，成为一门完全不受制于哲学甚至可能在某种程度上与哲学相钳制的独立学科。我们可以把这视为“科学大战”的种子，百年之后的结果显然已在科学对哲学“离经叛道”的种子中埋藏。值得注意的是，种子是一切的源泉，其对后世历史的塑造性必然包含好的方面和坏的方面。由此，科学从哲学的分离导致了问题，但或许也提前向我们暗示了某种答案。科学内部的自洽性是如此之强，以至于其能摆脱作为一切学科集大成的哲学。既然科学早在几百年前连无所不包的哲学的束缚都能摆脱，为何今日不能试着摆脱仅仅停留在经验层面上的社会学的束缚呢？科学的自因性的找寻在近代已被奠定，我们希望通过对其进行分析，在社会学对科学的考察中发掘出科学这种自为自洽的能力。

根据 SSK 的开创者夏平等人的看法、实验与实证，作为近代科学向脱离思辨哲学所迈出的重要一步，其可行性必然要以社会的建构为基础。换言之，实证手段的可靠性不单是科学内部自身的演进，还取决于一定的社会条件。依据学界如今所达成的共识，SSK 的做法可谓打开了科学内部的“黑箱”。在此之前，无论是知识社会学还是科学社会学，都只是把科学当作一种现成的结果并放置到社会学的范畴中考量，关于科学内部自身的学理演进，并未给出说明和解答。SSK 的独特之处就在于，其首次将社会学的研究方式贯彻到科学内部的发展中，消解了作为自然学科的科学和作为人文学科的社会学之间的界限，打开了这个悬置已久的“黑箱”。但我们仍需警惕，至少就《利维坦与空气泵——霍布斯、波意耳与实验生活》一书中所提倡的方法而言，此种“黑箱”的打开方式是不够彻底的。如果说之前的知识社会学和科学社会学连科学外部的“黑箱”都未触碰，那么科学知识社会学则前进了一步，它将科学外部的“黑箱”打开，却没有揭开其内部的“黑箱”。简而言之，夏平等人只说明了科学实验方法可行性的确立离不开社会的建构，并没有进一步说明为什么科学家会选择实验方法，而非其他方法来进行科学研究。或许此种更为深入的考察必须借助更为理论化和纯粹化的哲学手段才可能达成，内在向度的纯粹形而上学的考察对现今的科学研究具有重要作用。

首先要理清的是，为何科学家选择了实证而非其他手段来将科学从哲学中剥离出来。在实证科学兴起之前，哲学服从于神学，神学是思想界的绝对标杆。但事物不是非此即彼的，神学在统治哲学的同时，自然也会受到哲学的影响。中世纪经院哲学的主要来源是经过“百年翻译运动”后由阿拉伯人传入欧洲的古希腊哲学经典，尤其是亚里士多德的哲学著作。一方面，被视为当时世间万物一切现象的终极根据的神学，不可避免地要预设出上帝作为其体系的最高形而上学根源；另一方面，由于受到古希腊哲学的影响，经院哲学也表现出极强的逻辑性和论证体系。在这种融合下，中世纪的科学（神学、哲学）对世间现象的研究只需在上帝存在的背景下符合严密的逻辑论证系统即可。这样的一种运作模式只涉及逻辑结构与上帝存在的线性关联，中世纪的一切学问能在不违背逻辑也不在逻辑的基础上证伪上帝即可。在这样的一种逻辑和上帝二重模式的思维结构下，一个缺口就自然地打开了。这个缺口就是实证，而后期的实证科学或者说自然科学也就是在此缺口上进行了革命性的突破并最终完成了自身从哲学中的分离。

为什么说逻辑和上帝的二重模式会使实证的缺口得以显现呢？首先，逻辑（尤其是亚里士多德的形式逻辑）必然是先验的。其次，中世纪的上帝概念是无须证明的，是先验或超验的。可以看出，中世纪的学术系统都建立在先验的基础上，而完全不顾经验世界所发生的一切，这就为以对经验世界的观察和以实验为基础的实证科学打开了一个巨大的缺口。既然先天的逻辑和上帝能够自圆其说，那后天经验世界的实证科学是否又能与逻辑和上帝的体系相融洽呢？当时的科学家尝试用一系列的科学实验去解决这个问题，得到的结论自然是不能，这也从根本上导致科学与哲学相分离。换言之，先验逻辑体系与经验科学实验之间存在着不可调和的矛盾，这个矛盾也促使之前附属于哲学和神学的科学能以实证的形态脱颖而出，并跳出哲学的框架。先前的学术研究服从一个整体的宏观体系，所有的命题都可以在这个体系中得到证实或证伪。而这个体系本身与其说是先验的，不如说是预设的，即所有命题都可以在这个体系中被证实或证伪，但此体系本身是无须被证实或证伪的，它是先天的、预设的、没有理由的存在，即“信仰”。如果有人尝试推翻这一预设，便是“大逆不道”的行为，是对上帝的怀疑，是对神灵的亵渎。由此，当时的新兴科学家布鲁诺、哥白尼等自然也被扣上了渎神的帽子。他们所提出的实证科学的研究方法，一反之前的学术研究方法。对科学家来说，真理并不服从于任何预先设定的框架或体系，只能从经验实证中得到证实或证伪。探寻真理并不是在某种固定的框架下对命题进行证实，而应在经验世界中通过实证来证伪一切教条和体系。实证手段是当时科学能脱缰于哲学的唯一缺口，对实验科学的采纳是当时科学家的不得已之选，至于实证手段本身包不包含着非客观的社会建构因素，便是后来的问题了。

但科学为何要寻求摆脱哲学对其束缚的方式呢？近代哲学和科学的发展是一种“自因”或自洽性的找寻，由此问题就转换为：科学不以哲学为规定并能自发地形成一门独立学科的依据在哪里？此种自洽性是以何种形式在当时的科学家之中得到暗示的？我们可以料想，哲学与科学的对立必然以二者的同一为前提，对立与同一是相互依存的。假如哲学与科学毫无关联，对二者脉络的梳理也就毫无意义了。哲学与科学必然存在着共同的基础，对此基础的发掘或许是我们揭开层层迷雾的关键。众所周知，从哲学中分离而出后，实证科学的发展一直是内部的发展，只是带来了很多的科技成果或者说细致入微地解释了生活中的更多现象，但其一直没有与哲学发生互动。相反地，在实证科学从哲学中分离出来后，哲学的发展在某种因素上是对“科学对哲学‘抛弃’”的反思。此后哲学的发展（尤其是笛卡尔之后）开始确立了以认识论代替本体论的哲学研究方向，而认识论本身就蕴含着一个关键问题，即“认识如何可能”或“知识如何可能”，这里的知识包含了自然科学在内的一切可以被人类理解的知识。

笔者认为，在认识论的发展长河中，哲学和科学的共同基础早已得到某种昭示，这个基础就是感觉屏障对主体和客体的分离。从笛卡尔开始，近代西方哲学认识论的话题就一直围绕着感觉屏障对主体和客体的分离所展开，近代哲学的核心是认识论。简单来说，认识论研究的是主客观如何相吻合的范畴，人的主观认识是通过感觉器官产生的，研究认识论就不得不讨论感觉屏障对主体与客体的分离，即研究我们所看到的这个世界的真实面貌和它所呈现给我们的表象是否一致？从主体方面来说，感觉屏障使我们无法完全确信世界向我们所呈现的样貌就是真实的世界本身，中世纪以后的自然科学所引以为傲的实证手段在此种情景下变得束手无策。无论自然科学采取何种实证手段，实证的种种现象也必须通过人的感官传达到人脑。正因自然科学在其学科内部无法解决此种形而上的哲学问题，自然科学才不得不把“实证是有效的”这一信条作为绝对预设性的、无须怀疑和论证的前提保障，以抵抗洛克、休谟等经验主义者的狂轰滥炸；从客体方面来说，如果客体向我们感官所呈现的表象是它原本的样子，客体本身就已经是本体了，现象就和本质相同了。

遗憾的是，主体必须通过感官来认识客体，就算客体的表象与客体本身无异，我们也无法确定感觉感官是否已经使客体的表象发生了变化，从而导致我们无法认识客体本身。感觉屏障对主体和客体的分离不仅是科学（主要指实证科学）的基础，更是哲学的基础（主要指笛卡尔所开创的以认识论为核心的近代哲学），这也是划分笛卡尔以后的哲学是唯物主义还是唯心主义的根本依据。由于感觉屏障对主体和客体的分离，外部的客观世界是否就是客观世界本身变得不可知，客体表象是否等于客体本质不可知。唯心主义者认为，表象不等于本质，二者之间存在鸿沟（思维与存在），理论和实践之间也存在鸿沟，但我们主体认识对象直接接触到的是表象。为了解决这个问题，必须给表象拟定一套规则以适应客体，即用思维统摄存在，康德走的就是这样的一条路。康德通过“哥白尼革命”使主客体相互吻合的关系得以颠倒，建立了他自己的先验哲学体系，“人的理性为自然立法”。康德这样的做法类似于唯心主义，其特点更为偏向思辨哲学；而唯物主义者认为，表象与本质之间不存在鸿沟，表象只是客观的反映，真正的真理必须超越感官从而在客观本身中得以实现。而此种把客体表象等同于本质的做法，必然将真理的可能性构建到外部的客观世界之上。也正因如此，唯物主义指出探寻真理的方法并不是不顾现实世界的纯粹思辨，而是直接与外在客体本身发生接触的活动，即实践。而实证也包含在实践内，唯物主义的做法更偏向实证科学。

笛卡尔所肇始的近代认识论以来，哲学自身内部的唯物主义与唯心主义的演进等同于哲学与科学的角逐。在此种意义上，哲学与科学的发展必然形成一种同构。哲学的发展等于科学的发展，科学的发展等于哲学的发展，哲学在建构自身的同时必然也在解构科学，而科学在建构自身的同时必然也在解构哲学。但哲学与科学的发展绝不是单纯地对另一方的摒弃，而是对另一方的反向奠基。哲学发展得越纯粹，科学就越有充足的理由来构筑自身的自洽性。科学在形式上的不流于经验层面且恒常不动的“理念”正是纯粹哲学所赋予的，科学终于在近代获得了自己决定自己、不依赖其他学科的自主性与独立性。能在后现代捍卫科学的尊严且抵御社会建构论入侵的，恐怕也只有哲学。

三、转折：黑格尔的辩证法——调解“科学大战”的唯一途径？

无论是古希腊时期哲学对科学纯粹自洽性的发问与追寻，还是近代科学在对哲学的叛逆之中实现自我的建构与完善，哲学（尤其是其纯粹的形而上学）对科学的构建与自我反思的作用与意义都是不言自明的。在这种视域下，基于形下社会建构方面的指向科学的观照被遮蔽了，但对科学做形而上学向度的考察真的就是无所遗漏的吗？倘若形而下的切入口可以让我们看到科学的不同风景，我们又何必一味地将其拒斥呢？单向度地以纯粹哲学的视域切入科学或许难以面面俱到，但对形下社会的角度进行反思与拥护也不应完全加以屏蔽。

由此，对科学形而上的恒常不动的“理念”的找寻与奠定在古希腊和近代就大体得到夯实，可形而上学就是尽善尽美的吗？形而上学是否是哲学和科学的唯一可能？事物是否都存在一个恒常不动的“理念”？在哲学史上，第一位向上述问题给出否定答案的人是德国哲学家黑格尔。至今没有人会怀疑黑格尔作为形而上学终结者的至高地位，黑格尔以其在运动中考察事物的辩证法代替了在静止中考察事物的形而上学，以其灵活具体的辩证逻辑代替了死板抽象的形式逻辑。在先前的哲学家那里，真理从来都是作为一种结果而被赋予的，真理即是当下的直观，是一种静态的呈现。而在黑格尔那里，真理首次被描述为一种过程，真理不是一刹那的电光石火般的顿悟，而是循序渐进地展现自身的一种过程。先前的哲学家总是把自己当作一切谜题的解答人，将自己的体系奉呈为至上的真理，而他们的目光却没能穷尽所有，忽略了对真理的历史性和整体性的考察。黑格尔告诫世人，每一个哲学家的学说都不是孤立和静止的，而是在前人的基础上被塑造的，若是遗忘了此种向度，就会导致哲学全然沦为概念的推理和思辨，只做到逻辑的统一，而没有做到“历史和逻辑的一致”[9]。哲学就是哲学史，对哲学问题的思索与把握不能仅仅停留在内部概念的玄思中，还必须引入历史的视角以整体的辩证思维加以把握。正如黑格尔第一次将历史引入哲学一样，黑格尔也第一次从形而上的迷梦中惊醒，将形而下变动不居的向度引入纯粹思辨的范围，使真理获得了其历史性和时间性，而非先前的哲学家所认为的恒常不动和至高无上。

在科技哲学和广义科学社会学的意义上，黑格尔正在做一种打通实在论与建构论的工作，可被视为对“科学大战”的一种调解，“科学大战”所对峙的双方在黑格尔这里被辩证地融合到一起。黑格尔哲学史观的核心在于其强调哲学“历史与逻辑的统一”，对科学而言，强调其自身的“历史与逻辑的统一”不失为一种妙计：一方面，经过古希腊到近代的漫长发展与完善，科学有了其自洽的逻辑体系，且这种逻辑体系的稳定性是可想而知的。它能抵御哲学的无所不包并将科学从哲学中分离。这是科学而非其他学科所能达成的，说明科学本身就具有科学之所以作为科学所固有的不以经验世界为转移的纯粹自因性；另一方面，科学也无法抵消其历史的向度，科学并不能对客观世界进行直接描摹，其本身的发展也是辩证的，科学能在历史中实现自我演进与完善。SSK 主张的对科学的探讨寻求“希望获得历史性的答案”[10]，到黑格尔的辩证法这里也就得以实现。先前的哲学都是理智的独白、纯粹的思辨，黑格尔把此种哲学的形而上向度以辩证法加以抹除。在此意义上，形而下的考察就得以介入，社会的建构开始可以被争取。“哲学就是哲学史”，或许科学套用这句名言也是同样成立的。传统的学界向来都只注重“科学”而非“科学史”，习惯于将科学当成一种形而上的结果来考察，而非以辩证的手段去打开其“黑箱”。SSK 则首次将“科学史”的重要性加以强调，揭示了科学内部因地制宜、因时而迁的社会建构向度。黑格尔告诉我们，“科学”和“科学史”并非二元对立的，“科学就是科学史”，二者之间是可以画上等号的。

四、定性：爱因斯坦与现代理论物理学
——科学本质之揭示

得益于黑格尔在理论上的重大突破与贡献，我们向真理又进了一步。既然以辩证法的视域去切近“科学大战”或许是我们在后现代迷雾中给予科学定性的唯一途径，那么此种定性的具体操作又该如何展开呢？说“科学就是科学史”难免陷入循环论证的窘境，我们还需刨根问底地探求究竟何为科学。在一种实在论与建构论相互动荡的局面下，科学又该以何种形态呈现呢？黑格尔为我们指明了方向，但具体路径还需要我们自己去探索。虽然作为哲学家的黑格尔和作为社会学家的夏平都提倡历史的考量方法，但二者在最终意旨上仍背道而驰。在黑格尔那里，哲学的本性不会因为加入此种历史性的考察而流于相对主义，相反，“哲学只有一个，所有的人都要讨论那一个哲学，那么他们所讨论的那一个哲学，在这些哲学家身上体现为一个不断地从抽象到具体的进展”[11]，所有的相对背后都有一个绝对，黑格尔通

过“绝对精神”在历史中的自我演进将哲学与哲学史统一了起来；但在夏平那里，不存在什么绝对的事物，一切标准都可以是相对的，纯粹、先验的向度被宣告为不可能。可以看出，虽然强调辩证法的重要意义，但黑格尔仍然为绝对的形上思辨留下了地盘，而夏平等社会建构论者却将其判为死刑。因此，在人文学科的内部，哲学和社会学对科学的定性还存有争执，其表现为现代（黑格尔）与后现代（夏平）的对立。但在后现代时期，科学自身的发展往往容易被忽视，再次进入科学内部进行考察是后现代时期对澄清科学谜团的必要途径。

与人文学科相一致的是，科学本身的发展也表现出一种现代或后现代性。诞生于20世纪初的理论物理学可谓物理学中的一朵奇葩，爱因斯坦的相对论就是最好的例证。在爱因斯坦发表相对论之初，几乎没有人对其表示肯定，相对论在问世之时就遭到物理学界的嘲讽，主要原因在于，现代的理论物理学的证实或证伪一反之前传统物理学的实证精神，而仅仅依靠物理学家脑中的各种思想实验和理论推算。简而言之，理论物理学不是诞生于实验室的科学，而是诞生于书斋里的科学，这与思辨哲学的本质何等相近！

仔细研究爱因斯坦的相对论，会让我们愈发地对理论科学与思辨哲学的相似性感到认同。爱因斯坦相对论最重要的发现是广义相对论，爱因斯坦为了统一引力与时空的关系，通过一系列的思想实验和理论推算，提出了著名的引力场方程以描述引力和时空之间的相互关系和作用。但爱因斯坦的这一套理论体系，完全是基于头脑中的一系列思维的判断所产生的，没有运用到实证的方法。这套理论无论是在当时还是在现在，都不可能以实证的方法来研究，爱因斯坦在头脑中创造出引力场方程以描摹现实世界中引力与时空的关系，实质上就是康德所说的“为自然立法”。康德提出，世界本身（物自体）的真实面貌如何，我们是无法知晓的，我们只能通过其所呈现给我们的样貌，再根据人的先验范畴去设立一套能够与现象相吻合的理论体系。但物自体本身究竟如何，我们不得而知。同样地，引力与时空的真实关系究竟如何，我们也无法得知。或许爱因斯坦只是根据物理学中的种种现象，去推测引力与时空的真正关系，为引力与时空“立法”。但事实上，爱因斯坦的引力场方程只是一种猜测，只是对引力与时空的现象一种人为的描摹，我们也只能通过观测并收集天体运行的数据去与引力场方程所推算的结果做比较，从而尝试着证实或证伪相对论。由于目前所观测到的数据与引力场方程所推算出的一致，所以相对论没有被证伪。但相对论是永远不可能被证实的，就连爱因斯坦本人也清楚地认识到这一点。在爱因斯坦刚提出引力场方程不久，就有人质疑这套理论的真实性。而面对质疑，爱因斯坦并没有给出反驳，只是打趣地说道，如果他的理论是错误的，那就说明上帝的审美能力太差了。虽说这只是一个玩笑，但我们也可以由此看出，爱因斯坦的理论或者说整个理论物理学体系从某种意义上来说都是“猜”出来的，都是对“上帝”或物自体的揣测。我们只是根据现象去推测本质，所能够做的只是在经验层面去观测现象与我们提出的理论是否吻合。而理论是否与本质本身相吻合，我们是不得而知的，康德对休谟怀疑一切的不可知论的改造也正好说明了这一点。

在后现代时期，不单是人文学科向度对科学的考察会使科学陷入相对主义，就连科学自身的发展都昭告着相对主义在后现代的大行其道。定论的不统一越来越猖狂地入侵科学内部，在理论物理学的核心地带，我们会看到各种不同理论的分歧与矛盾，如宏观上的相对论和微观的量子力学的相悖之处至今都难以得到调解，当今科学的内部存在着许许多多相悖的理论。在后现代时期，即便将形而下的社会学考察方式拒斥，科学自身也同样面临着相对主义的困扰，但这绝不代表科学就是一种不具备确定性的学科。实质上，科学在不同阶段的发展仍是昭告背后科学“绝对精神”的主宰，科学在今日并非只是相对主义的副本，相反，这恰好是科学自我发展达到一个更高阶段的说明。社会学的后现代性要求将科学从真理的王座上走下来，殊不知科学自身的发展也在奠基着一种后现代性。科学的后现代性说明了当今科学已经发展到十分纯粹的地步，当今的理论物理越是发展则越与哲学相似。

由于当今理论物理研究的范畴已经基本脱离经验，这就无法对其直接证实或证伪，只能做出理论层面的描摹和揣测，即“为物自体立法”。但理论物理的相对性并不代表各理论之间互相为真，反倒意味着所有的理论都不可证实或证伪，都只是猜测，孰真孰假尚不可确定。因此，各理论之间没有真与假的判别，仍然“平起平坐”，此种“相对”与SSK主张的“相对”是截然不同的。在索卡尔事件中，作为事件导火索的名为《超越界线：走向量子引力的超形式的解释学》的文章之所以存在许多常识性错误但又未被发现，就在于这篇文章脚踩两级，一边着陆于从古希腊到近代的传统科学，一边根植于现代或后现代的科学。故其一方面有着理论物理学的气质，是在对超脱于经验之外世界的理论描述，具有一定的相对性，另一方面又有不可怀疑的古希腊到近代所赋予科学的恒常不动的“理念”。人们往往容易将二者混淆，将科学的后现代性单独放大，并给科学扣上相对主义的帽子，而遗忘了科学在古代和近代早已具有不可怀疑的常识性的基础。

在古代和近代，哲学赋予了科学核心中最不可更改的东西。到了近代和现代的转折点，黑格尔以超人的眼光告诫世人，不要拘泥于抽象而去研究科学，科学本身的发展也是科学真理的显现。在后现代时期，黑格尔的预言实现了。科学扬弃自身的绝对性从而进入自身的相对性中，但此种扬弃恰恰是在更为绝对的角度上证明了科学发展到更高的阶段，而非SSK所理解的那样“陷入了相对主义的沼泽”。作为后现代的传统向非后现代的传统提出的挑战与质疑，“科学大战”实质上反映了后现代的潮流仅仅局限于人文社科而未深入自然科学所引发的后果。事实上，只要通过纯粹哲学的视域去了解后现代性的根基，再将其引入科学之中，科学的本质就得到澄清，对科学所做的不必要的误解和偏见也就得到扫除，“科学大战”就能得到解决。

结　语

实际上，“科学大战”的背景反映了后现代趋势的苏醒和崛起。在后现代时期，我们应该拒绝做“单向度的人”，拒绝单向度的思考，仅以实在论或建构论的角度切入科学都是不可行的，无法面面俱到。实在论提醒我们，科学无法“绝对假”，它有着学理上不可动摇的自洽性；建构论告诫我们，科学无法“绝对真”，它必然受到一定社会因素的制约与影响。科学就是在这种既不能全真又绝非全假的对立统一中构筑起自我，而这种构筑本身也就预示着科学的现代、后现代性本身就是科学非单向度的表现。与其说后现代昭告着理性的黄昏，倒不如说理性在后现代时期发展到一种与此前截然不同的更高状态。在后现代时期，面对科学，我们必须深谙其本质，既不能做纯粹无意义的怀疑，也不能将其一味地奉为至高无上的真理。以一种辩证而发展的眼光去把握科学，心怀未来，才是我们的任务与使命！

注释：

[1] 洪晓楠：《科学知识社会学对科学知识的贡献——科学文化哲学视野》，《广东社会科学》2014 年第 1 期。

[2] 史蒂文•夏平、西蒙•谢弗：《利维坦与空气泵——霍布斯、玻意耳与实验生活》，蔡佩君译，上海人民出版社，2008，第 2 页。

[3] E. 策勒尔：《古希腊哲学史纲》，翁绍军译，山东人民出版社，1992，第 51-54 页。

[4] 柏拉图：《理想国》，郭赋和、张竹明译，商务印书馆，2017，第 1-43 页。

[5] 柏拉图：《理想国》，郭赋和、张竹明译，商务印书馆，2017，第 78 页。

[6] 柏拉图：《理想国》，郭赋和、张竹明译，商务印书馆，2017，第 273 页。

[7] 汪瑜：《浅析海德格尔对笛卡尔“世界”存在论之批判》，《赤峰学院学报》（汉文哲学社会科学版）2013 年第 1 期。

[8] 斯宾诺莎：《伦理学》，贺麟译，商务印书馆，1983，第 2 页。

[9] 邓晓芒：《德国古典哲学讲演录》，湖南文艺出版社，2017，第 471-474 页。

[10] 史蒂文•夏平、西蒙•谢弗，《利维坦与空气泵——霍布斯、玻意耳与实验生活》，蔡佩君译，上海人民出版社，2008，第 2 页。

[11] 邓晓芒：《德国古典哲学讲演录》，湖南文艺出版社，2017，第 474 页。